振武館物語

Shinbukan

【青年教育の日本的伝統】

白土 悟＝著

集広舎

振武館物語

目次

【第四章】 大正・昭和初期の振武館

【第五章】 戦時体制下の振武館

【第六章】 戦後の振武館復興

はじめに

「振武館《しんぶかん》」は小さな道場である。昔から館主はいない。青年自治が伝統である。明治一四（一八八一）年、旧福岡藩地行町《じぎょうまち》の士族子弟の結成した「達聰舎《たっそうしゃ》」がその前身である。平成二八（二〇一六）年に一三五周年を迎えた。

振武館は明治中期以来、柔道場を備え、柔道を通じて青少年の心身の成長に寄与してきたが、単なる柔道場ではなかった。青少年が自主的に読書会、演説会、遠足などの行事をおこなう自己教育的施設であった。その建物は郷党有志の人々の寄附によって修改築・新築を繰り返しながら維持されてきた。人々はどのような思いに動かされて、振武館を今日まで維持してきたのだろうか。その思いはこれまで文字に表わされることはなかった。その歴史を振り返れば、その思いをわずかでも感得できるかもしれない。そのような期待をもって、私は振武館に残る資料をまとめることにした。しかしながら、資料ははなはだ少なかった。

思えば、大学院生のとき、私は週四〜五回振武館に通い、柔道の練習に励んでいた。長く振武館の相談役をしてこられた冨永八郎先生に言われるままに、昭和五六（一九八一）年春、仲間とともに「振武館青年会」をつくり、土曜日に談話会を開いた。そんなある日、冨永先生から段ボール一箱分の書類を託された。ほとんど未整理の文書が無造作に詰め込まれていた。その後、この段ボール箱は私の机の脇に数十年も放置された。窓から射す夕日にもさらされ変色していった。私は引っ越しのたびに、その箱を自分で運んで、机の脇に置いた。箱の中に防虫剤を入れ、年一回それを取り換えてきたが、ほとんど中身を見ることはなかった。これが今日、手元にある振武館関連文書のすべてである。

①『昭和八年館生簿』一冊

柔道師範・西文雄と冨永八郎の両先生による館内行事のメモである。もっとも古いものであるが、最初の数頁しか記載がない。

②『青年道場・振武館一覧』一冊

柔道師範・西文雄先生が作成したもの。昭和三一（一九五六）年から昭和三七（一九六二）年正月までの館員名簿・活動記録その他の関連記事を記載している。

③『振武館内規及略史（二）』一冊

冨永八郎先生が作成したもの。昭和二二（一九四七）年から昭和五四（一九七九）年ごろまでの振武館の運営規則および振武館略史、口伝の逸話などを記載、また振武館関連の新聞記事も貼付されている。

④『振武館青年会記録簿』一冊

私（白土悟）が保存していたもの。昭和五六（一九八一）年から昭和五九（一九八四）年までの振武館青年会の記録である。その後、振武館幹事として預かった数十年分の領収書、火災保険証書等々もある。柔道師範・田中光徳先生が平成三（一九九一）年退任時に私に託された新旧の写真もある。

⑤その他の諸文書

昭和二二（一九四七）年・三六（一九六一）年・六一（一九八六）年の振武館の修改築・新築に関する趣意書等の文書、館友の封書・ハガキ、あるいは『金銭出納簿』（昭和三一～三四年）、電気料金などの領収書、解約済みの銀行預金通帳、各種の新聞の切り抜き等々である。

⑥西新町同心会の会誌

冨永八郎先生が所有していたもの。『MOMIJI』第五巻第四号（明治四五年六月一日発行）、『紅葉』第六巻第一号（大正元年八月一八日発行）および『MOMIJI』（大正五年一〇月発行）の三冊がある。西新町同心会は『MOMIJI』（大正五年一〇月発行）の記事によれば、大正五（一九一六）年に三十数年の歴史を刻んだとあるから、明治一九（一八八六）年前後に発足したと思われる。中学修猷館の生徒を中心にした西新町青少年の自治組織である。柔道部・剣道部を設けて修猷館道場を借りて試合・稽古・合宿を実施した記事も見える。西新町同心会の会員だった冨永義助は、冨永八郎先生の令兄であり、振武館員だった。なお、西新町同心会のその後の消息は不明である。

以上、振武館に残る記録ははなはだ心もとない。昭和三〇（一九五五）年ごろと思われるが、薄い便箋に筆書きで、冨永八郎先生が次のようにメモしている。

《振武館の書類、昭和以前のものは幹事大塚氏保存中紛失せりと。昭和以後の寄附金帳簿は道場の図書室に保管ありしが盗難に遭ふ（三冊）。

昭和八年改築寄附帳簿

昭和二十二年修理寄附帳簿

昭和二十七年道場拡張寄附帳簿（来館者多く、道場狭まくなりたれば観覧席を作り、出入口を変更する等）

一、帳簿は道場の歴史歩みを記せるものなれば、入館簿と共に大切に保管ありたし。

一、出来る丈け、館日誌を綴られたし。》

すなわち、昭和以前の記録は幹事・大塚覚氏が保管していたが、紛失してしまった。また『昭和八年改築寄附帳簿』、『昭和二十二年修理寄附帳簿』、『昭和二十七年道場拡張寄附帳簿』の三冊が盗難にあったという。また、館日誌が綴られることを望まれたが、綴られることはなかった。こうして、私は別途さまざまな補完資料を探す必要に迫られたが、直接関連する文献を見出すことはできなかった。同時に、青少年時代に振武館に通っていた元館員の方々への面談も試みようとしたが、すでに物故され、あるいは所在のつかめない人が多かった。

限られた資料のなかで、冨永八郎先生の「振武館概史」（前記③所収）をもっとも頼りとした。先生自身が記憶を辿りながら書き残された文語調の文章（A４・二枚）である。明治一四（一八八一）

年から昭和一二（一九三七）年ごろまでの歴史である。次に「振武館外史――明治十四年より八十年」（前記②所収）を参考とした。これは「振武館概史」を口語体に直して、さらに昭和三六年の創立八〇周年までの歴史を加筆したもので、活版印刷されている。執筆者は不明である。ただ文末に「Y」と記されている。「Y」は当事の幹事長・中野泰雄氏かもしれない。ともかく、これで創立八〇周年までの歴史の概略は把握できる。だが、その後の平成二八（二〇一六）年の創立一三五周年までの五五年間の歴史を概述したものはない。私の『振武館青年会記録簿』（前記④）があるだけである。

以下、この三つの文書をベースに、残った資料を参照しながら、振武館史を叙述するしかない。なお、以下では敬称を略すことにしたい。

【第一章】

地方青年たちの明治維新

第一節——明治の政治体制の確立

振武館の前身は、先述のように、明治一四（一八八一）年（月日不詳）、旧福岡藩地行町の士族子弟が結成した「達聰舎」である。「達聰舎」は地行青年会に発展し、明治三二（一八九九）年、その集会所兼柔道場として「振武館」が建てられた。以降、今日まで地域の青少年教育に寄与してきた。本節では、明治初期、「達聰舎」結成のころの「時勢」について述べておきたい。士族子弟の活動に大きな影響を与えたからである。

明治政府による中央集権制度の確立

慶応三（一八六七）年一〇月一四日、「大政奉還」がなされるや、明治天皇は武力討幕派の藩兵で固めた京都御所において、皇族、公卿や有力大名に対し、一二月九日に突如「王政復古の大号令」を発して、幕府・摂政・関白・征夷大将軍を廃止し、天皇親政を宣言して新政府を成立させた。幕府転覆を企図するクーデターであった。慶応四（一八六八）年一月一日、薩摩・長州軍を中核とする新政府軍（官軍）は鳥羽・伏見の戦いで錦の御旗をかざして幕軍を敗走させ、そのまま北上した。同年四月、江戸城を無血開城させ、五月に上野寛永寺に立てこもる彰義隊を壊走させて、江戸府内を制圧。さらに東北地方に進撃して、抵抗を続ける長岡藩、奥羽越列藩同盟、会津藩を瓦解させ、明治二（一八六九）年五月、幕臣最後の砦である函館・五稜郭を陥落させた。この戊辰戦争によって幕軍は完全に壊滅した。

戊辰戦争の最中、新政府は中央政治体制を確立していった。すなわち、慶応四年四月、「太政官制」を敷き、「太政官」に行政・司法・立法の三権を集中させ、九月八日をもって明治と改元した。その後、太政官制は改革を重ねた。明治二年六月、「太政官」（六省）と合わせて「神祇官」を新設して二官制とし、明治四（一八七一）年七月には「太政官」の規模を拡大して三院制（正院、右院、左院）に改めた。三院制は明治一八（一八八五）年一二月二二日に内閣制度が発足するまで一六年間続いた。

他方、地方政治体制については、明治二年六月一七日、薩摩・長州・土佐・肥前の四藩主が版籍奉還を実行した。版籍奉還とは、藩主が版（土地）と籍（人民）を朝廷に返還することである。他藩も次々とこれにならい、中央政府は全国の統治権を掌握した。だが、旧藩主を各地方の「知藩事」に任命したので、旧幕藩体制と変わり映えせず、中央政府に十分に権力を集中できなかった。

そこで、明治四年七月一四日、「廃藩置県の詔《みことのり》」を発して全二六一藩を廃止し、代わって三府三〇二県を置いた。また、旧藩主による「知藩事」制度を廃止して、政府任命による「府知事」・「県令」制度に変えた。ここにようやく中央集権体制が確立したのである。

その後、府・県は合併を進め、同年一一月には三府七二県となり、明治二一（一八八八）年に市制・町村制、明治二三（一八九〇）年に府県制・郡制を制定して、一道三府四三県を定め、ほぼ現在と同じになったのである。[1]

新しい身分制度の確立と不満

新政府は版籍奉還と前後して、「四民平等」の理念を掲げて士農工商の封建的身分制度を廃止し、新しい身分制度を創設した。すなわち、明治二年六月一四日「行政官達」（法令）によって、公卿や諸侯を「華族」とした。一二月二日「太政官布告」によって、家老以下の旧藩士をすべて「士族」とし、士分格でない足軽《あしがる》を「卒族」とした。また農民・工人・商人を「平民」とし、さらに明治四年八月二八日「太政官布告」によって、穢多《えた》非人等を「平民」に編入して、その呼称を廃止した。だが、これまでの根深い社会意識を改めることは容易ではなく、差別は残存したのである。明治五（一八七二）年五月「太政官布告」によって、二世代以上世襲していた「卒族」を「士族」に変更し、一代抱えの「卒族」を「平民」に編入した。

さて、華族に関しては、明治一七（一八八四）年七月七日、「華族令」によって公・侯・伯・子・男の五等の爵位を設けて、階級化した。この爵位制度は昭和二一（一九四六）年一一月、日本国憲法によって廃止されるまで六二年間続き、帝国議会制度（貴族院）の上に大きな足跡を残した。他方、士族に関しては、廃藩置県によって藩の秩禄と藩兵職を失い、生活は困窮した。また明治五年一一月二八日、「徴兵告諭」によって国民皆兵制の意義が説かれ、明治六（一八七三）

年一月一〇日、「徴兵令」が発布された。さらに明治九（一八七六）年三月二八日、「廃刀令」が発布されるに至って、ついに士族は武人である誇りも特権も失った。政府による「士族授産」政策（産業を興すための府県への授産金交付政策）が実施されたが、あまり成果は上がらず、薩長中心の藩閥政府への士族の不満は高まっていった。また「平民」に関しては、その九割を占める農民は、地租改正・「徴兵令」等々によってかえって負担が重くなり、また神仏分離政策や被差別部落解放政策（明治四年「解放令」発布）など旧社会の急速な変革に反発して、新政府に対する不満を募らせたのである。

福岡の農民一揆と士族の反乱

戊辰戦争によって新政府の財政は窮乏した。不換紙幣である太政官札を発行して切り抜けようとし、各藩も同様の方法を採用した。福岡藩は五二万石の大藩であったが、幕末の藩財政はかなり窮迫していた。そのうえ官軍に参加して奥羽地方まで藩兵を遠征させたことによって、明治二年、藩債は一三〇万両に達した。窮余の一策として太政官札の贋札《がんさつ》（ニセ紙幣）を製造した。これが発覚して、明治四年七月二日、知藩事・黒田長知《ながとも》は罷免・閉門とされ、藩首脳は斬刑に処せられた。福岡藩は廃止、有栖川宮熾仁《ありすがわのみやたるひと》親王が後任の知藩事となった。「廃藩置県の詔」が発せられる一〇日前であった。[2]

廃藩置県後、明治四年一一月に福岡・秋月両藩は「福岡県」となり、久留米・柳川・三池の三藩が「三潴県《みずま》」、豊津・千束《ちづか》・中津の三藩が「小倉県」となった。明治九年四月、福岡県は小倉県を併合し、八月に三潴県の一部を加え、下毛《しもげ》・宇佐両郡を大分県に編入して、ようやく現在とだいたい同じ「福岡県」の範囲が確定したのである。

さて、明治六（一八七三）年六月一六日、旱魃《かんばつ》のため田植えができず、日吉神社で雨乞いをしていた嘉麻郡高倉村（現・飯塚市）の農民たちが、この機に米相場で儲けを企む相場師に怒って、竹槍をもって押し掛けた。これを皮切りに、鞍手・宗像・糟屋郡でも同様の事件が起こり、やがて筑前全域に広がった。総勢一〇万人の農民が参加し、富商宅が打ち壊され、福岡城内にあった県庁も襲撃された。これを「筑前竹槍一揆」と呼ぶ。新政府はすばやく鎮圧に乗り出し、一週間後の六月二五日、首謀者を捕縛した。斬罪三人、絞首刑一人、懲役刑九二人にのぼった。この間、破壊された家屋四五九〇軒、死傷者七〇人を数えた。農民の鬱積した不満が暴発したのであった(3)。

一方、士族も同様であった。明治七（一八七四）年一月、征韓論に敗れて下野した江藤新平、後藤象二郎、板垣退助、副島種臣は「民選議員設立建白書」を太政官左院に提出し、自由民権と国会開設を求めた。その直後の二月一日、「佐賀の乱」が起こる。一カ月後に鎮圧され、江藤新平は首謀者として斬首された。他方、明治八（一八七五）年二月二二日、板垣退助らは大阪で「愛国社」結成大会を開いた。このとき、福岡から武部小四郎と越智彦四郎が出席した。彼らは帰福後、「愛国社」に呼応して自由民権運動をおこなうため、青年同志を糾合し、年齢別に「矯志社《きょうししゃ》」二九人、「強忍社《きょうにんしゃ》」八人、「堅志社《けんししゃ》」二一人の三社を組織した[4]。

新政府は政治運動の盛り上がりを警戒し、明治八年四月一四日「漸次立憲政体樹立の詔」を発して、立憲国家政体を目指す姿勢を示すとともに、他方では、六月に「新聞紙条例」・「讒謗《ざんぼう》律」を制定して言論統制を強化し、運動を抑制しようとした。

こうした矢先、士族の反乱が相次いで起こった。明治九（一八七六）年一〇月二四日、熊本に「神風連《しんぷうれん》の乱」が起こる。これに呼応して同二七日、旧秋月藩の藩士四〇〇人余が挙兵し（秋月の乱）、また同二八日、長州藩で前原一誠らが挙兵した（萩の乱）。福岡では前原一誠の乱に呼応して、「矯志社」・「強忍社」・「堅志社」の頭山満、進藤喜平太、箱田六輔、阿部武三郎、高田芳太郎、宮川太一郎、奈良原至《いたる》などの青年たちが斬奸状を草して挙兵を企てた。だが、警察に察知され捕縛されてしまう。彼らは福岡・小倉の獄に投じられ、のちに山口の獄に移された。彼ら指導的人々がいなくなり、残された者たちは、明治一〇（一八七七）年一月、三社を合併し、「十一学舎」を設立した。その名称は設立年月にちなんだのである。

同年二月一五日、西南の役が勃発した。陸軍大将・西郷隆盛率いる薩軍は、鹿児島の私学校党一万三〇〇〇人余を主力とし、徴募隊一万人を従えて、東京に向けて進軍を開始した。これを聞いて、九州各地から士族が馳せ参じた。熊本隊・協同隊・龍口隊二五〇〇人、高鍋隊一一二〇人、延岡隊一〇〇〇人余、飫肥《おび》隊八〇〇人余、佐土原隊八〇〇人余、報国隊一〇〇〇人余、人吉隊一五〇人余、中津隊一五〇人余、その他である。薩軍は総勢三万人余に膨らんだ[5]。

新政府軍は福岡に本営を置いた。西郷の挙兵を待ち望んでいた武部小四郎、越智彦四郎らは宣戦の檄文《げきぶん》を発して、福岡城などを襲い、薩軍に応じようとした（福岡の変）。だが、戦力で圧倒的に優勢な新政府軍にたちまち鎮圧され、戦死者八〇人余を出してしまう。四月二日、福岡に司法省臨時裁判所が置かれ、裁判の結果、武部小四郎（三〇歳）、越智彦四郎（二六歳）、久光忍太郎（二五歳）、村上彦十《ひこじゅう》（三四歳）、加藤堅武《かたむ》（二五歳）は斬刑、一〇人が懲役一〇年、四〇〇人余が懲役七年から懲役一年の刑に処せられた。平岡浩太郎ただ一人が政府軍の追跡をかわして薩軍に加わり、また福岡挙兵を薩軍に知らせにいった「十一学舎」の川越庸太郎（城山にて戦死）、吉田震太郎（捕縛）もそのまま薩軍に加わった(6)。

新政府軍は陸軍兵力五万八五五八人と海軍（軍艦一三隻、輸送船六隻）を投入した。軍資・装備において圧倒的に優勢であった。薩軍は熊本城攻防戦に敗れ、九州山地を敗走し続けて、鹿児島に追い詰められた。九月二四日、西郷は城山で自決し、約七カ月間続いた戦闘は終結した。同日九月二四日、山口の獄に繋がれ悔し涙を流していた頭山満、進藤喜平太、宮川太一郎らが無罪放免された。箱田六輔と松浦愚《おろか》（獄中病没）は首謀の罪を背負って、さらに一年三カ月懲役に服したのであった。

福岡における自由民権運動

西南の役を最後に、九州・山口地方の士族の反乱は鎮静化した。藩閥政府の圧政に対する武力による抵抗は終わりを告げ、代わって自由民権運動が展開された。

すなわち、福岡に戻った頭山満、進藤喜平太、奈良原至らは海の中道に、はじめ「開墾社」を設立して同志を集めていたが、明治一一（一八七八）年五月、大久保利通暗殺の報が入るや、頭山は立志社・板垣退助に挙兵の意思があるや否やを確かめに高知に急いだ。板垣はもはや挙兵では政府を転覆できず、自由民権運動によるほかないことを頭山に説いた。同年九月、愛国社の再建大会が開かれた。愛国社は各地の自由民権運動を促進する政治結社の連合組織である。

その直後、明治一一年一〇月、「開墾社」はこれを改め、政治結社「向陽社」を設立し、自由民権運動を本格的に開始した。明治一二（一八七九）年一月、箱田六輔が「向陽社」の初代社長に推され、「民権伸長・国権回復」（人民の権利の拡大と不平等条約の改正）を掲げて、博多の豪商の後ろ盾を得て、福岡各所で演説会・討論会を開催した。[7] また別方面では、明治一二年一二月八日、筑前一五郡（九三三町村）の総代が聖福寺で大会議を開催し、自治組織「筑前共愛公衆会」を設立、翌一三（一八八〇）年一月、国会開設と条約改正の署名請願書『国会開設ニ付建言』を元老院に提出したのである。ここに再び福岡での自由民権運動は盛り上がりを見せたのである。[8]

他方、明治一三年三月、「愛国社」は大阪で第四回大会を開催、各地の政治結社総代一一四人は「愛国社」を「国会期成同盟」と改称し、自由民権運動を士族のみならず、農民、商工業者などを巻き込む全国的な民衆運動へと発展させていく方針を定め、国会開設要望書を天皇に提出することを決議して、後日『国会を開設するの允可《いんか》を上願する書』を政府に提出した。だが、政府はこれを受理せず、四月五日「集会条例」を布告して弾圧しようとした。これに反発して一一月の東京大会では、政党を組織して実力で国会開設を求めるべきだという議論が起こった。

こうした動きのなかで、「向陽社」は五月一三日、福岡県警察本署に「玄洋社設置御届」を提出し、八月二一日に政治結社として許可を受け、平岡浩太郎が初代社長に就任した。「玄洋社」は「憲則三条」、すなわち「一、皇室を敬戴すべし。一、本国を愛重すべし。一、人民の主権を固守すべし。」を掲げて、政治運動に邁進した。

このような自由民権運動の高まりを顧慮して、明治一四（一八八一）年一〇月一二日、新政府は「国会開設の詔」を発し、一〇年後に国会を開設する旨を公表したのであった。かくして来るべき政党政治に向けて、同年一〇月「国会期成同盟」を解散して、「自由党」（板垣退助）が結成され、明治一五（一八八二）年三月には「立憲改進党」（大隈重信）および「立憲帝政党」（福地源一郎）が結成された。また社会主義の政治結社も結成されていった。

玄洋社はいかなる政党にも属さず、福岡から政治家を国会に送り出して、隠然たる政治力を発揮してゆくが、これを機に、中国革命やアジア独立運動を民間の立場で支援する方向に進んでいった。玄洋社の社員各自が志のおもむくままに国事に奔走したのである。思うに、国家の安危を自分自身の問題として受けとめる者を「志士」と呼ぶならば、玄洋社は「志士」たちの結合体となったと言えるのではないだろうか。

ともかくも、「達聴舎」の結成は、まさにこの明治一四年であった。「達聴舎」に集った士族青年たちは、この混沌たる時代の空気と福岡郷党の熱気を胸いっぱいに吸い込んでいたのである。

「向陽義塾」・「藤雲館」から「中学修猷館」への発展

「向陽社」は人材育成にも力を入れた。設立の翌年、明治一二年一月五日「成美義塾」（成美社）を譲り受けて「向陽義塾」を開校し、漢学、法律、理化学、英語の四科目を教授した。またその年の暮れには柔術と撃剣の修行場として「青年会道場」を新設したのである。

しかるに二年後、明治一四年一月七日に向陽義塾を閉じて、同日に私学「藤雲館《とううん》」の開設を県庁に届け出た。当時、福岡県内の官立専門学校には年齢制限があるために、あるいは学資がないために、就学できない青少年が大勢いた。私学開設は彼らに学業の機会を与えるのが目的であった。旧藩主・黒田家から設立費用と三年間の維持費用を受け、かつ同郷の人々の援助によって、県（県令・渡辺清）の官有地八〇〇坪余（福岡市天神町七八番）を借用し、一〇月一日、新築校舎の落成式がおこなわれた。

「藤雲館」は三年制で、入学料は五〇銭、教授料は一ヵ月二〇銭であった。法律科と英学科を置き、さらに副学科を置いて和漢書と文章学を講じた。その教材として和書『大日本史』、『日本外史』、『皇朝史略』および漢書『史記』、『十八史略』、『文章軌範』や『論語』、『大学』、『中庸』などの経書を使用している。経書とは、老若男女を問わず、あらゆる境遇の人々の人生に普遍的に指導力のある道徳原理を述べた書のことである。経書を縦軸に、各時代の情勢のなかで先人がいかに生きたかを語った史書を横軸にして、人は今をいかに生きるべきかを問う教育がなされていたと言えるであろう。(9)

当時、旧藩主・黒田長溥《ながひろ》は旧藩士の窮状を憂い、金子堅太郎その他数人に救済の方法を尋ねたところ、金子は一時的な金銭の援助よりも子弟の教育が有効であると献策した。福岡県下には中学校が三校しかなく、筑前には福岡中学校の一校のみであった。黒田長溥は金子の意見を採り、私財四万五〇〇〇円を原資とし、その利子と授業料収入で学校を維持できるか否かを文部省に問い合わせた。文部省から学校建設は可能である旨の回答を得るや、ただちに金子を福岡に派遣した。金子は郷里の関係者と相談のうえ、結局一七〇〇円で「藤雲館」の校舎・諸器具を買い取り、原資から得られる利子を毎年県庁に送付することに決めて帰京した。こうして「藤雲館」校舎を使用し、かつての「藩学・修猷館」を再興することになったのである。

かくして明治一八（一八八五）年五月三〇日、県令・岸良俊介《きしらしゅんすけ》は福岡県立修猷館の設置を告示し、九月一〇日、「英語専修修猷館」という名称で開館した。近代化の後進国であった日本が欧米の先進的学術を吸収するには、外国語教育は必須だったのである。

明治二二（一八八九）年三月一三日、「福岡県立尋常中学修猷館」と改称し、また学則改正によって五年制となった。その後も、明治三二（一八九九）年四月「福岡県中学修猷館」、明治三四（一九〇一）年四月「福岡県立中学修猷館」、大正一四（一九二五）年四月「福岡県中学修猷

［表1-1］ 明治期の官立高等学校（ナンバースクール）の設立年月

校　名	設立年	所在地	校　名	設立年	所在地
第一高等学校	明治 19 年 4 月	東　京	第五高等学校	明治 20 年 5 月	熊　本
第二高等学校	明治 20 年 4 月	仙　台	第六高等学校	明治 33 年 3 月	岡　山
第三高等学校	明治 19 年 4 月	京　都	第七高等学校	明治 34 年 4 月	鹿児島
第四高等学校	明治 20 年 4 月	金　沢	第八高等学校	明治 41 年 3 月	名古屋

天野郁夫「七帝大物語」『学士会会報』（2015年、105・106頁）より筆者作成

館」と数回改称された。なお、戦後の学制変更により昭和二四（一九四九）年八月「福岡県立修猷館高等学校」（三年制）となって、現在に至っている。

その多くの優秀な卒業生は明治時代を通じて、他府県の官立高等中学校（通称「ナンバースクール」）に進学した。官立高等中学校は帝国大学の予科として機能し、これを卒業すれば、自動的に帝国大学への進学が保証されたので、激しい受験競争を生んでいた。明治二七年「高等学校令」によって、表1－1のように、高等中学校は「高等学校」と改名された。大正七年末、新しい「高等学校令」が公布され、官公私立の高等学校（修業年限七年。尋常科四年と高等科三年）が各地に新設された。福岡では、「官立福岡高等学校」が大正一〇（一九二一）年一一月に開校した。それまでは福岡に高等学校はなかったのである。

第二節――達聴舎の結成

日本各地には伝統的に青年組織が存在した。大別して二種類あっ

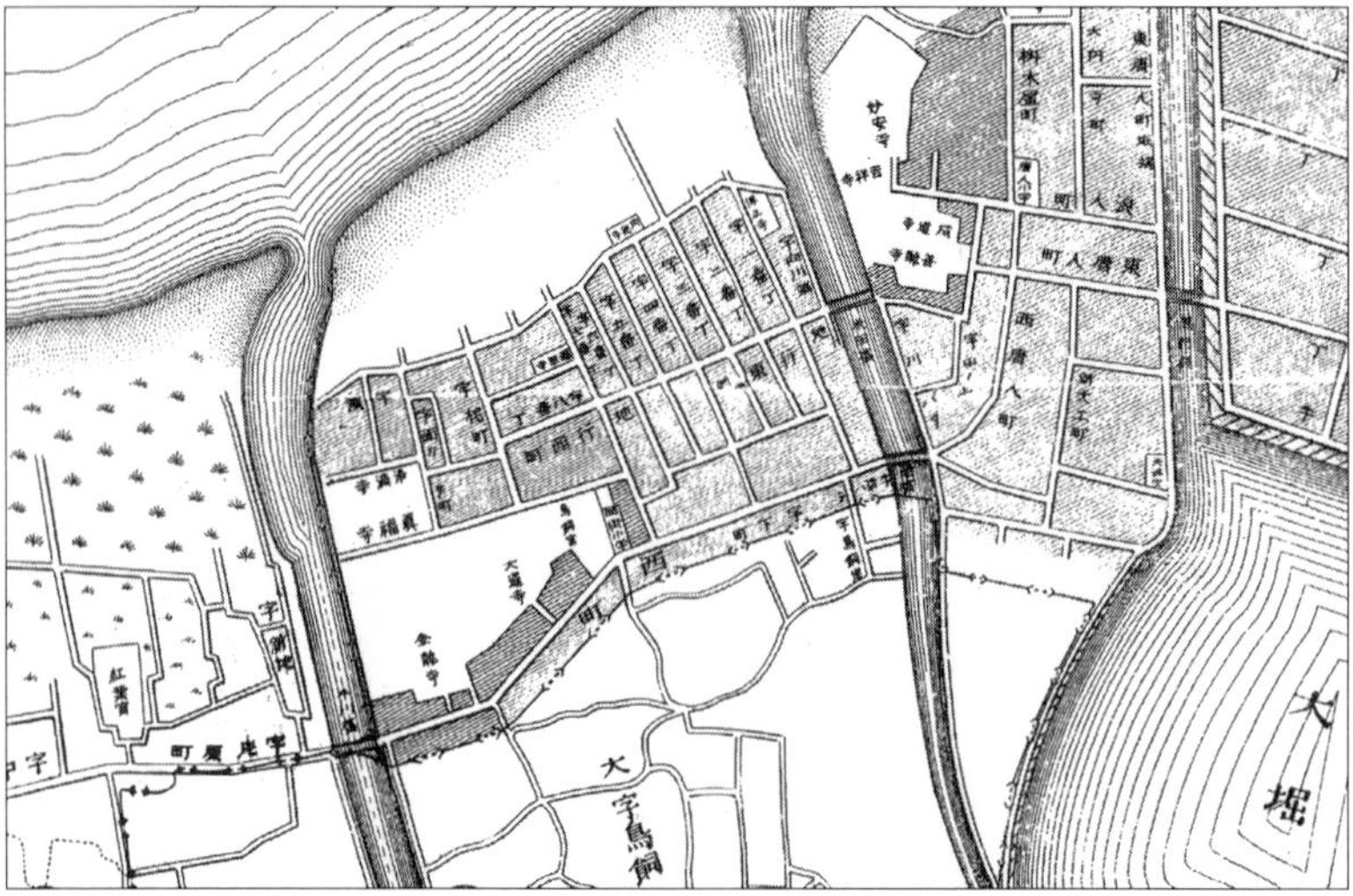

明治23年9月「福岡市明細図」

た。ひとつは若衆・若連中などと呼ばれる農村青年の自治組織である。民俗学では「若者組」と総称している。彼らは村のなかで警察・消防・災難救助などの仕事を担当していた。明治以後、地方行政制度が確立され、警察・消防制度がつくられるや、「若者組」はその機能を失い、やがて村内秩序を守護する集団ではなくなっていった。

　これに対して、都市青年の自治組織も存在した。たとえば、祭礼に関わる商人階級の青年団体や武士子弟の自己教育的団体である。倒幕運動に奔走したのも二〇代から三〇代の下級武士の団体であった。明治以後においても、都市青年は地域共同体意識を持って、自治的組織をつくる伝統を失うことはなかった。

「達聴舎」の結成

旧福岡藩の「地行町《じぎょうまち》」は、東は菰川《こもがわ》、西は樋《ひ》井川《いがわ》、北は博多湾、南は旧街道（現・二〇二号線）に囲まれた地区である。地行町の東隣は「唐人町《とうじんまち》」、西隣は「西新町《にしじんまち》」であり、旧街道より南は「鳥飼村《とりかいむら》」であった。そこには田園が広がっていた（前ページ地図参照）(10)。

この地行町は旧藩足軽の居住区であった。明治一四（一八八一）年（月日不詳）、地行町の士族子弟が、自己修練の場を求めて「達聰舎《たっそうしゃ》」なる青年団体を結成した。彼らは幕末に生まれ、明治初期の動乱のなかで育った。

「達聰舎」の記録は残念ながら皆無である。当時の様子は唯一、西川虎次郎『忠孝義烈 吉岡大佐』（大正一四年）に書き留められている(11)。

西川虎次郎（一八六七〜一九四四）は、慶応三（一八六七）年九月二八日、福岡藩士・西川与一の次男として西新町新地に生まれた。明治維新の前年である。西新小学校、辛島塾、陸軍士官学校、陸軍戸山学校を経て陸軍大学に進み、日清・日露戦争に従軍、大正六（一九一七）年に陸軍中将となった。著書『忠孝義烈 吉岡大佐』は日露戦争で戦死した同郷の友、吉岡友愛《よしおかゆうあい》大佐の伝記である。吉岡友愛は達聰舎のメンバーであった。その逸話から当時の様子をうかがうことにしたい。なお、旧漢字は新漢字に直した。

《彼〔吉岡〕が青年となりし頃、我国の形勢は余程《よほど》変ってきた。明治十年西南戦争の時、福岡士族の一部之に参加したのと、足元の福岡にても少しは、騒動をやったので、青年の間には余程荒い気分が鬱《うずま》いて居た。所謂《いわゆる》殺気猶《なお》散せざる状態であった。其上《そのうえ》民権論盛んに起り、官吏の圧制を唱へ、向陽義塾（玄洋社の前身）を設置して、同志の士を糾合する等、政治熱が大に民間に伝わった。此の如き時勢は、大に当時の青年子弟を唆《そそ》り、其の血を湧かせたのである。地行の如き士族集団の子弟が、此時勢を傍観して居る筈《はず》がない、そこで大内源三郎、木山遷、蒔田磯《いそ》、廣羽貞《ひろはね》、安河内武十郎、山座圓次郎《えんじろう》、吉岡友愛等数名の青年は、木山の離れ家を借り、達聰舎なるものを設け、常に此処に集会して居た。其の集会たるや、時に演説討論等をやるが、多くは、腕白青年の梁山泊とも言うべき所であった。然《しか》し彼等の崇敬の中心となって居たのは、同町出身の勤王家平野國臣先生で、其の主義とする所は、「議論より実を行へなまけ武士、国の大事をよそに見る馬鹿」であった。従て悪戯の実行も実に深刻であった。達聰舎は地行青年の集会所ではあるが、学問上の師は居なかった。之に反して隣町西新町の百道《ももち》私塾は同町有志の設立で、地行の辛島並樹先生を聘し、其教を受けて居たのである。故に達聰舎の青年中にも、百道私塾に学びし者が二三あった。》

（西川虎次郎『忠孝義烈　吉岡大佐』）

すなわち、大内源三郎、木山遷、蒔田磯、廣羽貞、安河内武十郎、山座圓次郎、吉岡友愛などが達聰舎を結成し、木山の離れ家を借りて集会していた。彼らの血を湧かせたのは、すでに述べたような、殺気のいまだ消えない「時勢」であった。

平野國臣神社（福岡市中央区今川1丁目）

草莽の志士・平野國臣への敬慕

達聰舎の青年たちが敬慕していたのは、幕末草莽の志士・平野國臣（一八二八〜一八六四）であった。國臣は文政一〇（一八二七）年三月、福岡藩足軽の家に生まれた。家は地行下町にあった。国学・和歌・有識故実に親しみ、いち早く王政復古運動に挺身した。文久三（一八六三）年一〇月、但馬生野の挙兵に加わるもただちに捕縛され、京都六角の獄に囚われた。翌元治元（一八六四）年七月一九日、長州藩兵と真木和泉らが大挙して入京するという禁門の変が起こるや、六角の獄に類焼し脱獄の恐れがあるとして、七月二〇日、幕府大目付・永井尚志および東町奉行・小栗政《まさ》寧《やす》は新選組に命じて、獄に繋がれていた国事犯三三人を斬殺した。平野國臣もその一人であり、伝聞では新選組局長・近藤勇の手にかかったという。國臣、享年三七。無念の死は明治維新の四年前であった。

平野國臣顕彰会編『平野國臣伝記及遺稿』（復刻版、昭和五五年）に附された山口宗之「解題」は、薩長雄藩に先んじて倒幕・王政復古を唱えた平野國臣の評価があまりにも低すぎることを指摘し、『日本人物文献目録』（法政大学文学部史学研究室編）によれば、明治初年から昭和四一年末まで平野國臣研究は単行本一四冊・論文二〇篇があるが、「戦後の刊行は皆無に等しい」と述べている。國臣は文久二（一八六二）年正月二日、薩摩藩邸に投じた『培覆論《ばいふく》』において公武合体論の非を説き、同四月朝廷（孝明天皇）に献じた『回天三策』においては、幕府が前非を悔いて謝るときにはその官職を取り上げ、爵禄を削って諸侯の列に加え、この命に従わなければ、征伐すべきであるという倒幕を説いた。「國臣の脳中すでに将軍家・幕府なく、王政復古・天皇親政国家樹立への気魄が脈うっているといえるであろう。もちろん王政復古への熱情がそのまま明治政権成立への直接的契機となったのではない。しかし徳川家の天下―将軍家・幕府の伝統的権威へストレートに対決した活力は、まさしく維新への必須不可欠の要件といわねばならないであろう。まさしく國臣はその意義を担う一人であったこと、疑いないところである。」という[12]。

王政復古後、明治二（一八六九）年、福岡藩は朝命により平野國臣等の忠節を広く知らしめるため、その名を刻んだ石碑を京都霊山護国神社と福岡千代松原に建てて祭典をおこなった。明治一〇（一八七七）年になって國臣らの遺体が旧獄舎刑場に仮葬されているのが偶然発見され、京都上京区の竹林寺に改葬された。明治一五（一八八二）年、京都霊山に國臣の紀念碑が建ち、明治二四（一八九一）年、朝廷から特旨をもって國臣に正四位が贈られ、靖国神社に祀られた。要するに、國臣の評価は今日とは比較にならぬほど高いものであった。

明治初期、國臣は同じ地行町に生まれた士族青年たちにとって誇らしい郷土の先輩であった。ちなみに、昭和二七（一九五二）年、地行下町の生家跡地に平野神社が創建され、昭和三九（一九六四）年四月、西公園（福岡市中央区荒津山）に國臣の銅像が建立された。

達聴舎の逸話

幕末の志士・平野國臣を敬慕する達聴舎の青年たちは、皆で漢書を輪読したり、演説・討論会をおこなったりして、国際・国内情勢について見識を高めあっていた。その一方で、彼らの素行には乱暴なところがあった。明治青年に一般に見られた気風と言ってよいかもしれない。こんな話が残されている。

《彼〔吉岡友愛〕は此頃大身の槍の穂尖きを、竹杖に仕込み、携帯して居たが、此杖は度々犬殺しに使用せられたので、「友愛さん、犬を見さへすれば、殺さっしゃるそうな」との評が、一般に噂された位であった。或時山座圓次郎と共に犬を殺し、之を食する積りで、其片股を達總舎に持込み、軒端に吊して居た。然るに翌朝、家主の木山夫人に見付けられ、

「そんな不浄なものを、此処で食べられては困る」と、大に譴責《けんせき》せられた。すると、「それでは、お祓いして、浄めた上で、食べましょう！」と、山伏を呼び来り祈祷し始めたので、木山夫人も呆れ果て其儘《そのまま》本家に帰へり去った。》（同前）

今日から見れば、ずいぶんひどい話である。若者たちは野犬の肉を当然のごとく食していた。ウサギやイノシシの肉を食するのと同じ感覚だったのであろう。

《海岸に穴を掘り、寺の石塔を持ち来りて竈《かまど》を作り、何《いず》れの家からか勝手に平釜を持ち来り、神社の絵馬を薪として、犬の肉や野菜を煮て、仲間を饗応するなど、珍しきことでなかった。》（同前）

青年たちは地行の海岸で火を囲んで食事会を繰り広げた。寺の石塔を無断で持ち出し、神社の絵馬を薪とするなどは良からぬことであるが、当時の青年の自由奔放さが伝わってくる逸話である。

《ある時所有者の明瞭ならざる小船一隻、樋井川《ひいかわ》に流れ来た。地行の青年之を見出し、直に達聴舎所属の舟とした。ある夏の夕、彼〔吉岡友愛〕の首唱で納涼に出かけた。三四人の同志は、何れも裸に褌《ふんどし》のみである。樋井川に纜《ともずな》を解き海上に乗出し、東に進むこと一里余。「オイ、中島に行こうえ」「ウン、よかろう」と評議直ちに一決して中島町の橋下に至った。此時、橋上に数多の男女が橋欄に凭《もた》れり、汗しまぬ浴衣を着、団扇《うちわ》を手にして涼んで居た。橋下の裸先生、一斉に濡砂を両手に掬して、これを橋上の男女に抛《ほお》りかけた。「や、大変、誰だ、々々、砂なげるのは?」の声が諸方に起る。橋下からは「馬鹿野郎」と呼びつつ、益々砂を抛るので、暫く橋上橋下の戦となったが、橋下の裸先生は何程砂塵を蒙っても平気、後には水中に入りて、身体を洗うと同時に、砂を握りて之を抛るので、橋上の納涼客は散々な目に遭って逃げた。勝利を得た裸先生は、祝杯を挙げようとの動議に、賛成者多く、集めた金がやっと五銭。そこで舟を岸につなぎ、裸体のまま往来繁き街上を酒店に至り、五合ばかりを得て、一同祝杯を挙げた。》（同前）

また、年長の友愛は達聡舎において首領株だった。次のようなことも起こしている。

《盂蘭盆《うらぼん》の翌夜、即七月十六日の夜は、神社仏閣に参詣する人終夜絶えない、俗に之を「札打ち」と称して居る。或る「札打ち」の夜、彼は友人と共に樋井川橋上に大団扇を敷き納涼して居ると、多数の「札打ち」者の中に、大団扇を踏む者があった。其の時、彼大に憤り、直ちに其の者を捕へて河中に投じた。此の如き有様だから、福岡博多の商人等は、

　　

熟れも彼等の乱暴に怖れぬ者はなかった。要するに、彼は自ら天誅組を以て任じて居た様である。だから懦弱《だじゃく》だとか、奢侈《しゃし》だとか、又は不正の行為を見るときは懲さねば承知しなかった。》（同前）

旧藩時代に比べ、明治一〇年ごろから一般に人々の服装はぜいたくになり、官吏・商人の間には不正も頻繁に生じた。このような世情に青年たちは憤慨していた。傍若無人の正義感とも言えるものが、当時の青年の特徴である。その純粋性によって社会・風俗の堕落を食い止めていたのである。

第三節——達聴舎の人々

「達聴舎」は著名な人物が輩出した。山座圓次郎と吉岡友愛である。彼らの活躍は振武館員たちに久しく語り継がれてきた。それは英雄伝説のような漠とした話で、史実が正確に伝わっていたわけではないが、館員の志気を高めるには十分であった。ここには史実を簡単に記すことにしたい。

山座圓次郎

山座圓次郎は慶応二（一八六六）年一〇月二六日、地行町の福岡藩足軽・山座省吾の次男として生まれた。吉岡友愛より三歳ほど下である。父・省吾は廃藩置県後、藩政庁に勤務できたので、家計は貧しくとも安定していた。

圓次郎少年は手に負えない「わるそう」であったが、地行小学校、ついで藤雲館（中学修猷館の前身）に学び、成績は抜群に良かった。西川虎次郎は書いている。「山座君は予の二つ年上である。幼少時は年の二つも違うと親密ということにはならぬ。その上に山座君は地行、予は西新だから幼少年時のことは能《よ》く知らないけれども、同君も時々百道私塾に遊びに来たから知らぬでもない。百道私塾は西新町の有志が設けた過渡時代の漢学研究塾で明治十三年頃創立された。教師は地行の辛島並樹先生（幕末福岡藩における漢学の大家）で漢籍および国学に造詣の深い御方であった。山座君は百道私塾の塾生ではなかったけれども、その竹馬の友たる前田磯氏および吉岡友愛氏が塾生であったので共に来遊することがあった。」という。[13]

圓次郎は東京遊学を志していた。藤雲館を卒業した圓次郎がさらに上級の学校に進学しようと思えば、東京に行かねばならない時代であった。しかし、山座家にはその学資を出す余裕はなかった。

そんな折、太宰府町出身で高級官僚となった小野隆助（のち官選の香川県知事）が墓参のため里帰りしているという噂を耳にした。圓次郎はさっそく、小野隆助に面会を求めた。そのときの様子を小野は圓次郎没後、次のように回想している。[14]

《……山座が初めて俺と一所に上京したのは彼が十八歳だった。上京の動機は彼が元の修猷館に学んで居た際、生徒中でも成績が良く、殊に漢学の素養があるといふので、大層評判も良く衆望があった。その当時玄洋社の藤島一造が舎監か何かしてゐたので、同人が非常に山座に惚れ込んで是非俺に東京に連れて行って呉れと頼んだのが抑々彼の東都遊学の序幕だった。藤島の紹介で始めて俺を訪ねて来た当時の山座の異形な姿は今も眼前に髣《ほう》髴《ふつ》として浮んで居る。今から数えると三十余年前の恰《あたか》も梅雨の頃で身にはツンツルテンの紺絣の単衣を着て、醤油を煮しめたような兵児帯を締めて、降りしきる雨中を跣足《せんぞく》のまま福岡から五里余の路を踏んで太宰府迄訪ねて来た。なんでも後できくと、さして来た傘は破れた骨計りの骨張りの傘だが、途中で知らぬ家へ駆込んで、借りたのか貰ったのか分からずさして来たという無頓着ぶりに、下駄は竹の皮の鼻緒が途中で切れて仕舞ったので、捨てて来たとのことだった。山座の懇請を容れて東京に連れて行き、親戚の寺尾寿の許に書生に置くことに頼んで帰った。山座が寺尾へ書生となってからは寺尾の老母が勝気の方だから、無頓着な山座にとっては老母の教育が随分辛かったらうが、又一面山座の人物が出来た一因は寺尾の老母の元気な賜物とも云へる。

俺がその後寺尾の宅を訪ねた時に山座が猛牛のやうな尻を打振って、切々と廊下で雑巾掛をやって居た。その恰好がまことに無器用で、雑巾を片手に鷲摑みに摑んで、御役目御苦労と言った風で頻りにやって居たので、余りの可笑しさに俺が、山座そんな体裁では此方のお母さんの気にはいらんよ、雑巾は斯んな風に掛けるものだと教えたことであった。》

（小野隆助「山座少年」大正三年六月一日）

かくして山座圓次郎は明治一六（一八八三）年夏、小野隆助と共に上京した。山座が福岡を離れるとき、達聰舎の仲間一五人ほどが送別のすき焼き鍋を囲んだ。それぞれが訣別の詩をつくって山座に贈ったという[15]。

山座は、同郷の寺尾壽《ひさし》（理学博士）の書生となって寺尾家に住み込んだ。寺尾壽は東京大学理学部物理学科を卒業し、同窓の中村恭平らとともに明治一四（一八八一）年東京物理学講習所を設立して、その教官を務めていた。明治一六年に東京物理学校と改称したばかりであった（のち昭和二四年に東京理科大学と改称[16]）。

明治維新によって封建制度が廃止され、四民平等となるや、全国の青年は機会均等の社会のなかで「立身出世」を目標とした。近代国家のなかで指導的地位を得るためには近代的教養を身につけなければならない。都市青年、とくに武士的教養の素地を持つ士族子弟が真先に立身出世の道を駆け上がった。農村青年はこの点で不利であった[17]。

しかし、地方青年が高度な教育を受けるために上京するチャンスは少なかった。多くの家庭は貧しく、学資を出せなかったからである。これを補ったのが苦学生を支援する慣行であった。

正木昌陽の不狭学舎跡（福岡市中央区今川2丁目）

明治初期から昭和二〇年の太平洋戦争終戦まで、地方青年は同郷の政治家・学者・実業家等々の「書生」や「学僕」となって上京し、学資・生活費を賄って修学したのである。彼ら青年を支援することは心ある同郷の先輩の使命となっていた観がある。

吉岡友愛

吉岡友愛は、平野國臣が生野の変に加わり捕縛された年、文久三（一八六三）年の一〇月八日、父・吉岡孫太夫義次、母・ゆきの次男として地行町に生まれた。父は四人扶持の小禄であり、家計はもとより窮迫していた。兄・義處七歳、友愛三歳のとき父が他界し、兄が一五歳と称して家督を継いだが、明治四（一八七一）年七月二日、廃藩置県により吉岡家は藩の秩禄を失ったため、母がひとり養蚕・畑作と機織りで家計を支えた。

「其後の吉岡家は二人の子供を相手に、母のゆきは夜を日についで屋敷内を耕しては野菜を作り、自家用の残りは皆之を売りて、醤油、油等の代となし、養蚕に依りて得たる絹糸は、盡《ことごと》く米や麦の代償としたのである。彼は此頃十歳位であったけれども母の機織りの手伝いをして

は糸をはへ、繭から絹を採る為には、鍋の一側に竹を立てて手操りをすること迄能く熟練して居た。」という。(18)

近所に正木昌陽の私塾「不狭学舎」があった。正木は文政一〇（一八二七）年生まれで、福岡藩教官を務めながら、私塾を開いていた。平野國臣は正木より一歳年下で、正木とは幼少より交友があり、正木の講義を時折聞きに来ていた。廃藩置県によって藩の秩禄を失った正木（満四四歳）は、私塾に力を注いだ。友愛は七歳ごろから通い始めている。

明治四年七月一八日、新政府は文部省を設置し、明治五年八月三日「学制」を公布した。江戸時代には身分によって、庶民の通う寺子屋と武士の子弟の通う藩校に分かれていたが、ここに四民平等の学校制度が開始されたのである。

「学制」は学区・学校・教員・学資等々について規定している。その主要部分は小学校に関する条項である。全国を八大学区に分け、各大学区に三二の中学区を置き、各中学区に二一〇の小学区を設ける方針を打ち出した。小学校の増設計画である。小学区に小学校一校を置くとすれば、全国小学校は五万三七六〇校になる計算である。全国民の小学校就学を目標に据えたのである。しかし、容易に実現できる数値ではない。

新政府は各府県による小学校設置を督励した。当時の設置方法はおよそ三種あった。「（一）従来存在した寺子屋・私塾等を全廃して、新しく小学校を設置する、（二）寺子屋・私塾等をそのまま存置して、これと別個に公立小学校を設け、次第に移行する、（三）寺子屋・私塾等を学区制に基づいて併合し、そのままこれを小学校に再編する」というものである[19]。

福岡地行町では、小学校仮校舎を金龍寺に設け、近隣の少年を入学させた。裕福ではない吉岡家であったが、母親の熱意で友愛は、明治六（一八七三）年あるいは明治七（一八七四）年に一一～一二歳で、小学校に入学した。年齢からみて、おそらく数年で卒業したであろう。だが、進学すべき中学校がまだ福岡にはなかった。そこで、漢籍を辛島並樹塾で学び、剣術を幾岡太郎一に学んだ。この時期、中等教育は私塾に依存していたのである。

友愛の性質について、『糸島郡誌』は、「当時青年男子中、洋傘を手にする者多し。君之を柔弱なりとし、自ら直径約二寸の竹を割り大団扇を作りて、之を携帯せり。之に自筆の句あり曰く、笑者任汝笑、譏者任汝譏、乃公《だいこう》心中只有乃公知と。以て其魁偉《かいい》の風丰《ふうぼう》を知るべし。」と記している。すなわち、洋傘を差している男子を柔弱と評し、自分は大きな団扇をつくって持ち歩き、笑いたければ笑え、謗《そし》りたければ謗れ、自分の心は自分だけが知るという自負心に満ちた句をつくったりしていたのである[20]。

ところで、「達聴舎」が結成された明治一四（一八八一）年、友愛は一八歳である。翌一五年、一家は志摩郡今津村（現・糸島郡）に移り住んだ。兄・義處が今津小学校教員（訓導）であり、友愛が小学校代用教員となって家を離れることになったので、母親が地行町の家にひとり残れば家計上不利だったために兄のもとに転居したのである。

友愛は夜須郡の粟田小学校、志摩郡の櫻井小学校、怡土《いと》郡の今宿小学校、また直方の中学校

（仮設）に勤めた。勤務地は転々とした。もともと教員になるつもりはなく、軍人志望であった。陸軍士官学校の試験は漢文、作文、数学の三科目であったが、友愛は数学の素養がなかったので、上京して勉学することを希望していた。しかし、学資金がなかったのである。

そんな折、先に上京した山座圓次郎から「スグノボレ」の電報が届いた。山座は友愛に、寺尾家でともに書生として働きながら、陸軍士官学校を目指せというのだった。

西川虎次郎は偶然、友愛に出会ったときに聞いた。

「友愛さん、どこに行きがっしゃるな？」

「フン、東京に行きよる！」

「何事いな？」

「士官学校に入る積りたい」

西川は陸軍将校になる志を立てていたが、上京の手段がないときで、うらやましく思った。

「当時の東京行は今日と違い、途中一週間余を要する。加之《しかのみならず》東京に行く人の稀なる時代であったから、多くの人は死別の思いをなすのであった。然るに、彼は宛も隣家にでも行く如き風であった。学校の先生として僅か参円余の月給の内から、倹約に倹約を重ねて貯金した金が、二年ばかりの間に二十円に達して居た。」という。明治一六（一八八三）年、友愛はこれを旅費として上京した。満二〇歳であった。[21]

第四節――地行青年会と不二会の合併

さて、冨永八郎は「振武館概史」の冒頭に次のように記している。

《明治十四年、山座圓次郎、吉岡友愛、木山遷、蒔田磯、慶羽貞、大内義映、安河内武十郎等の地行青年の子弟集まりて、達聰舎なる青年集会の会を作り、木山遷氏の離れ家を借りて、或は漢籍の輪読をなし、或は武道をなし、焼き芋をかじる等、一種の青年会場なり。その後、これを地行青年会と呼べり。会場は「赤心会場」、山の上藤本米屋の倉庫。のちに少年の集会も起こり、名を不二会《ふじかい》と称せり。不二会の会場は、稲石《いないし》啓太郎氏の横、児島氏宅の養蚕室。当時の会員は柴田麟次郎、横田礼三郎、団平八郎。

時漸く講道館柔道の起こるありて、福岡に千葉兵蔵、飯塚国三郎氏等相次いで来るあり。平野棒術道場、唐人町米穀倉庫、地行西町、枕町など宿舎転々として変れり。》

（冨永八郎「振武館概史」）

すなわち、山座圓次郎、吉岡友愛が福岡を飛び立ったあと、「達聰舎」はやがて「地行青年会」に発展した。この「地行青年会」は青年たちの自治組織であったと思われるが、もしかすると地行町の士族子弟だけでなく、地行町とその周辺の青年が参加する組織で、行政的指導の下に置かれていたのかもしれない。

地行青年会の会場は「赤心会場」と称し、「山の上藤本米屋の倉庫」であったという。現在の場所は判然としない。[22]

その後、少年の集会も起こり、「不二会」と称した。不二会についても、残念ながらまったく資料がない。不二会の会場は、平野棒術道場、唐人町米穀倉庫、地行西町、枕町などを転々とし、最終的には「稲石啓太郎氏の横、児島氏宅の養蚕室」に落ち着いた。「当時の会員は柴田麟次郎、横田礼三郎、団平八郎」であったという。なお、柴田麟次郎は玄洋社員。日露戦争時、満洲義軍に参加して活躍している。

濱地政右衛門『憂国の士　中野正剛』（二〇一〇年）によれば、明治一九（一八八六）年生まれの中野正剛も小学校のころ、「地行下町」にあった不二会に入門して、その道場で柔道を練習したという。これが正しいとすれば、不二会は達總舎のあとに結成され、中野正剛の小学生時代まで存続したことになる。すなわち、明治一四年から明治三一年ごろまでの一七年間である。[23]

そして、明治三二年（月日不詳）、地行青年会は不二会と合併し、平野國臣の生家前（地行東町三番丁）に、郷党有志の寄附を得て土地を購入し、集会所兼柔道場として「振武館」を建設したのである。

では、「振武館」はなぜ柔道場として建設されたのか。「時漸く講道館柔道の起こるありて、福岡に千葉兵蔵、飯塚国三郎氏等相次いで来るあり」という。明治後期、柔道はすでに福岡に根付き、青少年の自己鍛錬の方法として人気があったのであろう。その経緯について次章で触れていきたい。

【注】

(1) 川添昭二ほか『福岡県の歴史』山川出版社、一九九七年、二六二—二六四頁、参照
(2) 福岡市総務局『福岡の歴史——市制九十周年記念』福岡市、一九七九年、九三・九四頁
(3) 同前、九五・九六頁
(4) 岡保三郎編・的野半介監修『来島恒喜』精美社、大正二(一九一三)年、三五—三七頁
(5) 江藤淳『南洲残影』文藝春秋、一九九八年、参照
(6) 財部一雄編『明道館史』一九八四年、二二頁。また、清漣野生遺著『明治丁丑 福岡表警聞懐旧談——明治十年福岡の変始末記』大和塾道場、一九七三年、参照
(7) 石瀧豊美『玄洋社発掘——もうひとつの自由民権』西日本新聞社、一九八一年、二三—二五頁
(8) 同前、一一〇—一一二頁。また、平野邦雄・飯田久雄『福岡県の歴史』山川出版社、一九五六年、二五二—二五六頁、参照
(9) 福岡県立修猷館高等学校編『修猷館七十年史』一九五五年、三六—四〇頁
(10) 明治二三(一八九〇)年九月印刷の「福岡市明細図」による。二〇一七年現在、「地行町」の海辺は埋め立てられ、ヤフオクドーム、ヒルトン・ホテル、韓国領事館、中国領事館等々が立ち並ぶ「百道浜町」(ももちはままち)となっている。
(11) 西川虎次郎『忠孝義烈 吉岡大佐』大道学館出版部、大正一四(一九二五)年
(12) 九州大学教授・山口宗之「解題」、平野國臣顕彰会編『平野國臣伝記及遺稿』象山社、一九八〇年復刻版、七頁。本書初版刊行は大正五年である。
(13) 長谷川峻『山座圓次郎——大陸外交の先駆』時事通信社、一九六七年、一五頁
(14) 同前、一六九・一七〇頁。なお、小野隆助は頭山満翁によれば「筑前西郷」と言われ名望があったので、議員にはならぬと言っていたのを説得して、明治二三(一八九〇)年第一回衆議院議員総選挙に福岡二区から出馬させたという。『頭山満翁正伝(未定稿)』葦書房、一九八一年、一四三・一四四頁、参照

(15) 同前、二〇頁
(16) 明治一〇年四月、東京開成学校と東京医学校を合併して、「東京大学」が設立された。明治一九年帝国大学令により、東京大学は「帝国大学」となった。明治三〇年、京都帝国大学の設置とともに、「東京帝国大学」と改称された。昭和二三年「東京大学」と改称、翌二四年新制大学となって、第一高等学校・東京高等学校を合併して教養学部を設置した。
(17) 萩原竜夫「青年の生活」、柳田国男編『明治文化史13 風俗』原書房、一九七九年、三〇五―三二〇頁、参照
(18) 西川虎次郎、前掲書、三頁
(19) 『日本近代教育史事典』平凡社、一九七一年、八三頁
(20) 西川虎次郎、前掲書、一一・一二頁。糸島郡教育会編『糸島郡誌』名著出版、一九七二年、一〇九二頁
(21) 西川虎次郎、前掲書、一九・二〇頁
(22) 「福岡藩分限帳集成――福岡博多歴史地図(幕末期)」(一〇六頁)によれば、「山の上」は唐人町字で、現在の馬頭観音の近くにあったと思われる。
(23) 濱地政右衛門『憂国の士 中野正剛』海鳥社、二〇一〇年、一七頁

【第二章】

明治振武館の成立

第一節——講道館柔道の福岡伝来

講道館柔道の普及

明治維新後、武術や柔術は前時代的なものとされて凋落《ちょうらく》した。しかし、若き嘉納治五郎は天神真楊流、続いて起倒流の柔術を学び、そこから攻撃防御の技と、精力善用・自他共栄という智徳修養の原理を確立し、「柔道」と称した。柔道とは嘉納の創始した講道館柔道のことである。

明治一四（一八八一）年七月、嘉納（二二歳）は東京大学文学部政治学科および理財学科を卒業して文学士となったあと、さらに一年間、文学部道義学科および審美学科に在籍した。翌一五（一八八二）年一月、学習院講師となり、五月に下谷北稲荷町の永昌寺の書院を道場として、講道館を創設した。明治一八（一八八五）年四月、二六歳で学習院幹事兼教授となる。

明治二四（一八九一）年九月、嘉納（三二歳）は学習院教授を免ぜられ、熊本の第五高等中学校（旧制五高）の校長に任ぜられる。単身、熊本に赴任し、五高内の生徒控所を「瑞邦館《ずいほう》」と称して、柔道を指導し始めた。すでに嘉納の名は柔道の名人として知れ渡っており、入門者は増えていった。こうして九州ではまず熊本に柔道の種子がまかれた。

一年五ヵ月後、明治二六（一八九三）年一月二五日、嘉納は文部省参事官に任ぜられて帰京し、六月一九日に第一高等中学校長、九月二〇日に高等師範学校長に任ぜられる。その年の暮れ、一二月に小石川下富坂町に講道館の一〇〇畳敷の大道場を新築し、柔道のさらなる技術上・思想上の発展と全国普及の礎を固めたのであった。

他方、まもなくして、日本に古来より伝わる古武道の「保存」を目標として、明治二八（一八九五）年四月一七日、京都に「大日本武徳会」が創設された。一〇月二五日、第一回大演武会が、平安遷都一一〇〇年式典と時を同じくして三日間おこなわれた。初代総裁には小松宮彰仁親王、会長には渡辺千秋、副会長には壬生《みぶ》基彦が就任した。明治天皇から御下賜金を与えられ、宮家からも援助を得た。

このときすでに数万人の会員であったが、さらに全国に地方支部が設置されて、会員は急増していった。講道館からも教師を派遣して柔道を指導し、講道館師範も武徳会の顧問や役員になってその世話をすることになった。明治三九（一九〇六）年、柔剣道の教員養成所を設置して、武術一般の次世代への継承を保障し、恒久的に青少年の心身の成長を促すための基盤を固めた。思うに、青少年に尚武の精神を涵養すべきであるというのは、当時の教育思潮の特徴であったと言えよう。

明治四二（一九〇九）年六月七日、第四代会長・大浦兼武《かねたけ》男爵、副会長・木下広次（法学博士）は、私有財産を寄附して、「財団法人大日本武徳会」に再編した。大浦会長は武徳会ではそれまで講道館や柔術諸流の形《かた》を教授していたが、武徳会独自の柔剣道の形をつくる必要を感じて、嘉納に相談した。嘉納はそのときの事情を次のように記している。(1)

《それで予は剣道の方は渡辺子爵を中心として纏《まと》めてもらい、自分は柔道の方を纏めようというて、武徳会柔道の形の制定を引き受けた。〔中略〕武徳会の形としてはなるべく多数の人を参加せしめて制定することがよかろうと。〔中略〕当時相談相手として適当と認めた二十名足らずの諸流の大家を委員とし、自ら委員長となって、その事に当った。原案はもちろん自分で作って各委員に意見をいわしめた。そうして出来たのが今日講道館の形としても、武徳会の形としても世に行われている乱取の形と極の形である。乱取の形のうち、投の形は講道館で実行しているのを、そのまま誰れも意見を挟まず決定することになったが、極の形と乱取の形のうち固の形とは〔中略〕二・三の意見があったので、それらにつき種々協議の末、今日の形を決定するに至ったのである。柔の形は〔中略〕評議にはかけず、久しく講道館において実行しきたったのであるが、武徳会にてもその他にても現在行われているのである。》

〔嘉納治五郎「柔道の発達」〕

かくして「武徳会柔道」の形が制定された。極の形と固の形は若干異なっていたが、ほぼ講道館柔道の形と同じであった。のちに嘉納はさらに「五の形」、「精力善用国民体育の形」、「講道館護身術」を考案し、また「古式の形」として起倒流柔術の技を柔道に加えた。これらは講道館柔道にしかないものである。(2)

さて、大日本武徳会は毎年一回大会を開き、剣道・弓術等々とともに柔道の試合も催した。

柔道はこれに力を得て、さらに全国に普及することになった。大日本武徳会は教員養成にも力を入れ、明治四四（一九一一）年「武徳学校」を設立。明治四五（一九一二）年「武術専門学校」と改称し、大正八（一九一九）年「武道専門学校」となった。講道館や高等師範学校と並んで、ここでも柔道教師を育成した。

ちなみに、大日本武徳会は大正三（一九一四）年、第一次世界大戦のころから昭和一二（一九三七）年ごろまで順調に発展を続け、同年の地方部設置数は、内地、外地（台湾、満洲、朝鮮、青島、上海、樺太、北米南カリフォルニア、ハワイ、シアトル、南洋諸島）を含め、地方本部三（東京、朝鮮、台湾）とその附属支部六〇、また地方支部五四に達した。

だが、太平洋戦争が始まると、昭和一九（一九四四）年の規則改正によって、会長は「内閣総理大臣の職に在る者」に委嘱することになり、副会長は総裁が厚生・文部・陸軍・海軍・内務各大臣のなかから学識経験者一人に委嘱し、参与・理事・監事・評議員・幹事などの要職は関係官庁の官吏に委嘱することになった。当時の東條英機内閣は、古武道保存を目標とする民間団体であった大日本武徳会を、「皇国民の練成に資する」国家的団体に改変したのである。こうして国家の支持を受け、大日本武徳会は最盛期を迎えた。だが、これが災いして、太平洋戦争敗戦後、軍国主義の支援団体とされ、ＧＨＱ（連合国軍総司令部）の解散命令を受けたのである。占領終了後、武徳会復活の運動が起こったが、文部省はこれを許可しなかったのである。(3)

雋流館と明道館と天真館

財部一雄編『明道館史』（一九八四年）は、明道館はもとより福岡柔道史を知るうえでもっとも参考になる書である。これをベースに、福岡柔道史を概観しよう。(4)

（一）雋流館

雋流館《せきりゅうかん》は博多駅より五分、日本最古の伝統を持つ道場である。流祖・二神《ふたがみ》半之助は承応のころ、組討ちと腰之廻（居合）を兼ねた柔術を創始して「双水執流」と称した。この「双水執流」が黒田藩に伝わった。代々武術指南役を務めた舌間《したま》、石川、久保の三家のうち、明治一五年ごろには、石川・久保両家の道場は消滅し、舌間家のみが町道場「清連社」として存続していた。舌間弥五郎（文化一三年生）が第一一代師範であった。養子・舌間慎吾（嘉永五年生）が第一二代師範を継いだが、明治一〇年「福岡の変」に参加して戦死、再び弥五郎が第一三代師範となって門弟を指導した。明治二八年、弟子・青柳喜平《あおやぎきへい》（明治四年生）がその後継となって第一四代師範となり、明治二九年「雋流館」と改称した。山中修三は青柳喜平に入門し、青柳から学費を出してもらって京都武道専門学校を卒業、昭和五年に舌間修三と改名し、雋流館第一五代師範となった。彼は昭和五（一九三〇）年三月から昭和二〇（一九四五）年一二月まで一五年間、中学修猷館の師範を務めた。雋流館は今日（二〇一七年現在）も存続する。(5)

(二) 明道館

明治一三(一八八〇)年八月二一日、向陽社(社長・箱田六輔)が玄洋社(社長・平岡浩太郎)となったことはすでに述べた。だが、附属の「青年会道場」はそのまま存続し、明治二九(一八九六)年九月一日、撃剣と柔術の道場を新築した際に、「明道館」と称し、一〇月一一日、新築落成式が盛大に挙行された。出席者は来賓一〇〇人、館員百数十人であったという。

明道館の館員募集広告には次のように記されていた。「九月一日から左のとおり授業す。月曜・伝習録、火曜・法律、水曜・伝習録、木曜・法律、金曜・靖献遺言、土曜・文章軌範(以上午後四時から講義)。毎朝九時より撃剣、毎夕七時より柔術。玄洋社」と。すなわち、明道館では、王陽明の言行録『伝習録』および一般的な法律学、そして幕末志士の愛読した浅見絅斎《けいさい》『靖献遺言』、文章上達のため南宋の名臣・謝枋得《しゃほうとく》編『文章軌範』の講義がおこなわれた。また毎日、朝は撃剣、夕方からは柔術を教えたのである。柔術師範は自剛天真流の竹田乙麿、山田六郎であった。まだ柔道の指導者はいなかった。(6)

太平洋戦争中、明道館は被災し、資料も失われた。戦後、玄洋社はGHQより解散命令を受けたが、明道館の旧館員・郷党有志の寄附によって、昭和二五(一九五〇)年一〇月一五日、仮設道場が完成し、明道館は再び開館した。その後、浜の町を経て、大名町に移転し、今日に至っている。(7)

（三） 天真館

内田良平は明治七（一八七一）年、福岡藩士・内田良五郎の三男として生まれた。良五郎は神道夢想流杖術の達人であったが、良平は幼少より自剛天真流柔術を学んだ。玄洋社の青年会道場に通っていたが、明治二二（一八八九）年三月、一五歳のとき、博多下鰯町にあった篠崎安次郎宅を借りて青年の集会所をつくり、漢学や英語の学習会を始め、さらに会員の小遣いを集めて裏の空き地に柔術の道場を建てた。青年会道場で師範をしていた自剛天真流の山田六郎を師範に迎えて、「天真館」と称した。

内田良平は明治二五（一八九二）年夏、一八歳のとき、良五郎の弟である叔父・平岡浩太郎に連れられて上京した。さっそく、講道館に入門。入門一年半後、明治二七（一八九四）年一月に初段、二八（一八九五）年一月に二段、二九年四月に三段と、異常に早く昇段した。この間、明治二六（一八九三）年夏、福岡に帰省したとき、自剛天真流の吉田繁次郎師範（吉田道場）と試合して勝ち、明治二八年には双水執流の青柳喜平師範（舌間道場）と互角の試合をして、柔道の威力を示した。これが福岡に柔道が普及する端緒となったと言われている。(8)

内田良平は、講道館で親しくなった千葉兵蔵（東京高等師範学校・柔道師範）を福岡の天真館と中学修猷館に師範として迎えるために奔走した。明治二九年、千葉兵蔵が来福し、柔道を教え始めた。明治三一（一八九八）年八月一三日、天真館は春吉西中洲に新築された。このころからいよいよ福岡に柔道熱が高まっていったのである。なお、天真館は昭和二〇（一九四五）年四月に強制疎開のために取り壊されたが、昭和二四（一九四九）年二月一日に森初一、富永専三郎、前田実、豊田漠、荻原義夫ら幹事によって寄附が集められ新築された。今日も隆盛である。

千葉兵蔵と中学修猷館柔道部の発足

千葉兵蔵の来福の前年、明治二八年、中学修猷館に同窓会が創設され、そのなかに柔道部、剣道部、陸上部、野球部の四部が設立された。生徒は必ず柔道部か剣道部のいずれかに入らなければならなかった。当時の生徒数四〇〇人のうち約二〇〇人が柔道を選択した。[9]

明治二九年五月、中学修猷館柔道部は千葉兵蔵（三段）を初代師範に迎えた。千葉兵蔵に関する記録は柔道部には残っていないが、彼は明治三一年一二月まで二年半、師範を務めた。この間、廣田弘毅（明治三一年卒）を教えている。

千葉兵蔵の去った三カ月後、第二代師範として飯塚国三郎（三段）が着任した。これも内田良平の斡旋である。後年、七八歳の飯塚国三郎（一〇段）は千葉兵蔵と内田良平の思い出を語っている。「千葉兵蔵・内田良平を語る（上・下）」と題して、昭和二七年七月三〇日と八月一〇日に『柔道通信』に掲載された。以下、抄録である。

《私と千葉兵蔵、磯貝一《はじめ》などは同窓でね。みんな海軍兵学校を志望していた。磯貝、千葉、私の順で海軍予備校というのへ入学したのが、たしか明治二四年前後だったよ。その頃、磯貝はもう盛んに柔道をやっており、すこし遅れて私と千葉も講道館へ入門した。私と千葉がはじめて親しくなったのは、二人が試合で顔を合してからだ。彼は体の大きいのと力の強いのとで、かなり有名だった。たしか、明治二六年かな、私が下の方からズウーッと抜いて来て、大将の千葉とぶつかり、これも二本取って敗った。この時の審判は嘉納師範でね。私は認められて呼び出され、初段を許された。千葉も同時に初段になった。とにかく、千葉という男は、当時の柔道家には稀に見る美少年でね、それに稽古の筋がいいというんで、特に師範から眼をかけられていた。〔中略〕その頃の初段といったら君、大したもんでね。もう立派な師範になれる。講道館の指導役は二段ぐらいで、それ以上の人は専門家以外は、みんな各自の職業をもっていた。それに道場の名札だって、段位によって、相撲の番附みたいに大きさが違うんだ。筆頭が西郷四郎で五段だったと思う。それから山下、横山、村田、山田と、有段者といっても全部で三十人あまりしかいなかった。〔中略〕千葉の得意技かい？　やっぱり上背があったし、払腰だったろう。彼は師範に目をかけられて直ぐ二段から三段と昇段して、高等師範校の柔道師範になった〔中略〕そのうち内田は千葉を引っぱって、御存知の天真館を創立した。師範代になった千葉は三、四段だったかな。〔中略〕千葉は男前がいい上に、五つ紋に仙台平といういで立ちで、貴公子のように颯爽《さっそう》としていたから、平家蟹かクマソみたいなのが多かった柔道家連の中じゃ大もてで、女たちが軒先に立って、往来を行く彼を見送るといったほど、福岡の町でも人気があった。結局、彼は安永某という男の妹と一緒になった。この頃からいよいよ講道館柔道が盛んになったんだ。〔中略〕大真館を去ると、勉強するんだといって、山口高校の師範になって、その後、アメリカに渡った。大分儲けたらしい。とにかく常に何ものかを摑もうと努力していたんだ。帰ってからは、漁業の方をはじめたらしい。》

（飯塚国三郎「千葉兵蔵・内田良平を語る（上・下）」）

内田良平については、次のように語っている。

《彼は慶応の学生だったが、すでに郷里福岡で山田六郎（六段）から天真流を習って免許取りの腕前だった。何せ九州弁まる出しで坊主刈のテッペンにハゲがあったよ。これも私より大きな男でね、人呼んで「玄洋の壮士」といっていた。〔中略〕木下広次の勧めで、この「玄洋の壮士」と技を競うことになった。道場にはいっぱいの見物。とにかく私は生れついての負けず嫌いだが、この点では彼も人後に落ちない。大きな体で、いやにネバネバした試合ぶりだ。何の彼のと三十分余りも戦ったが、勝負がつかない。そのうち、とうとう彼の方から「今日はやめとこうじゃないか」と妥協してきた。これ以来、二人は親しくなってね。〔中略〕私が天真館で師範をしたのは、まだ日露戦争前で、七年間ばかりだな。それ以前、私は実業家になろうと思ってね、その養成所みたいな所に入っていたところ、内田と伊藤常作が誘いに来たのだ。〔中略〕三十一歳（五段当時）の時、内田のあとを受けて、慶応の師範になってからは柔道一筋に没頭した。》（同前）

内田良平が、講道館で知り合った千葉兵蔵と飯塚国三郎を天真館師範に迎えた。二人は中学修猷館柔道部師範を兼務し、夜は明道館、不二会道場（のちの振武館）でも教えた。千葉は二年半、飯塚は七年、二人で約一〇年間、福岡の柔道を支えたのである。

飯塚国三郎の来福

飯塚国三郎は明治八（一八七五）年二月、栃木県下都賀《しもつか》郡三鴨村に生まれた。はじめ仙台の旧制二高に講道館から派遣されて柔道教師となっていたが、前記のように明治三二（一八九九）年三月、千葉兵蔵の後任として来福。天真館師範と中学修猷館第二代師範とを兼ねた。

博多駅に降り立った飯塚（二四歳）は大勢の人々の歓迎を受けた。飯塚の長男・一陽は『柔道を創った男たち——嘉納治五郎と講道館の青春』（一九九〇年）に次のように記している。[10]

《一五四センチ、五六キロ、鼻下に髭をたくわえた小男が、行李を片手に博多の駅に降り立ってみて驚いた。多数の出迎えである。その人波のなかから、平岡浩太郎の息子が前に進み出た。彼は内田良平にともなわれてしばしば講道館に来館し、国三郎とはすでに顔見知りである。

浩太郎邸の一室に案内されると、十二畳ぐらいの大きな座敷に十数人の人達が座っていた。平岡浩太郎、進藤喜平太、頭山満ら玄洋社の幹部をはじめ、天真館、明道館等の道場主、福岡師範の校長などである。

浩太郎は国三郎に言った。「良平からあなたのことはよく伺っておる。ここをわが家と思ってゆっくり逗留なされ、先生の柔道をこの地の子弟に伝授してやってくだされ」

まったく予想外の歓待を受けた。よほど居心地が良かったのだろう。三日坊主の国三郎が、明治三一年から明治三七年春までこの地にとどまり、玄洋社系の道場や修猷館、師範学校の師範を兼ね、他流柔術と試合し、さらに伴侶も得るにいたる。》

平岡浩太郎の長男・良助は慶應柔道部主将であった。内田良平の従弟にあたる。この良助が博多駅に出迎えた。飯塚は平岡邸にしばらく住んだあと、天真館道場に移り、昼間は中学修猷館、夕方は福岡師範学校、夜は天真館で教え、週二回は明道館や不二会道場にも出かけた。柔道三昧の日々を送ったのである。

中学修猷館柔道部では、飯塚は明治三二（一八九九）年三月から明治三七（一九〇四）年四月までの六年間に、宮川一貫（明治三八年卒）、中野正剛（明治三八年卒）、安川第五郎（明治三九年卒）、吉田鞆明《ともあき》（明治四二年卒）など、のちの政財界・柔道界の錚々たる人々を指導した。

飯塚の後任として一年半後、明治三八年一二月、大木圓治（三段）が修猷館の第三代師範として着任した。明治一四年八月生まれの彼はこのとき二四歳であった。彼もまた振武館に来て柔道を指導している。(11)

明治四五（一九一二）年二月、中学修猷館は柔道と剣道を正課とした。柴崎鉄吉館長は就任後、生徒に向かって次のように方針を述べた。「自分は健全なる身体は健康なる人を造るといいたい。また道徳の基礎は誠実にあると思う。真の誠実は信仰となり、その絶対なるものは神と言い得ると思う。而《しこう》して能《よ》く克己忍耐以て独立の人となれ。体育についていえば、諸子の顔を見ただけでも之を京阪地方の生徒に比して頗《すこぶ》る健康であるということを知られて甚だ愉快であるが、剣柔道もまだ十分とはいえぬ。将来海外に発展せんとする諸子は寒暑を厭う様ではいけない。姫路の永井校長は欧米の事情を取り調べた結果、体育及び精神修養の上から見て、我国の剣柔道を最もよいものとして文部省に報告し、文部省亦《また》之を正課に入れて居るから、本校も正課とする。」と。(12)

こうして、中学修猷館では正課として柔剣道を教えることになったが、学校の限られた時間での練習に飽き足らぬ生徒たちは、放課後、隻流館、明道館、天真館そして振武館などの町道場に通ったのである。

第二節――明治三二年「振武館」の設立

すでに述べたように、「達聰舎」は「地行青年会」に発展し、少年の集会であった「不二会」と合併して、会員が一気に増えた。郷党有志の寄附によって、明治三二（一八九九）年（月日不詳）、地行下町の平野國臣生家前に「振武館」が建設された。「振武館概史」は次のように記している。

《かつて青年会の頭領たりし吉田虎太郎、柴田繁太郎、稲石秀雄、平岡常次郎の諸氏相謀り、代議士・平岡浩太郎の援助を得て、明治三十二年、地行七番町、現在平野國臣先生碑の場所に土地を求め、地行青年会と不二会とを合同し、柔道道場兼青年会場を建設し「振武館」と称す。稲石秀雄氏これが管理となりたりき。》

（冨永八郎「振武館概史」）

明治二九（一八九六）年から千葉兵蔵、同三二（一八九九）年から飯塚国三郎が毎週、不二会道場、のちの振武館に来て柔道を指導していた。振武館は柔道場ではあったが、郷党の間には〈柔道修行のためだけの施設であってはならない、達聰舎・不二会の伝統を受け継ぎ、青少年の自己修練のための青年道場であってほしい〉という考えが根強く存在した。

恵利武（熊本大学五高記念館所蔵）

振武館の管理は稲石秀雄が担当した。当時の館員のなかには、藤井貫一郎、中村安麿などがいた。ほぼ同じころ、不二会には富田勇太郎（のち大蔵省理財局長）、小西春雄（のち明治鉱業重役、福岡市長）、石原才助（のち貝島商事重役）、松尾忠次郎（のち播磨造船所長）、津田次郎（旧姓松下、のち長崎三菱造船所長）等々がいた。

このころ、恵《え》利武《りたけし》も振武館の館員だった。彼は明治三四（一九〇一）年、中学修猷館から熊本の第五高等学校に進学。卒業後、明治三七（一九〇四）年に東京帝国大学法科大学に進むが、そこで第一高等学校卒業生が寮歌を高唱するのを見て、五高生に新しい寮歌（習学寮）を贈ることを思い立ち、作詞したのが「武夫原頭《ぶふげんとう》に草萌えて」である。作曲者は諸説あって不詳である。明治三八（一九〇五）年、日露戦争が終わって間もないころ、寮歌は母校に贈られた。以来、「東京帝国大学在学先輩寄贈歌」として、五高生のもっとも好んで高唱する寮歌となった。[13]

武夫原頭に草萌えて

作詞：恵利武　作曲：不詳

一、武夫原頭に草萌えて　花の香甘く夢に入り
竜田の山に秋逝《ゆ》いて　雁が音《ね》遠き月影に
高く聳《そび》ゆる三寮の　歴史やうつる十四年

二、それ西海の一聖地　濁世の波をとはにせき
健児が胸に青春の　意気や溢るる五高魂《こん》
その剛健の質なりて　玲瓏《れいろう》てらす人の道

三、時潮の巡りたゆみなく　移りてここに十年に
思ひや狂ふ湖北の地　断雲乱れ飛ぶ所
斬魔の剣音冴えて　スラブの末路今ぞ見る

四、時艱《ときかん》にして義を思ひ　塵世に節を偲ぶかな
あゝ新興の気を負ひて　浮華の巷にわれ立てば
思ひは馳する木訥《ぼくとつ》の　流風薫る銀杏城

五、さらば我が友叫ばずや　時と人とを諭すべく
見よ竜南に一道の　正義ありてぞ日の本の
青年の名に力あり　二十世紀に光あり

この歌詞には当時の青年の気概が表現されている。「濁世の波」「浮華の巷」「塵世」という

俗世間に流されず、みずから「剛健の質」を養って、あくまで「人の道」と「節」と「義」を重視して生き抜くぞという宣言である。生徒たちはこれを高らかに歌って、みずからを励ましたのである。

振武館設立時の状況については、これ以上のことはわからないが、彼らはのちのちまで振武館を支援し続けるのである。

第三節――館友たちの伝説

吉岡友愛（西川虎次郎『忠孝義烈 吉岡友愛』より転載）

吉岡友愛の戦死

達聴舎が地行青年会に発展し、不二会を合併して、その集会所として振武館が建設された。ちょうどそのころ、達聴舎から雄飛した山座圓次郎と吉岡友愛は目をみはる活躍をしていた。しかし、彼らはその活躍の途中で逝去してしまう。達聴舎を継承する振武館の館員たちの心に彼らの活躍は深く刻まれ、やがて伝説となった。

明治一六（一八八三）年、吉岡友愛は山座圓次郎の電報で上京したことはすでに述べた。山座とともに寺尾家の書生として働きながら、連日徹夜に等しい勉強をして、翌明治一七（一八八五）年八月、二一歳のとき、陸軍士官学校に入学した。三年後、明治二〇（一八八七）年七月、一七〇名中第九位の成績で卒業、陸軍歩兵少尉に任じられ、越後新発田《しばた》の第一六連隊に小隊長として赴任した。

さらに、明治二三（一九〇〇）年、陸軍大学校入学を命じられ、明治二六（一九〇三）年に卒業して中尉に進級、もとの勤務地・越後新発田に帰隊した。この間、山座圓次郎の妹と結婚し、山座の義弟となった。

さて、清国は一六三七（崇徳二）年の第二代皇帝・太宗《たいそう》の朝鮮征伐以来、朝鮮を属国としてきた。明治九（一八七六）年二月、日本は日鮮修好条規を締結して朝鮮を開国させたが、この条規は朝鮮に対する清国の宗主権を無視するものだった。かくして日本は清国からの朝鮮の独立を要求して清国と対立することになった。東学党の乱を契機に日清両国は鎮圧のため朝鮮に出兵し、対峙することになり、両者の思惑の相違から、明治二七（一八九四）年八月一日、日本と清国は宣戦布告して戦端を開いた。日本陸軍は朝鮮半島の清軍を潰走《かいそう》させ、清国の領土に進入して諸城を落とし、ついに営口《えいこう》・田庄台《でんしょうだい》を攻略して、遼東半島を制圧した。また連合艦隊は宣戦布告前に豊島沖《ほうとうおき》海戦で最強の北洋艦隊を破り、九月一七日、黄海海戦で壊滅的打撃を与えた。明治二八（一八九五）年一月二〇日から二月一二日まで、日本陸軍は山東半島の要塞・威海《いかい》衛《えい》を攻撃して占拠し、海上では連合艦隊が残存する艦隊を降伏させた。吉岡中尉は第二師団において山東省に出征し活躍した。日本軍の圧倒的勝利のなか、同年四月一七日、日清間に講和条約（下関条約）が締結された。

同年六月、吉岡は大尉に進級し中隊長となり、帰国後、陸軍士官学校教官に転任した。日清戦争の勲功により勲六等に叙せられ、単光旭日章を受け、梨本宮殿下の教授を命ぜられる。明治三四（一九〇一）年二月、勲五等に叙せられ、瑞宝章を受けると同時に、少佐に進級して歩兵第四六連隊附きとなって軍務に復帰した。だが、三ヵ月後には陸軍省軍務局課員に転出を命ぜられた。

日清戦争後、清国では戊戌《ぼじゅつ》の変法（近代化政策）に失敗、明治三三（一九〇〇）年六月から八月にかけ、山東省に「扶清滅洋」を掲げて義和団が蜂起し、天津・北京に迫った。清国はこれを利用して列強に宣戦布告するも、八ヵ国連合軍に鎮圧される。清国はいよいよ窮地に陥った。このとき、義和団がロシアの領有する満洲の東清鉄道の一部を破壊したので、ロシアは保護の目的で大軍を派遣したが、義和団鎮圧後も、満洲から軍を撤収しなかった。明治三五（一九〇二）年四月、ロシアは清国と軍撤収に関する条約を結んだが履行せず、中国民衆の「反ロシア運動」（拒俄運動）が起こるも効果なく、かえって東清鉄道の旅順までの延伸を計画、また旅順・大連に軍事要塞を建設し、朝鮮政府（大韓帝国）に対しては黄海に注ぐ鴨緑江の河岸・龍岩浦一帯の租借を迫った。租借国は租借地において立法・司法・行政の三権を有し、軍隊を駐留できる。租借期限は清国の例では九九年間が相場であった。このようなロシアの満洲・朝鮮北部への軍事力拡大は、日本政府にとって国家の安危に関わる重大問題と考えられた。

明治三六（一九〇三）年八月、日露交渉が開始された。日本はロシア軍の満洲からの撤退、満洲の門戸開放、朝鮮における日本の既得権益への不侵犯を求めたが、ロシアはこれを拒否。シベリア鉄道は二年後に完成予定であり、完成すれば東アジアへの兵力輸送力は増大し、ロシア軍が優位に立つことは明らかであった。日本ではロシアとの戦争を主張する世論が盛り上がり、明治三七（一九〇四）年二月四日、御前会議は開戦を決定した。

吉岡少佐は軍務局課員として、乃木将軍率いる第三軍の高級副官となって旅順攻囲戦に従事した。「戦時副官の事務の多忙は、平時に於て到底想像し得ない所である。人馬死傷の始末及び補充、軍需品の追送に関する事項、勲績の調査、特に旅順攻撃に於ては幾萬という死傷を生ぜし為め、夜間と雖《い》へども睡眠の出来ない位であった。」という。(14)

この煩雑な任務を支障なくおこない、明治三七（一九〇四）年一一月、歩兵中佐に進級した。そして、旅順は第三軍の多大な犠牲を強いて陥落した。

旅順陥落後、吉岡中佐は歩兵三三連隊長に任命され、いよいよ戦線に立つことになった。歩兵三三連隊はすでに黒溝臺《こくこうだい》会戦の最要地である「沈旦堡《ちんたんほ》」に辿りついていたが、敵軍に包囲された状況にあった。翌三八（一九〇五）年一月二五日、その「沈旦堡」に騎馬で赴任した吉岡はその勇猛な精神で兵を励まし、敵の砲撃に耐え続けた。ついに一月二七日、敵軍は力尽き、包囲を解いて撤退したのである。

三月一日、満洲軍は奉天攻略に着手するため、軍の配置を整えた。三月六日、第三師団長・大島義昌中将は、南部辰丙《たつあき》少将率いる歩兵第五旅団に奉天城の西側一里半にある小部落「于洪《うこう》屯《とん》」付近の敵陣地を攻略せよという命令を下した。歩兵第五旅団は竹内武中佐率いる歩兵第六連隊と吉岡中佐率いる歩兵第三三連隊からなる。こうして吉岡中佐は「于洪屯」攻略に出陣した。

三月七日午前二時、歩兵第三三連隊は第一・第二・第三大隊からなるが、吉岡は第二大隊を旅団に残し、第一・第三大隊と工兵一小隊を右翼第一線として前後二線に配置し、みずから第一大隊を率いて、味方の陣地「李官堡《りかんほ》」から「于洪屯」の南二キロの地点にある「三軒屋」を目指し、闇に乗じて身を低くして静かに進んだ。「三軒屋」は地名ではなく、そこに三～四軒の小屋があったので、便宜上そう呼んだにすぎない。「于洪屯」から奉天城までは他に遮蔽物のない平地であった。

敵陣地二〇〇メートル手前で第三大隊第一中隊が猛烈な射撃を受け、多数の死傷者を出しながら応戦している間に、第三大隊の他の中隊が敵に対して猛烈な射撃を開始し、喊声《かんせい》を上げて敵陣に突入、これに続いて第一大隊も突入し、白兵戦となった。敵が敗走して、「三軒屋」をひとまず占拠することができた。しかし、その直後、「于洪屯」東一三〇〇メートルにある敵砲兵隊が「三軒屋」めがけて激しく砲撃を浴びせ始めた。敗走中の敵兵はこれに勢いを得て踏みとどまり射撃を再開したので、吉岡連隊は釘付けになった。その間に竹内連隊が午前五時に

「于洪屯」をその西側から突入して奮戦し、午前六時にこれを占拠したのである。

だが、それも束の間であった。奉天城から数列になって敵大軍が反撃してきた。「于洪屯」は奉天城防御の要衝地だったので、第二軍ガウリバルス大将は部下の勇将トポルニン中将に死守させていたが、満洲軍に奪われるや、総司令官クロパトキンはガウリバルス大将にみずからこれを奪還することを命じたのである。

「三軒屋」を占拠した吉岡連隊は未明からの激戦で、弾薬すでに欠乏し、食糧も水もなく、疲弊していた。敵は猛烈な砲撃を加えながら前進し、ついに吉岡連隊を包囲して、突入してきた。「激烈なる白兵戦となり、或は刀に、或は剣に、斬るもあり、突くもあり、或は銃を逆さにして打つもありて忽《たちま》ち修羅の巷と化した。〔中略〕連隊は最大部分死傷し、残れる者は少数の工兵を合するも百名を出ない。」という有様となった[15]。

すでに最期と感じた吉岡は軍旗を味方の陣地「李官堡」に戻すために、旗手を呼んで、危険を避けるためにまず「于洪屯」に行き、そこから「李官堡」を目指すよう告げた。旗手には兵士一五人を付けた。軍旗を守ることを最優先に考えたのである。吉岡みずからは残兵を指揮して「三軒屋」で奮戦していたが、午後二時三〇分、敵弾丸が彼の咽喉を貫通して絶命し、その後連隊は全滅した。「于洪屯」にいた竹内連隊も翌三月八日、命令により撤退した。

三月一〇日に満洲軍は再び「三軒屋」を占拠し、吉岡の遺体を発見して樹下に埋葬した。敵大軍がこの「三軒屋」争奪戦に集中している間に、満洲軍は左右より奉天城を容易に攻めることができ、全面的に勝利したのであった。

吉岡連隊は全滅したが、その功績が認められた。吉岡は大佐に進級し、功四級金鵄勲章、年金五〇〇円、勲三等旭日中綬章を受けた。糸島郡郡会は満場一致で郡葬を決議し、明治三八（一九〇五）年五月二三日、前原町で葬儀を執りおこなった。

大正一五（一九二六）年三月七日、西川虎次郎中将その他有志の尽力で、吉岡大佐の銅像が西公園の日清・日露戦役記念碑のかたわらに建てられた。だが、銅像は太平洋戦争中に壊されて供出されたのである。

山座圓次郎（長谷川峻『山座圓次郎――大陸外交の先駆』より転載）

外交官・山座圓次郎の客死

（一）日露戦争における活躍

山座圓次郎は、寺尾家に書生として住み込み、のちに筑前宿舎（旧藩主・黒田長知が明治二一年に学資貸費制度を設立し、貸費生を住まわせた東京・牛込の宿舎）に移って翻訳・夜学教師をして生活費を稼ぎ、寺尾家から学費補助も受けつつ、明治二五（一八九二）年七月、帝国大学法科を卒業して、外務省に入省した。明治三四（一九〇一）年一二月二〇日、本省政務局長となり、桂太郎内閣の小村寿太郎外相の下で、明治三五（一九〇二）年一月に日英同盟を締結、明治三七（一九〇四）年二月の日露戦争開戦に携わり、明治三八（一九〇五）年七月四日、全権委員・小村外相に随行して米国ポーツマス講和会議に出席し、九月五日、日露講和条約を締結、日露戦争を終結させたのである。明治三九（一九〇六）年一月、小村外相は日露講和条約で得た満洲における日本の権益を清国政府に認めさせるために、清国の内閣総理大臣・慶親王、北洋大臣・袁世凱《えんせいがい》などと二二回の談判をおこなった。

同年一月七日、桂太郎内閣から西園寺公望内閣に替わり、外相は加藤高明に替わったが、山座は政務局長を続けることになった。四月、西園寺総理は陸海軍、農商務省等の次官・局長とともに満洲視察に出かけた。山座もこれに同行した。山座は奉天大会戦において親友・吉岡友愛を失った。関東総督府の主任参謀だった西川虎次郎に案内を頼んで、吉岡大佐はじめ戦死者の眠る合祀所に出かけた。長谷川峻『山座圓次郎――大陸外交の先駆』（一九六七年）はそのときの模様を次のように記している。(16)

《香を焚いて深々と頭をさげて幼少よりの親友であり義弟である吉岡の霊を拝する山座は万斛《ばんこく》の感にうたれて、いつまでも頭をあげなかった。やがて山座は内ポケットから手帳を出して、書いて西川に示したのが、

遼陽の野辺ににほへる名なし草、手折りて君の魂や祭らん

の一首であった。吉岡の霊ばかりでなく、合祀所に祀られる無名戦死者の霊をも弔う詠歌であった。西川はそれを紙片のまま吉岡の霊前に捧げた。〔中略〕

まもなく山座は西園寺総理が満洲から京城に出て、伊藤統監と会見して帰京したのといっしょに東京に帰った。この視察で関東総督府の軍政を廃止することに元老会議は決定し、憩う間もなく六月半ば、山座は福島安正参謀次長とともに通訳船津辰一郎（のち上海紡績連合会理事長）を伴い再び渡満し、安東県をふりだしに奉天、鉄嶺、新民府、営口と満洲各地の軍政引継ぎ事務を列車の中で終了して帰京した。》

（長谷川峻『山座圓次郎』）

その後、山座は明治四一（一九〇八）年六月六日、駐英大使館に参事官として赴任した。英国勤務は四年に及んだ。その間、大陸では明治四四（一九一一）年一〇月一〇日に辛亥革命が勃発し、翌一九一二年一月一日、臨時大総統・孫文が中華民国臨時政府の成立を宣言し、二月一二日、清朝は滅亡した。その見返りとして、翌二月一三日、孫文は参議院に辞表を提出し、清朝重臣だった袁世凱に大総統の地位を譲ったのである。

はじめ日本政府は、革命派を反乱分子と見なし、清朝が維持され立憲君主制を採用することを勧める外交方針を決めて策動していたが、清朝滅亡に至って、中華民国との関係を新たに模索しなければならなくなった。この難局に外務省きっての中国通である山座が呼び戻された。

（二）大陸政策の方針

大正元（一九一二）年八月二六日、山座は英国勤務を免ぜられ、九月三日、参事官のまま、成立したばかりの中華民国に視察に派遣された。一〇月から一一月にかけて、北京で大総統・袁世凱と会見、武昌で副総統・黎元洪《れいげんこう》、陸軍総長・黄興《こうこう》と会見、また南京で江蘇都督・程徳全《ていとくぜん》と会見した。外務省に報告された会見録が残っている。(17)

袁世凱が会見において、今後は日本と親交を結びたき旨を述べたのに対して、山座は日本外交の基本的方針を説明した。

《山座曰ク〔中略〕幸ニ我方ハ文明ノ制度ヲ採用咀嚼スルニ於テ貴国ニ比シ乍憚《ハバカリナガラ》一日ノ長ニ止マラサルヲ以テ貴国ノ我ニ学ハムト欲セラルルトコロハ我亦満腔ノ同情ヲ以テ世話致スヘシ、我邦ノ貴国ニ対スル方針ハ改メテ茲《ココ》ニ申述フル迄モナク貴国ノ領土保全ヲ全フシテ以テ東亜ノ大局ヲ維持スルニ在リ〔中略〕若シ貴国ノ領土保全ヲ失ヒ他ノ強国ニシテ我対岸ナル貴国地方ニ播居スルニ至ラムカ東洋ノ平和ハ撹乱ニ帰シ動モスレハ延ヒテ我安危ニモ関スヘケレハナリ、閣下ハ満漢両種族ノ争闘ヲ云々セラレタレトモ此場限リノ話ナカラ世界ノ問題ハ結局人種ノ争ニ帰着スヘク従テ貴我両国ハ飽迄親交ヲ厚フシ以テ東亜大局ノ維持ニ力メサルヘカラス》

（袁世凱との会見録）

すなわち、世界の問題は白人種と黄色人種との争いに帰着すると論じ、中国が白人種に侵略され領土保全できなければ、やがて日本の安危にも関わるので、両国が親交を深め、相互に信頼して東アジアの平和のために尽力するときであるという。

また中国側は日露戦争後、日本とロシアが満洲を分割するのではないかという疑念を抱いていた。この対日不信に対して、次のように説明した。

《山座参事官答ヘテ曰ク〔中略〕抑々満洲ノ歴史的関係ハ如何、若シ日本カ多大ノ犠牲ヲ供シ露国ヲ撃破シタルニアラスムハ遼東租借地ノミナラス遼河以東ノ盛京省並ニ吉林、黒龍両省即満洲ノ殆《ホト》ント全部ハ今日貴国ノモノニアラス露国ノ領有ニ残ルヘカリシナリ、然ルニ日本カ自ラ多大ノ犠牲ヲ供シタル結果如何ト云フニ猫額大ノ遼東租借地カ露国ノ手ヨリ日本ニ移リタル外、満洲ノ全部ハ貴国ノ主権ニ回復セラレ而シテ日本ハ右以外南満ニ於ケル短距離鉄道ト露国ハ東清鉄道ノ残部（勿論南満線ニ比スレハ大ナルモ）ヲ保有スルニ過キス即満洲ノ今日ニ保全セラルル所以《ユエン》ノモノ全ク日本カ自ラ安危ヲ賭シテ之ヲ回復シタルノ結果ニ外ナラス……若シ夫レ貴我海軍比較ノ如キニ至リテハ余ハ寧《ムシ》ロ聞クヲ欲セス、貴国ハ内治ヲ整理スルニ全力ヲ注カルルコト然ルヘク、我ハ東亜大局維持ノ為メ必要トセハ場合ニ依リ我海軍ノ全力ヲ以テモ貴国ヲ援護スルヲ辞セサルヘシ〔後略〕》

（同前）

すなわち、山座は、①日露戦争の原因はロシアが清国との約定を無視して満洲から撤兵しなかったことにあり、②これは日本の安危にも関わるので、存亡を賭け、十数億円を費やし、数万の犠牲を払ってロシアと独力で戦争し、③その結果、日本はロシアが正当に得ていた旅順・大連租借権と長春以南の鉄道権を獲得し、④中国は満洲全部の主権を回復できたのではないか、と説明した。つまりは、日本の満洲における権益は承認されるべきではないかというのである。黎元洪、黄興、程徳全に対しても、ほぼ同様の説明をした。彼ら要人がこの説明に心底納得したか否かはわからない。中国世論は日本の満洲からの全面撤退を求めて沸騰していたからである。だが、日本にとってすぐに満洲から撤退することは考えられなかったのである。

（三） 黄興との会見

大正元年一〇月二六日、山座は武昌において副総統・黎元洪、陸軍総長・黄興と会見した。黄興は一八七四（同治一三）年一〇月二五日生まれ、このとき三八歳であった。一九〇二（光緒二八）年六月、湖北省官費生として、嘉納治五郎が院長を務める宏文学院（速成師範科）に留学した経験があり、一九〇五（光緒三一）年八月「中国革命同盟会」結成の前後から玄洋社、とくに末永節《すえながみさお》と親交を結んでいた[18]。

黄興は次のように述べた[19]。

《黄ハ改メテ曰く〔中略〕方今世界ノ大勢ハ西力ノ東進日々甚シキヲ加ヘ黄人種ニ対スル白人種ノ圧迫ハ遂ニ之ヲ強圧シ去ラスンハ止マサラムトス、此時ニ当リ中日両国ハ実ニ此ニ対シテ能ク抗争対持《ママ》シ進ンテ之ヲ駆逐シ去ルニアラサレハ忽チ存在ノ基礎ヲ傾覆セラルルニ至ルヘシ、列国ノ交渉往来ハ常ニ種々ノ利害関係ニヨリテ動カサレ定規ヲ以テ率スヘカラサルカ如キモ最後ノ競争ハ遂ニ黄白両人種ノ激烈ナル競争トナリ、其ノ一カ他ヲ圧服シ去ルニ至ラサレハ止マス、思フニ茲ニ至レハ中国諸般政務ノ改良発展ハ一日モ緩フスル能ハサル所ナリ〔中略〕白人種ニ対シテ最後ノ勝ヲ占メ以テ平和ト幸福トヲ永遠ニ取得セムコトニ力メムコトヲ希望シテ止マサルナリ〔中略〕日本ハ其ノ東亜ノ政治上ニ於ケル実力ヲ利用シ対白人トノ競争ニ備ヘ、一方中国ヲ提撕《テイセイ》シテ以テ内治ノ改良ヲ了ヘシメ国力ノ発展ヲナサシメンコトハ実ニ右競争ニ臨ムカ為メニ絶対必要事ナリト信スルト同時ニ吾人同志モ亦日本ノ中国保全政策ニ信頼シテ始メテ能ク内政ノ改良ヲ遂行スルコトヲ得ルモ然ラサルトキハ西力ノ侵犯或ハ遂ニ防止スルコト能ハサルヲ恐ル、是レ吾人同志カ深ク貴国ノ提撕ニ依頼セムト欲スル所謂《ママ》ナリ云々》

（黎元洪との会見録）

山座はこれに賛同を示し、「我方針ハ支那ノ領土ヲ保全シ東亜ノ大局ヲ維持スルニ在リテ多年修文講武国勢ノ進昂ヲ図リタルモ全ク西勢ノ東漸ヲ防遏《ボウアツ》セムカ為メナリ」と述べた。すなわち、日本が明治以来、研究を重ね軍備を整えてきたのは西洋の侵犯を防ぐのが目的であるから、中国領土保全政策は日本の方針であると言ったのである。

翌大正二（一九一三）年六月二二日、山本権兵衛内閣の牧野伸顕外相は、伊集院彦吉駐支公使に代えて、山座を駐支特命全権公使に任命した。中華民国成立から一年半が過ぎようとしていた。だが、山座の着任早々、第二革命が勃発した。すなわち、袁世凱の独裁政治と革命派弾圧に反対して、七月一二日江西都督・李烈鈞《りれつきん》が独立を宣言、続いて七月一五日江蘇都督・程徳全、七月一八日広東都督・陳炯明《ちんけいめい》が独立を宣言し、安徽《あんき》・福建・湖南・四川各省も独立を宣言したが、袁世凱がただちに派遣した軍によって鎮圧された。広東省・安徽省、南京・重慶の討袁軍は壊滅し、八月に上海の討袁軍も完敗して、第二革命はあえなく失敗した。

革命派の人々は中国全土に散り、孫文・黄興は日本に亡命した。蕭致治《しょうちち》『黄興研究著作述要』（二〇一〇年）によれば、日本政府は袁世凱の要請で、いったんは孫文・黄興の日本入国を拒否したが、彼らは日本の友人らの努力で、警察監視下で東京に居住することを公式に許可された。警察は彼らの日々の行動を記録した[20]。

山座による対支外交は、事前に会見した中華民国の指導者たちが分裂してしまったので、先行き不透明になった。大正三（一九一四）年五月二八日、期待された山座は過労のため北京にて急逝した。享年四九。

ここに達聰舎の先輩・吉岡友愛と山座圓次郎の二人が亡くなり、振武館の館友・館員ははなはだ落胆したのであった。

浪人・末永節

末永節《すえながみさお》は振武館の相談役ではない。しかし、玄洋社員である末永は頭山満、平岡浩太郎らとの仲介の労を取って、振武館を支援してきた。また「振武館」の表札を書き、床の間の掛軸「雄渾」を揮毫したのも彼である。「館友」と呼んでもよいと思われる。

さて、末永節は明治二（一八六九）年一一月一二日、官幣大社筥崎宮《はこざきぐう》宮司・末永茂世の次男として春吉六軒屋に生まれた。晴好（春吉）小学校を卒業後、正木昌陽塾に一年半漢学を学び、福岡中学校に進学するも、三度落第を重ねて退学し、濱鐵磨《はまてつまろ》の道場で撃剣・柔道を習った。その後、大阪・薩摩航路、また北海道航路の船員となり、明治二七（一八九四）年には長崎・ウラジオストック航路のロシア船の船員となった。

明治二七年八月一日、日清戦争勃発後、新聞『日本』と『福陵新報』両紙の従軍記者として海軍を取材し、戦況を連載した。明治二八（一八九五）年、益田三郎、内田良平、宮崎滔天らとともに移民事業に従事してシャム（タイ）に渡るが、病気のため帰国した。

また宮崎滔天・平山周とともに、明治三二（一八九九）年フィリピン（アギナルド大統領）の対米独立運動を支援する日本義勇隊に志願し布引丸（武器・弾薬、石炭を搭載してフィリピン軍に届ける船）に門司港から乗船予定だったが、病気のためできなかった。布引丸は途中で暴風雨のため遭難し、結局、対米独立運動は失敗してしまった。[21]

明治三三（一九〇〇）年一〇月八日、孫文（三一歳）が最初に起こした恵州起義に参加したが、これも失敗に帰した。このとき、末永は三四歳であった。

明治三七（一九〇四）年二月八日、日露戦争が勃発し、翌三八（一九〇五）年九月五日にポーツマス条約が締結されたが、その直前、同八月二〇日、「興中会」（孫文、胡漢民《こかんみん》、汪兆銘《おうちょうめい》など）と「華興会」（黄興、宋教仁など）、「光復会」（蔡元培《さいげんばい》、章炳麟《しょうへいりん》、秋瑾《しゅうきん》など）の革命団体は頭山満の手配した赤坂霊南坂の民家で「中国革命同盟会」を結成した。末永節（三七歳）はこの連合のために奔走し、結成後は機関紙『民報』の発行人となった。革命思想はこれによって在日留学生や中国民衆に普及していった。

明治四四（一九一一）年一〇月一〇日、武昌起義が起こるや、末永は大連から武昌に急行して日本人として最初に革命軍に加わった。この武昌起義を皮切りに、全国各地で新軍革命派（多くは同盟会員）が各省都を制圧し、清朝からの独立を宣言し始めた。この辛亥革命によって、翌四五（一九一二）年一月一日、中華民国臨時政府が樹立され、孫文が初代臨時大総統に就任。二月一二日に清朝は滅亡した。孫文との約束により袁世凱が大総統に就任するが、袁世凱は革命派を圧迫し、帝位復活を企図したので、孫文・黄興らの革命派による第二革命、そして梁啓《りょうけい》超《ちょう》・蔡鍔《さいがく》らによる第三革命が起こされた。中華民国の先行きは不透明であった。

このような混沌とした状勢のなかで、末永は大正三（一九一四）年一月、兄・純一郎の死去に伴い、大連『遼東新報』（日中両語による新聞）の第二代社長（四六歳）に就任、翌四（一九一五）年二月まで務めた。

それから七年後、大正一一（一九二二）年一月、末永（五四歳）は「肇国会《ちょうこくかい》」を創立する。「肇国会創立大意」にその目的を次のように述べている。[22]

「夫レ両鄰ノ雄邦ハ方サニ崩解ノ否運ニ際シ、横流頽瀾《タイラン》ノ勢底止スル所ヲ知ラズ。而シテ生民ノ残状ハ実ニ倒懸《トウケン》塗炭ノ惨苦ヲ極ム。〔中略〕東西南北ヲ顧視スルニ斯大任ノ担当ニ勝《タ》ユルモノ吾大日本帝国ヲ措キテ他ニ之レ有ル莫《ナ》シ。

乃チ世ノ謂フ所ノ大陸極東ノ地域ニ於テ大自由国ヲ肇建スルニ在リ。之レヲ概言スレバ、南北満洲及内外蒙古ト貝加爾《バイカル》以東ノ地域ヲ聯括シ、之レヲ以テ世界中立国ヲ肇立スルニアリ。而シテ之レガ目的ヲ達セントスルニ当リ、吾ガ両鄰ノ乱邦ニ戡定《カンテイ》ノ策ヲ進メ、之レヲ扶持シテ反正統全ノ道ニ就カシムルヲ要ス。乃チ俄国ニ在ツテハ帝国ヲ復興セシメ、本来ノ旧邦ニ嬰安《エイアン》セシム可シ。乃チ支那ニ在ツテハ各国共監ノ下ニ之レガ国土ノ保全ヲ確保スベシ。是レ啻《タダ》ニ支俄両邦自全ノ道ナルノミナラズ実ニ吾ガ帝国自全ノ道ニ切要ナルモノ有レバ也。〔後略〕」

すなわち、清国とロシア帝国が崩壊し、大混乱のなかで人々は言いがたいほどの辛酸をなめている。これを今、救済できるのは大日本帝国しかない。「肇国会」の目的は南北満洲と内外蒙古とバイカル以東の地域を包括して、中立国を建てることである。この目的を達成するために、混乱する支那とロシアに「戡定ノ策」（乱の平定策）を勧めて、統一の道に向かわせる必要がある。つまりロシアでは帝国を復活させ、支那では各国が共同監視して国土を保全し分裂しないようにする。これが支那・ロシアだけでなく、日本の「自全の道」（己の安全を保つ方策）にとっても必要であるという。

当時、中国東北部に、日韓併合（一九一〇年）によって貧窮な朝鮮民族七五万人が流入し、また中華民国の混乱から逃れて漢民族一二〇〇万人が流入、さらにロシア革命（一九一七年三月および一一月）によりロシア帝国が崩壊して、ロシア人十数万人が流入していた。この惨状に衝撃を受けた末永は、アジア救済を目的に満蒙・シベリア地域に自由国「大高麗国」建設を提唱し、田辺宗英（『報国新報』創刊、株式会社後楽園スタジアム社長）の資金援助を受けて活動したのである。しかし、その活動の実態・顚末等は不明である。

こうしている間に、日本は昭和六（一九三一）年満洲事変を起こし、昭和七（一九三二）年三月一日、清朝最後の皇帝溥儀を執政に据えて、「満洲国」を建国した。末永の「大高麗国」構想は満洲国よりもさらに広大な地域を包含するものであるが、彼には「大高麗国」の理念が満洲国の「五族共和」の精神として引き継がれたかのように見え、「肇国会」の解散式をおこなったという説もある。だが、昭和一四（一九三九）年まで「肇国会」名で葉書を出しているところから判断して、彼は満洲国が「肇国会」の理念を実現していないと考えて活動を続けていたという見解もある。(23)

日本は昭和一二（一九三七）年七月七日の蘆溝橋事件を契機に支那事変に突入し、さらに昭和一六（一九四一）年一二月八日には対米英戦争に踏み切った。このような変転極まりない国際情勢のなかで、末永は中国革命の第一線から身を引かざるをえなかったと思われるが、昭和一九年九月、満洲国を視察した末永は、新京（現・長春）を発つとき、次の漢詩を詠んだ。

《**臨発新京站**　昭和十九年九月

古謂春秋無義戦
如今王道有誰匡
腐儒傭弱名文紊
武弁木強麁気横
仕小朝廷婪禄位
戴新君主誓忠誠
大綱設法三章足
那要繁文縟礼成

いにしえに言う、春秋に義戦なしと。
如今《じょこん》、王道誰あってか匡《ただ》さん
腐儒は傭弱にして名文は紊《すた》れ
武弁は木強麁気《そき》にして横《おう》す
小朝廷に仕え、禄位を婪《むさぼ》る
新君主を戴き、忠誠を誓い
大綱は法三章を設ければ足る
なんぞ繁文縟礼《はんぶんじょくれい》を成すを要せん》

（末永節「無庵詩稿」）

意訳すれば、「昔から春秋戦国の世に義戦はないというが、現今、王道を以て世を正す者はいるだろうか。満洲国の腐儒は優れた文章をつくることができず、名文はすたれてしまい、武官は荒々しく粗雑で威張りくさり、ともに小さな朝廷に仕えて高給と高位をむさぼっている。国家を建設するには、新しい君主に忠誠を誓い、大綱として法律三章を設定すれば足りるのである。煩雑な文章をつくり、煩わしい儀式をおこなう必要があるだろうか。」となる。

末永は満洲国の実情のなかに、みずから提唱した「大高麗国」の理想を見出すことはできなかった。横地剛はこの漢詩について、「ここに末永の気持ちが言い尽されている。〔中略〕末永は、周辺諸民族諸国家の矛盾の結晶体と化した満洲国に対して、なお維新の理想と精神を貫こうとしている。」と評している。(24)

昭和二〇（一九四五）年八月一五日、日本は焦土と化して敗戦を迎え、満洲国は瓦解した。末永翁は七六歳になっていた。晩年は篆刻《てんこく》と書道を趣味とし「無庵」と号した。昭和三五（一九六〇）年八月一八日逝去。享年九二。みずから「浪人」を自任したその生涯は、浅野秀夫編『無庵放談』（二〇一六年）の遺稿集に詳しい。末永にとって「浪人」とは、「拓先の功」（時代の問題に真っ先に取り組んで打開の道を付けること）をおこなう者であり、金銭や高位を求めない者を指した。

ただし、「浪人」として国事に奔走していた間、家族（妻と子ども五人）を見捨てたわけではない。福岡に広い田畑を所有し、それを売却するなどして家族を養ったのである。「浪人」の仕事は一朝一夕に成就するものではない。長い年月を要する。家族の生活を安定させることで、心おきなく「浪人」の仕事に打ち込んだのであった。(25)

【注】

（1）嘉納治五郎「柔道の発達」大正一五年一一月、『嘉納治五郎体系』第二巻、講道館、一九八七年、二〇・二一頁、所収
（2）小谷澄之・大滝忠夫『最新・柔道の形（全）』不昧堂出版、一九七一年、参照
（3）くろだ・たけし「武徳会は再建されるか」『柔道通信』昭和二七年一〇月二〇日付、参照
（4）財部一雄編『明道館史』明道館、一九八四年
（5）『修猷館二百年史』西日本新聞社開発局出版部、一九八五年、四二頁
（6）平田才蔵「町道場に見る福岡柔道小史」『福岡大学体育学研究』第四巻第一号、一九七四年、一四・一五頁
（7）財部一雄編、前掲書、一五九―一七七頁。また山田龍蹊・谷健太郎編『創立百周年記念　明道館』一九九六年、参照
（8）同前、四四頁
（9）修猷館柔道部百年史編集委員会編『修猷館柔道部百年史』一九九五年、二八―三二頁、参照
（10）同前、三〇―三二頁より抜粋。飯塚一陽『柔道を創った男たち――嘉納治五郎と講道館の青春』文藝春秋、一九九〇年、参照
（11）財部一雄編、前掲書、四四頁。大木圓治の着任については、修猷館教諭・平山虎雄『武道部沿革報告』を参照して記載している。
（12）福岡県立修猷館高等学校編『修猷館七十年史』一九五五年、九〇・九一頁
（13）服部喜久雄編『寮歌は生きている』旧制高校寮歌保存会、一九六六年、一一七頁。なお、恵利武は、明治四一年東京帝国大学を卒業、七月に大蔵省に入省した。明治四三年税務監督官補となり、鹿児島税務監督局に勤務した。大正元年一〇月三一日、肺結核のため福岡病院にて死去した。また高田保馬「恵利武さんのこと」『龍南』第二三八号、一九三七年、三三一―三三五頁、参照
（14）西川虎次郎、前掲書、五二頁
（15）同前、五三頁
（16）長谷川峻、前掲書、一〇〇―一〇三頁
（17）一又正雄『山座円次郎伝――明治時代における大陸政策の実行者』原書房、一九七四年、二二〇―二二六頁
（18）毛注青編『黄興年譜長編』中華書局、一九九一年、参照
（19）一又正雄、前掲書、二一七・二一八頁
（20）蕭致治『黄興研究著作述要』湖南大学出版社、二〇一〇年、六六・六七頁
（21）田中正明『雷帝東方より来たる』自由国民社、一九七九年、一四六頁
（22）浅野秀夫編『無庵放談』海鳥社、二〇一六年、二七六―二七八頁、参照
（23）同前、二七六頁
（24）横地剛「解題　末永節とその時代」、浅野秀夫編、同前、二〇一六年、三三六頁
（25）二〇一七年八月、浅野秀夫氏（元玄洋社記念館館長）との面談による。

【第三章】

振武館の危機と再興

第一節――中野正剛少年と柴田文城先生

中野正剛は振武館の「中興の祖」と言われている。中学修猷館在学中に振武館を増築し、青少年を集めて講演会、演説会をおこなっていた。まず正剛少年の活躍を叙述することにしたい。

さて、中野正剛は明治一九（一八八六）年二月一二日、旧福岡藩士・中野泰次郎の長男（幼名：甚太郎）として西湊町に生まれた。父・泰次郎は質屋を家業とし、明治二一年に地行西町に転居した。正剛は明治二四年、五歳で西町小学校（現・当仁小学校）に入学、四年間の初等科を終え、明治二八年四月、一〇歳で福岡県尋常師範学校附属高等小学校の高等科（四年制）に進学した。高等科三年・四年の学級担任は柴田文城先生であった。

柴田文城は明治元（一八六八）年、福岡市西区橋本に生まれた。小学校を終えたあと、正木昌陽塾に学び、明治二〇年八月に福岡県尋常師範学校第一回生として卒業し、同校小学校訓導となる。明治二二年に郡部の校長となり、明治三〇年から明治三二年まで福岡県尋常師範学校附属高等小学校訓導となった。正剛を初めて担任したとき、柴田は二九歳であった。こんなエピソードがある。(1)

《ある日、教室で授業がおわると、文城は中野をよんだ。またなにか怒られるのかとおもって立ち上がると、「中野、君は喧嘩が強いそうだね。強いものは弱い者いじめをしては駄目だ。今日から君の強いところを見こんで、君に頼みたい事がある。何某君が友達からいじめられるので学校にくるのがいやだといっている。君ならあれの護衛ができるだろう。どうだできるか」と先生にいわれた。こういわれて断ることができず、そののち甚太郎は通学の途中まで何某の送り迎えをひきうけたという。》（中野泰雄『政治家中野正剛』上巻）

また、宝満山でのエピソードも残っている。(2)

《冬休みのある日、柴田は受け持ちの児童六、七人をつれて宝満山（阿夫羅山との説もある）に登った。太宰府天満宮に参り、宝満下宮を過ぎて登山路に入った。麓の雑木林を登る時、甚太郎が言った。「先生、こんな林は伐り払わねば眺望の妨げですね」柴田は「そうかね」とだけ言って、さらに山道を登って行った。少年たちは初めての登山に大喜びで、はしゃぎながら先を争って登った。先頭に立って山の中腹の岩山に踊り上がった甚太郎が、「先生、早くおいで下さい。とても景色がよいです」と言った。

柴田は他の少年たちと一緒に岩山に上り、周囲を一望しながら、「これはほんとにいい眺めじゃ……、ところで中野君、君が伐り払いたいと言っていた林はあそこだが、やはり伐り払うかね」と尋ねた。甚太郎は首をひねりながら、「ここから眺めると景色の一部分で、あった方が……」と、口ごもりながら答えた。柴田はすかさず、「中野君、それが大切なことだ。人間は自分が小であると、周囲のものが邪魔になる。芝居見物に行っても、相撲を見に行っても、人が自分の前に立ちふさがると困るものだ。しかし一段と高い台に上がると、前の人が邪魔にならず、かえって一人で見るよりもよいものだ。要は一段と高くあがることだ、偉くなることだ」と言って、王之渙《おうしかん》の「登鶴鵲楼《かんじゃくろうにのぼる》」の詩について話した。

白日依山尽　黄河入海流　欲窮千里目　更上一層楼

（白日、山に依りて尽き、黄河、海に入りて流る

千里の目を窮《きわ》めんと欲し、更に上る一層の楼）

「偉い人物になるためには人よりも一段と高くなることだ、人一倍勉強せよ、お前たちは国家の有為の人物になるんだ……何事も窮めるところに通じる道が開ける。千里の目を窮めんと欲し、更に一層の楼に上る、とはこのことである。頂上まで行くのだ」。そう言って努力精進が必要なことを諄々《じゅんじゅん》と説いて聞かせた。》

（濱地政右衛門『憂国の士　中野正剛』）

甚太郎はノートにその詩を書き、「山上の垂訓」と称して忘れなかった。さらに、柴田の教育者としての面目を示す話も残っている。

《ある日の放課後、〔中略〕柴田は甚太郎を一室に呼んで、「自分は多くの生徒を教育して

きたが、君のような生徒に出会ったことは実に珍しい。将来、自分は非常に楽しみに思っている。しかるに君は大変いたずらをしている。同輩の大将となり、カシラとなり、教師に対して反抗し、父母のいうことも聞かないと聞く。その事柄はよろしくないが、強い精神には感心している。それだけの強い気性があるならその気性をもって自分の我がままを抑え、遊びたいことを辛抱して勉学にむかって奮闘したら必ずや大いに成績を上げて、偉い人物になることができると自分は見込む。」「（君が偉くなって）中野君は我輩が教育した男であるということを世間に誇らせてくれ給え。その代わりに、自分も君が偉くなった後に、社会にむかって俺の先生は柴田文城先生であると発表しても恥ずかしくないように、僕も勉強したいと思う」と言った。甚太郎はしばらくうつ向き、「先生、やります、勉強します」と涙を流し、拳を握りしめながら答えた。》　（同前）

柴田文城は正剛が政界に入ってからも選挙応援に駆けつけ、演説の壇上に立った。正剛にとっては生涯の師であった(3)。

なお、振武館には柴田文城の揮毫した書「豪傑之士、雖無文王、猶興」（豪傑の士、文王無しと雖も、猶興る）が掲げられている。正剛の好んだ言葉であった。

第二節――第一次振武館再興

中野正剛と玄南会の人々

中野正剛は明治三二（一八九九）年、一四歳で福岡県中学修猷館（五年制）に入学し、柔道を本格的に始めた。振武館にも足繁く通ったのである。ところが、振武館に重大な問題が発生した。「振武館概史」は次のように記している。

《某氏これが管理となりたりき。然るに某氏これを担保として金幾許《いくばく》かを借用の為、危うく人手に渡らんとせり。中野正剛を初めとする当時の館員これを知りて奔走し、或は頭山翁より、或は平岡氏より寄附を仰ぎ、また吉田虎太郎、柴田繁太郎、平岡常次郎氏等の援助によって事なきを得たり。〔中略〕某氏事件の際、当時十八歳の中野氏が末永節先生を介して、頭山先生と面談し、三十円の寄附を仰ぎ、帰らんとするや、頭山先生に対して曰く「そげん私の顔ば見なさすな。私は盗人ばしていきよりまっせんばい」と。何ぞ、その心気の壮なるや。》

（冨永八郎「振武館概史」）

すなわち、明治三五（一九〇二）年ごろ、振武館の保管に任じていた「某氏」が事業のため道場の土地を担保として借金し、その返済に困り、道場は危うく人手に渡ろうとしたのである。(4)

明治 35 年ごろ、西公園にて。前列左から 2 人目が中野正剛（振武館所蔵）

正剛ら当時の館員たちはこれを知って、振武館の増築工事をおこなうという名目で寄附を集め、借金返済にも充てようとした。玄洋社の頭山満、平岡浩太郎（明治二七年衆議院議員に当選）に寄附を仰ぎ、また吉田虎太郎、柴田繁太郎、平岡常次郎らにも援助を頼んだ。

頭山満は安政二（一八五八）年四月一二日生まれ、当時四四歳である。末永節（三三歳）を介して、正剛（一八歳）は頭山満に寄附を頼みに行った。

後年、そのときの様子を末永節翁は冨永八郎に語った。そのメモによれば、こうである。

頭山は「いくらいるとや、これを持って行きやい」と、着物の袂《たもと》からお札を摑みだして渡した。玄関まで送ってきた頭山が正剛の顔をじっと見た。頭山は人の顔をじっと見る癖があった。正剛は言った。「先生、よーと私の顔ば、見ときないや。私しゃ盗人ばしていきよるとじゃ、ござっせんばい」と。頭山は「威勢のよかばいね」と、にやりと笑ったという。

のち大正二（一九一三）年七月、正剛は頭山翁夫妻の媒酌で結婚式を挙げることになるが、このときが最初の出会いであった。(5)

また、平岡浩太郎は嘉永四（一八五一）年六月二三日生まれ、当時五一歳。筑豊炭田で財を成し、北九州戸畑に住んでいた。正剛は寄附を頼みに出かけた。『修猷山脈』（一九七一年）には次のように記されている。「平岡は訪れてきた中野を見た。思い切り胸を張っている。背をそらし腰を手にあてて一礼すると、こちらが一言も言わないうちに少年の甲高い声が響いた。『平岡先生、いまや東洋の運命は日本男児にかかっておりますぞ』。道場建設と関係のない天下国家論が始まり、とうとうと続いた。平岡はすっかり感心した。だいいち、平岡をぜんぜん恐れずにしゃべりまくる。そこが気に入った。『よし、そこまでじゃ。道場をつくるうわさは人から聞いとる。もう言わんでよろしい。金は喜んで出そう。しっかりからだと精神を鍛えたまえ』。ケチのうわさもあった平岡がこころよく建設資金を出した。話がすむと料理番が呼ばれ、中野のためにごちそうまで用意された。帰りの汽車賃までもらっている。」と。(6)

館員の一人が上京し、大蔵省理財局長をしていた先輩・富田勇太郎に金一円の寄附を求めたところ、富田は百円札を出して「釣銭を持ってこい」と言った。ベソをかきながら釣銭を取りに博多に戻ると、正剛は「なんごと釣銭のないけんと言って、貰って来んとや」と言ったという。(7)

とにもかくにも、彼らの寄附集めによって、振武館は救われたばかりか、増築することができた。「振武館外史」によれば、「青年たちは、集会場として利用していたが、畳が破れ、冬になっても火が起せず、ランプの油を買う金が足りないので、灯心を短く切って油に水をいれて使ったという。」青年たちは館を運営する自治の気風は保持していたが、金銭はなかった。畳の修繕やランプ代に苦労したのである。

明治三六（一九〇三）年、中学修猷館五年生になった正剛（一九歳）は「玄南会」を組織し、みずから初代会長になった。玄南会は修猷館生徒が集まって議論や演説をする会であり、振武館を会場とした。同人誌も発行した。そこには緒方竹虎（二代会長）、安川第五郎、合屋友五郎（三代会長）、大西斎（四代会長）などが集まっていた。

安川第五郎の話をまとめると、「玄南会の会合で、中野が館風刷新のため下級生四人を粛清すると言い出した。『あいつらは修猷生にあるまじき女のようなやつだ。断固制裁すべし、だ』中野が先頭に立ち、上級生四・五人で四人をつかまえた。中野がまず『タァーッ』とものすごい気合いで、頬をはり飛ばす。続いて降るビンタのあらし。安川も二つ、三つお見舞いした。この一件は、たちまち学校当局に知れる。硬骨教師・平山虎雄に呼びつけられ、中野と安川は一時〝停学処分〟も取りざたされたが、〝けん責処分〟ですんだ。このときを含め中野の在学中の〝けん責処分〟は実に三回に及ぶ。いずれも腕力にモノ言わせたのを理由としている。[8]」

緒方竹虎（のち朝日新聞記者）、安川第五郎（のち安川電気会長）、合屋友五郎（のち福岡県議）、大西斎（のち朝日新聞記者）など玄南会の人々は、正剛との友情で、のちのちまで正剛の愛した

振武館を支援することを惜しまなかった。(9)

第三節――中野正剛の振武館員に与える書

明治三七（一九〇四）年二月一〇日、日本は宣戦布告して日露戦争を開始した。翌三八（一九〇五）年五月末、日本海海戦でバルチック艦隊を破った。国中が勝利を祝して、提灯行列をおこなった。出征して帰らぬ人々も大勢いた。提灯行列が残された遺族の悲しみを押し包んでいた。

明治三八年三月、中野正剛は中学修猷館（一七回生）を成績三位で卒業し、早稲田大学高等予科に入学した。当時、優秀な学生は高等学校に進学後、帝国大学に入学するのが常であったが、正剛はあえて無試験の私立大学を志望した。官立の教育は人を鋳型にはめる傾向があると考えてのことである。明治三九（一九〇六）年四月、早稲田大学政治経済学科に進んだ。

さて、早稲田大学の第一学期を終えた正剛は、明治三九年六月末から九月初めまで、福岡に帰省した。そして、八月一五日、増築工事の完了した振武館の落成式に参列した。その模様を翌年発行された修猷館同窓会誌『修猷』（第一四号）に綴っている。題して「帰郷雑記」という。正剛には多数の著書があるが、振武館について書き残したものはないので、きわめて貴重な一文である。(10)

《かねて同志と共に経営せし、郷党振武館道場の普請はいよいよ落成せり、これにおいて十五日道場開きを行う。天真館の健児来り会する者また三十、全出席者百を越ゆ。ただちに大紅白勝負を開く。紅白両組各三十余名、力戦奮闘実に近来の盛会なり。

勝負終りて茶菓を喫し、懐襟を開きて相談せり。福本日南先生起ちて、諸君が只今の龍攘虎搏は余をして今日の酷暑を忘れ、心風爽然たるものあらしめたり。余は諸君の健闘を喜び、ついで諸君が兄弟の如き情義を以て相交り、歓語談笑すこしも相隔つるなきを見て重ねて満足せり。昔は郷党相嫉視《あいしっし》し、春吉党は地行党と相容れず、浜町党は鳥飼党と相容れざりき。しかも今は然らず、一堂に会して道を責め、情を温む、何等快心の事ぞや、と劈頭《へきとう》に述べられ、つぎに世界の形勢に論及して黄白両人種の競争を説き、蝸牛角上《かぎゅうかくじょう》の争を捨てて郷党の発達を便ならしめんことを希望せられたり。午後十時散会す、数月来の希望は今日に達せられたり、実に帰省中の最大快事なり。》

（中野正剛「帰郷雑記」）

振武館落成式の参加者は一〇〇人を超えた。天真館との親善試合のあと、地行西町出身のジャーナリスト・福本日南が最初に挨拶に起ち、世界が黄色人種と白色人種の争いの渦中にあるという国際社会の現状認識を述べ、近隣の町同士が些細な嫉妬心から争うような狭い心を捨てて、郷党としてまとまって発展する時であると説いた。正剛はこの話に感銘を受け、拍手喝采を送ったのである。歓談は盛り上がり、夜一〇時に散会した。「数月来の希望は今日に達せられたり、実に帰省中の最大快事なり」と記している。

正剛が東京に戻る直前、九月六日夜、振武館で送別会が開かれた。このとき、正剛は次のように挨拶したという。後輩に与えるメッセージであった。

《今や吾が道場は先輩諸君の尽力投資により、ここにまったく増築の工を終えたり。古人は一飯の恩に対してもなおこれに酬ゆといえり。吾等は先輩諸君の多大なる好意に対しむくゆる所なかるべからず。然らば吾等が先輩にむくゆるの道はいかん。先輩の前に膝行ほふくして、いわゆるその児分とならむことか。いわく然らず、本館は全く共和の組織によるものにして、一人の優越権を認むるものに非ず。かつや先輩の熱誠なる尽力、多大なる投資は、吾人の上に出でて威張らむがためになされしに非ず。後進の士を誘導して天下有為の才たらしめむとする一片誠意の発動に外ならず。吾等はその希望に背かず、柔道の研究と共に、たがいに切磋磨励して有為の性格を養えば足れり。増築費、大と雖も五百金を超えず、今吾等が孜々《しし》砥励《しれい》の結果、年に十人の人物を陶冶せば、十年にして百人の人物を出すに至る。然らば五百金を百分して、国士一人の養成費たった五円の算用となる、あにまた廉ならずや。古人は五百金を投じて駿馬の骨を求めたり。今日の先輩は幸にこれを以て満足して可なり。

これに反して我館の措置や可ならず、館員の素行や定らず、年々に穀つぶしを出すこと多ければ多き程、一地方の害毒となることますます多く、引いて天下の憂となるべし。果してかくの如くば、いかに先輩の前に叩頭して、児分根性になり下るも、何の弁解かこれあらむや。秋風一たび起って天地寂寞、机上の燈火親しむべきの時に至りて、我館の出席者減少するは必ずしも悲しむにあらず。憂うべきは学問を修めず、柔道を研究せず、無為に登館して雑談をこれ事とする無精者の数多きを加うるにあり。およそ何等の会合なるを問わず、一定の問題なくして、単に雑談に時を移すもの程、百弊の源となるはなし。乞う共にこれなきを勧め、地方青年の指導者たるをきせむと。》（同前）

正剛は振武館員に向かって、先輩諸氏の寄せる期待を忘れず、学問と柔道に励み、切磋琢磨しなくてはならないと激励したのである。「無為に登館せず」は館員の肝に銘ずる言葉となった。

第四節——政治家・中野正剛の誕生

明治二二（一八八九）年二月一一日、政府は「大日本帝国憲法」を公布し、帝国議会に貴族院と衆議院の両院を設置した（第三三条）。貴族院は「貴族院令」によって「皇族、華族及び勅任せられたる議員」（第三四条）で組織される。皇族男子は成年に達すれば自動的に議員となるが、皇族は政争に関与すべきでないとして帝国議会に一度も出席しなかった。華族議員は爵位によって議員になる方法が異なっていた。公爵・侯爵は満二五歳に達すれば自動的に議員となり、かつ終身制で定員はない。伯爵・子爵・男爵の議員には定員があり、爵位保有者総数の二〇パーセントを超えないとされた。華族の戸主がこの議員の選挙権と被選挙権を有していた。また勅任議員は天皇が特別に任命するもので、このなかには勅撰議員（終身制で、勲功者・学識者より天皇が任命する）、帝国学士院会員（三〇歳以上の男子、互選され任期七年、定員四人）、多額納税者（三〇歳以上の男子、任期七年、六七人以内）、朝鮮・台湾の勅撰議員などがいた。

他方、衆議院は「衆議院議員選挙法」（同日公布）によって「公選せられたる議員」（第三五条）で組織される。被選挙権は三〇歳以上の男子で、直接国税一五円以上を一年以上納付している者に与えられ、選挙権は二五歳以上の男子で、居住する府県内で直接国税一五円以上を一年以上（所得税三年以上）納付している者に限定された。女子や低所得者は選挙から完全に除外されていた。

こうして明治二三（一八九〇）年七月一日、第一回総選挙が実施され、議員が選出されて、一一月二九日、第一回帝国議会が開かれたのである。

さて、中野正剛は明治四一（一九〇八）年から「蓬莱深処」という中国人専用下宿に一間を借りて入居していた。緒方竹虎も同じだった。明治四二（一九〇九）年三月、弟・泰介が上京し、「蓬莱深処」に入居した。四月に妹ムラが福岡で結婚したあと、五月に中野家は全員で東京に

［表3-1］ 中野正剛の衆議院議員当選歴

年月日	期日	結果	備考
大正6(1917)年4月20日	第13回総選挙	落選	松永安左衛門、宮川一貫当選
大正9(1920)年5月10日	第14回総選挙	当選	
大正13(1924)年3月10日	第15回総選挙	当選	憲政会入党
昭和3(1928)年2月20日	第16回普通選挙	当選	第1回普通選挙
昭和5(1930)年2月20日	第17回総選挙	当選	
昭和7(1932)年3月20日	第18回総選挙	当選	五・一五事件、9月満洲国視察
昭和11(1936)年2月20日	第19回総選挙	当選	二・二六事件、5月東方会結成
昭和12(1937)年4月30日	第20回総選挙	当選	東方会11人当選
昭和14(1939)年3月29日	議員辞任	—	国民運動に傾注のため
昭和15(1940)年6月19日	—	—	東方会政治結社を解党
昭和17(1942)年4月30日	第21回総選挙	当選	1月「戦時宰相論」発禁
昭和18(1943)年10月27日	自刃	—	8月東條退陣工作の失敗

京都大学文学部国史研究室編『日本史辞典』（東京創元社、1954年）等より筆者作成

移り、借家して正剛と一緒に住むことになった。

同年七月、正剛は早稲田大学を卒業し、九月に東京日日新聞社に就職したが、両親と弟妹三人の生計を支えるには給料が低かった。それが主な原因で一二月、東京日日新聞社を退社し、東京朝日新聞社を受験、政治部記者として採用された。[11]

朝日新聞紙上に、明治四四年五月から「朝野の政治家」と題して政界人物論を書き始め、連載四七回に及び単行本として出版された。また明治四五年一〇月から「明治民権史論」も一〇〇回以上連載され、翌年単行本として出版された。その他、連載した政治評論がいくつか出版され、中野正剛の名は広く知られることになった。[12]

大正五（一九一六）年一二月一一日、朝日新聞社を退社し、『東方時論』主筆となる。大正六（一九一七）年四月、衆議院選挙に福岡第一区より立候補するも落選。大正七（一九一八）年九月、東方時論社の社長に就

任し、健筆を振るった。

表3－1のように、大正九（一九二〇）年五月、第一四回総選挙において初当選し、衆議院議員となる。以後、連続八回当選し、昭和一八年一〇月に自刃するまで二三年間、政治家として邁進した。その政治活動の詳細については、中野泰雄『政治家中野正剛』（一九七一年）等々の研究がある。

第五節——西新町同心会の『紅葉』を読む

青年団体に対する行政指導の強化

日清・日露戦争を経て、政府は青年団体の重要性を認識するようになり、その社会教育に乗り出した。明治三八（一九〇五）年一二月、文部省は地方青年団体の指導と奨励について通知し、明治三九（一九〇六）年九月、内務省は冊子『地方自治と青年団体』を配布して啓発運動を実施、五年後の明治四三（一九一〇）年三月には「優良青年団体」八二団体を表彰した。つまり、青年団体を行政によって監督し始めたのである。このころ、振武館は地行青年会の集会所であったので、当然に監督される側に立つことになった。

さらに、大正四（一九一五）年九月一五日、内務・文部省は訓令「青年団体ノ指導発達ニ関スル件」を発し、地方当局が指導を与え、「団体員ヲシテ忠孝ノ本義ヲ体シ、品性ノ向上ヲ図リ、体力ヲ増進シ、実際生活ニ適切ナル智能ヲ研キ、剛健勤勉克ク国家ノ進運ヲ扶持スルノ精神ト素養トヲ養成セシムル」ことを緊要のこととした。すなわち、政府は青年団体を「国家の進運を扶持する」精神と教養を培う場と考えた。これを契機に、青年団体は「青年団」と呼ばれるようになった。

また、政府は大正一三（一九二四）年一〇月三〇日、「大日本連合青年団」（翌年四月一日「大日本青年団」と改称）、昭和二（一九二七）年四月二九日、「大日本連合女子青年団」を成立させ、青年団の全国組織化を図った。

こうして明治中期から昭和初期までの三五年間に、ほとんどの「青年団体」は自治組織から中央・地方政府の監督する「青年団」に変貌していった。青少年の主体的自己修養のための時空間は、戦時体制の補充要員としての青少年を教育訓練する場と位置づけられた。だが、それは表面上のことであった。政府管理下にあっても、各地の「青年団」は伝統的な自治の精神、すなわち「自治の気風」を簡単には捨てなかったのである。

西新町同心会の活動

明治・大正期の青年会活動はどのようなものだったのか。彼らの精神的成長にどれほどの影響力を持ったのか。地行町に隣接する西新町の青年会「西新同心会」の会誌を手がかりに考えてみたい。会は旧制中学校の生徒が中心になって運営されていた。

（一）活動内容

まず会誌『MOMIJI』第五巻第四号（明治四五年六月一日発行）には、「雑報」として活動記録が綴じてある。その項目を挙げれば、①金品の寄附、②賞状授与式（学業優秀者、集会皆勤者を表彰する）、③辞令授与式（普通会員幹部、新入会員に辞令を交付する）、④文藝会（『会報』の執筆と演説会）、⑤父兄会（福岡師範学校教員、中学修猷館教員、早良郡郡視学の講話を行い、父兄・来賓より寄附を受ける）、⑥「大旅行」（毎年実施）、⑦特別の名士講演会、⑧慶弔の挨拶などである。

（二）名士講演会

『紅葉』第六巻第一号（大正元年八月一八日発行）よりその一端をうかがうことにしよう。『紅葉』には筆書きした会員の文章と、それに一言の批評を加えた会員たちの文章がそのまま綴じられている。

そのなかのひとつ、古屋庄助「偉人の片影」は、六〇歳になった頭山満翁の話を聞いた体験談である。頭山翁は七年ぶりに帰郷していた。西新町同心会の特別幹事であった筒井條之助が斡旋したのである。筒井條之助にとって、頭山翁は叔父であり、その次女と結婚したので義父でもある。大正三（一九一四）年五月一日午後九時、会員たちは筒井宅に集合し、午後一〇時に散会した。

《偉人の片影
戸外に聲《こえ》あり。末田・秋田両君にして曰く、頭山先生の御講話あり、直ちに会場に集合す可しと。大串君と同道して至りしに全会員集合せず、待つこと二十分、全会員うち揃いて、同先生を御宅に訪ひぬ。案内せられて先生の坐られたる一座敷に入りたり。先生は已に六十にして、頭髪半白く、髭は白化し、身体の偉大なるは名声の高きが如く丸く肥えられて一見親しむ可き偉人也。

良々久して、おもむろに口を開かれて曰く、「諸子、会を作られたるは誠に結構なる事也。余は六十になりたれ共、国家に対し何の貢献する所もなくして残念至極也。三〜四十年とは実に久しき心地すれ共、たちまちにして過ぎ行く。余は再び若くならんと思え共、之不可能事なり。諸子は前途有望なり。寸陰を惜む事、一命を惜む如くして、勉強に運動に勤めよ。誠に貴重に且つ多忙なる身也。宜しく国家を荷いて世界に勝れたる、益々貴き国となす可し。特に注意す可きは年老いて後悔せざる様にする事なり。」

此所にて口を閉じられたり。筒井幹事は種々の写真を出されて示され、茶菓は運ばれぬ。折々筒井幹事の話を聞かれて曰く「善き人の集会は個人にとりて実に利益多きもの也。又、若い時より困難に堪える習慣を養成せよ」また「青春時代の魂は終生存す」と。四十分余にして辞して帰りぬ。筒井幹事曰く、父君の如き心を有して勉強する者が実に偉きものなりと。》

西新同心会の会員たちは郷土の先輩たちから薫陶を受け、あるいは支援を受けていたのである。このように「郷土の先輩と後輩」という気分がまだ濃厚に残る時代であった。

（三）『会報』の回覧

会員は文章をつくって、皆に回覧すると、他の会員が感想・批評等々を書き加える。文章が一年分溜まったところで、すべて綴じて『会報』として残していったのである。

当時の青少年はどのような文章を書いていたのか。『MOMIJI』（大正五年一〇月発行）から、中学修猷館生徒・橋本英雄の「運命の開拓」なる一文を紹介しよう。

《運命の開拓

昨日は閭巷《りょこう》に妻嫂の屈辱に会いしが、一旦風雲を叱咤すれば、六国の相の印授を帯び、市井の賊婦・庸夫伏して一人として仰ぎ見る者なかりしは、これ洛陽負廓の田二頃あらしめばと叫びし蘇秦なりき。(13)

人間万事塞翁が馬。吾人の運命ほど不思議にして解するべからざるものなし。積善の家必ずしも余慶に浴せず。悪徳の人必ずしも殃災《おうさい》に罹らず。匹夫幸運に乗じて富貴に達し、揚々として栄華を極むるあり。義人傑士にして志を得ず、家貧しくして江湖に落魄《らくはく》して衣食にすら窮する者あり。孔子は陳蔡の野に飢え、基督は彼が紅の血潮をかの十字架クロスにそそげり。これを思えば、因果応報の理甚だ明らかならざるものあり。

呵々《かか》佛者は吾人を欺けるか。また天道、是か非か。皓皓として隈なく照らす三五明月中に模糊として杵と臼とに配せらるる玉兎と、銃・網と犬とをもって山野に駆逐せらるる野兎とが、もしこれ兎なりとせば、吾人は潜然として運命の数奇に泣かざるを得ず。

もし人間が運命を左右する事が出来るとせば、大なる幸福なるが、嗚呼《ああ》憐れむべし。人間の運命に翻弄さるる、これより甚だしきはなし。佛王十六世を見よ。彼が惨憺たる末路を見よ。ベルサイユ宮殿、弦歌絲竹の音絶えず、清香薫風漲りて梅桜桃李、一時に開く所、夢の如き歓楽の酔いの中に沈淪せる十六世王が、一朝ルソーが野に叫ばばとて、一夕彗星の現るればとて、何ぞ忽ちにして断頭台上の露よりも脆き生の終焉を告げしぞ。玉座の王者とギロチンの罪囚とは恰も天上の月と地上の海月の如き感あらしむ。

ナポレオン大帝は一砲兵士官より身を起こせしも、時恰も革命の天地澎湃《ほうはい》として渾沌たる世なりしかば、一度起ち直に欧州の王位に上しも、遂に運命の大浪は大西洋を横ぎりて波を齎《もたら》し去れり。嗚呼げに恐るべきは運命なり。旋転して止まざる運命の車輪の頂に上る者は謂う所の成功者にして其の車輪の下にしかるる者はこれ謂う所の失敗者なり。

嵐叫び雨騒ぐ五月の暗に桶狭間に向かいし彼の信長が三尺の秋水は、これ彼が運命開拓の貴き利刃なりき。

十八歳にして不治の病魔に襲われ、既に運命の憂いに会ひしセシルローズが南亜の新天地に下せし鋤は、彼が光輝ある運命を開拓し、ロデシアの名をして吾人の胸中に輝めかせし貴き利器なりしなり。

余は足利尊氏を偉なりとす。京都において楠、名和の忠臣に打ち負かされ、見る陰もなき敗軍の将尊氏は西海へと志せり。其の彼を余は偉なりとす。何となれば、彼が運命を開拓せんと志せしが故なり。

吾人は須らく運命を開拓すべし。進みて運命を征服すべし。己の運命を開拓すると同時に、国家の運命を開拓せざる可からず。

楚々たる容姿、かよわき彼女が腕。花の如き一女子が、彼が金髪の一筋よりも危かりし佛国の運命をオルレアンの城頭一角において回復せしジャンヌダルクは、佛国百年戦役における佛国運命開拓の貴き人なりき。嗚呼か弱き女子において然り。況《いわ》んや国家の重任を双肩に負える吾人青年においてをや。然らば吾人は如何にして運命を開拓すべきか。如何にして吾人は運命を征服すべきか。余は誰かが言える如く、十の力を持て、十の力を持てと叫ばんとす。

時は恰も元治元年の如月の春。ここ屋島が浦に馬乗り入れて揺らめく扇に、満月の如き弓より、ヒュッと矢を放せし時、紅の扇の春風にあふられひらひらと、落日に映じ去るとき、これ彼與一が十の力の咲かせし美しき花なりき。趙の藺相如が完璧の美談の如き、これぞ彼が十の力のなせし美果なりとなす。十の力は斯く強大なり。奮闘的なり。大丈夫の意気を見よ。
憂き事のなお此の上に積もれかし　限りある身の力試さん
吾人は十の力をもって運命を開拓すべし。而して丈夫の意気をもって運命を征服すべし。勝利か、然らずんば破滅か、唯二者の中、其の一に終わらんのみ。大正五年十二月中旬。》
（橋本英雄「運命の開拓」）

当時の青年の心意気が伝わってくる。それにしても、一五～一六歳の生徒が書いたとは思われぬ文章力である。蘇秦、孔子、ルイ一六世、ナポレオン、セシル・ローズ（南アフリカ開発の先駆者）、ジャンヌ・ダルク、足利尊氏、那須与一等々、歴史上の人物が出てくる点もおもしろい。当時の中学校生徒が古今東西の人物について読書していた様子がうかがえる。

この一文に対して、他の会員から賛否両論の評が書き込まれる。運命を開拓する意味がわかったと褒める者もあれば、人間がいかにしても動かすことができないものを運命と名づけたのではないかと言葉の意味を問う者もいる。しかし、それはそれで良いのである。どのような意見であろうと、互いに思索したことを言い合える仲間がいること、すなわち、人間的結合が強いことが重要なのである。西新町同心会という自治組織は、明治末から大正初期にかけて青少年たちの心の成長を後押ししていたにちがいない。

【注】

(1) 中野泰雄『政治家中野正剛』上巻、新光閣書店、一九七一年、五〇頁

(2) 濱地政右衛門『憂国の士 中野正剛』海鳥社、二〇一〇年、一〇―一六頁、参照

(3) 中野泰雄、前掲書、四九―五一頁、参照

(4) 修猷館柔道部百年史編集委員会編『修猷館柔道部百年史』(一九九五年、三五頁)によれば、「中野は中野の家の前の桑畑(いまの福岡市今川二丁目)に町道場建設を修猷館の仲間に持ちかけた。ところが敷地を買う金に困った。中野は平岡浩太郎に談判に行く。〔中略〕こうして明治三十七年、振武館建設は動き出す。〔中略〕柔道の先生を置く金もないので、中野が玄洋社の明道館道場の高段者に習って、夜は振武館で少年たちを指導した。」とある。また、青木秀編『修猷山脈』(西日本新聞社、一九七一年、六三頁)には、玄南会をつくった中野正剛が町道場建設のための土地を購入する資金を集めたと記載されているが、「振武館概史」とは事実関係が異なる。いずれが正しいかは今となってはわからない。

(5) 中野泰雄、前掲書、一二九頁

(6) 青木秀編『修猷山脈』西日本新聞社、一九七一年、六三・六四頁

(7) 冨永八郎「振武館概史」によれば、中野自身が上京して百円をもらってきたというのは誤伝である。

(8) 青木秀編、前掲書、六二頁

(9) 昭和初期、緒方竹虎『朝日常識講座 議会の話(第四巻)』(朝日新聞社、一九二九年)、大西斎『朝日常識講座 支那の現状(第三巻)』(朝日新聞社、一九二八年)の出版物がある。

(10) 中野達彦・中野泰雄編『玄南文集』清耕社、一九七五年、六六―七三頁、所収。初出は福岡県中学修猷館学友会編『修猷』第一四号、明治四〇(一九〇七)年二月

(11) 中野泰雄、前掲書、八五頁

(12) 中野正剛『明治民権史論』復刻版葦書房、一九九四年(大正二年初版)

(13) 『史記』蘇秦傳の引用である。洛陽の城郭に近いところに美田が二頃(二ヘクタール)あれば、自分は六国の宰相となってみせるという蘇秦の言葉である「吾に洛陽負郭の田二頃あらしめば、吾は豈(あ)に能く六国の相印を佩(お)びんや」と言ったのである。

【第四章】

大正・昭和初期の振武館

第一節——吉田虎太郎の道場保管三〇年

債務問題ののち、吉田虎太郎が振武館を管理した。吉田虎太郎については詳しくわからないが、子息・吉田雄助（後述）とともに振武館を支えた功労者である。

《この処に於いて吉田虎太郎氏これが管理となり、爾来三十有余年、道場保管の任に当たれり。この間、道場の修理は三回に及び、畳の修繕、その税金は氏総てこれを支払われたりき。道場の修理は館友これをなしたるも、頭山満、平岡浩太郎、山座圓次郎、相生由太郎氏等の殆ど有志の寄附に待つ事多かりき。》

（冨永八郎「振武館概史」）

吉田虎太郎は明治四〇（一九〇七）年から昭和一二（一九三七）年ごろまで、三十数年にわたって、相談役として振武館の保管を担当した。「保管」の中身は幅広い。道場の光熱水料と火災保険料の支払い、固定資産税の支払い、建物の修繕とそのための寄附集め、年中行事の実施、館員の柔道指導等々である。このころ、柔道衣を道場に備え、会費は五銭であったという。[1]

この三〇年の間に、吉田は大仕事として、大正一〇（一九二一）年、振武館の鳥飼八幡宮への移転を成し遂げた。また、詳しい記録は失われているが、玄洋社の頭山満、平岡浩太郎、相生由太郎（大連・福昌公司の社長）、そして外交官・山座圓次郎などの寄附を受けて、三回の大きな修理をおこなったのである。

それにしても、吉田虎太郎のような振武館を見守る人物がいることで、振武館の命脈は保たれたにちがいない。このような献身的人物が現われなければ、振武館の健全な運営と存続は難しかったであろう。幸いにして、振武館にはそういう人物がつねに現われている。この点は看過してはならない。

第二節――第二次振武館再興 大正一〇年鳥飼八幡宮への移転

吉田虎太郎が明治四〇年に相談役となって振武館を見守り続けて一五年の歳月が流れた。吉田はみずから中心となって保管の役割を果たしていた。とくに注目すべきは、この間の固定資産税を吉田がみずから払い続けていたことである。なお、この時期、大正二（一九一三）年一〇月から大正八（一九一九）年一月まで中学修猷館柔道部の第八代師範を務めた半田義麿（明治一六年生）が振武館に来て指導していた。

大正一〇年（月日不詳）、振武館は鳥飼八幡宮に移転した。貝原益軒『筑前国続風土記』（元禄一六年）等によれば、神功皇后が三韓征伐から凱旋し、筑紫国の漁村・姪浜に立ち寄ったとき、白いフクロウによって一行は鳥飼村平山という集落まで導かれ、村人の歓待を受けた。皇后は親しく村人の杯に酒を注いで感謝した。村人は異例の栄誉に感激し、皇后のお腹の中の御子の繁栄を祈って御宮を建てた。これが鳥飼八幡宮の創建神話である。すでに一七〇〇年余の歴史を持つと言われている。(2)

さて、振武館の移転について「振武館概史」は次のように記す。

《然るに吉田虎太郎氏漸く老い、土地の値上がりに伴う税金も高くなりたれば、ひとつは名義吉田虎太郎氏の土地建物となりおれば、子孫誤りて我家の財産と思うが如きを恐れ、二つには某氏の轍を踏む事を恐れ、且つ経営維持につき、三つには青年子弟の修養の場所を考慮し、この処に、大正十年、鳥飼八幡宮宮司・山内勝太郎氏(地行青年会員たり)の援助を得て、八幡宮境内に移転する事とせり。》

(冨永八郎「振武館概史」)

すなわち、道場の土地は振武館の所有であるが、名義は吉田虎太郎となっていた。吉田は高齢になり、支払っていた固定資産税は高くなるし、子孫の代におのれの土地と勘違いすることがあってはならないと考えた。道場移転の件を平岡常次郎らに相談し、鳥飼八幡宮・山内勝太郎宮司の了解を得たのである。

《土地売りし金を以て、其中三百円及び電燈一燈を八幡宮に寄附とし、残りを以て移転費及び道場開きの費用とし、尚横に宿舎を設け、且つ県庁への届出は宮の青年参籠堂とし、税金の負担を逃れ、別に基本金として一千円の公債を求め、宮にその保管を依託し、山内氏に対しては特に世話を依頼せられたり。この公債は道場改築の際、中野泰介氏より改築費に入れたき由、相談あり。諾す。ゆえに改築の際、使用済みと思う。

蓋し、宿舎より上がる家賃を以て畳替えその他の費用となし、一千円の利子を以て電燈料の支払い等に充て、今迄の如く唯に人の寄附のみに依って維持するを止めんとする慮なり。而して道場の氏子を中心とする青年子弟の訓練道場なれば、神社と共に永久なるべしと、吉田氏はこの如き意を以て平岡常次郎氏等と図り、この処に移転させられたるなり。》

（同前）

道場の土地は売却された。売却金のなかから、道場新築移転費、附属家屋の改築費、道場開きの費用を拠出し、また鳥飼八幡宮に三〇〇円を永代地代とし、電灯一灯をそえて寄進したのである。県庁に青年参籠堂として届け出て固定資産税を免除してもらうよう願い出た。(3)

もっとも注目すべき点だが、基本金として一〇〇〇円の公債を購入して、その利子を道場の電灯費に充て、また附属家屋（新築ではない）を貸して、その家賃を畳替えその他の費用に充てることにした。従来、郷党有志の寄附を募る方法で維持されてきたが、これに頼らず、恒久的に維持する方策を立てたのである。

しかしながら、経済情勢は変転極まりない。昭和二（一九二七）年三月金融恐慌、続いて昭和四（一九二九）年世界恐慌の勃発によって、不況と物価高騰に見舞われ、貨幣価値は低落した。鳥飼八幡宮への移転後、一二年にして恒久的維持の方策は通用しなくなった。後述のように、昭和八（一九三三）年には、再び寄附募集に頼って修築しなければならない状況であった。

吉田虎太郎は鳥飼八幡宮への移転後の大正一一（一九二二）年から昭和一二（一九三七）年までの一五年余、館員の自治に任せつつ、みずからは何事か起こったときの相談役として振武館を見守り続けたのである。

第三節――西文雄の中学修猷館赴任

西文雄は、明治三〇（一八九七）年一月一〇日、現在の東京都青梅市に生まれた。静岡県の浜松一中に在学中、戸田順吉（福岡県出身）の指導する講道館分場・義正館に入門した。大正四（一九一五）年、早稲田大学の巡回指導柔道講演団（団長・宮川一貫）が静岡県に来たとき、中学五年生の白帯、西少年が二段の早大生五人と稽古をして負けなかった。

宮川一貫はその才能を認めた。西少年は宮川の勧めで、中学卒業後、東京下富坂にあった講道館で、嘉納治五郎の下、修行に励んだ。大正五（一九一六）年三月、一九歳で講道館初段、同六年一月二段、同七年一月三段に昇段した。当時、昇段はきわめて困難な時代で、三年連続の

［表4-1］明治・大正および昭和20年までの中学修猷館柔道部師範・教師

師範・教師	在任期間	備考
千葉兵蔵	明治28年5月～明治31年	兼務・天真館師範
飯塚国三郎	明治31年～明治37年4月	兼務・天真館師範
平岡専治	飯塚師範の後の師範代理	
大木圓治	明治38年12月2日～明治39年10月	
末松正實	明治40年5月～退任期日不明	
曽根照弥	就任期日不明～明治42年8月	
佐藤喜久治	明治42年11月～大正2年8月	
半田義麿	大正2年10月～大正8年1月	振武館指南役
豊田俊章	大正6年3月～昭和6年3月	
西文雄	大正8年2月～昭和20年3月	戦後、振武館師範
舌間修三	昭和5年4月～昭和20年3月	隻流館

修猷館柔道部百年史編集委員会編『修猷館柔道部百年史』（1995年、102頁）より筆者作成

昇段は稀なる快挙であった。

柔道教師として、最初、福井市の福井師範学校と福井中学に赴任し、次に大正八（一九一九）年二月、嘉納治五郎の推薦で、福岡県立尋常中学修猷館に着任した。二二歳であった。

翌大正九（一九二〇）年、修猷館柔道部は第一回全国大会で優勝するという快挙を成し遂げた。西師範は修猷館柔道部員を育てるとともに、大正一〇（一九二一）年に鳥飼八幡宮に新築したばかりの振武館にも稽古に来て修行を怠らず、多くの青少年を育成した。

西師範が勇名を馳せた柔道試合はいくつもある。なかでも熊本と福岡の第三回対県試合で、大将同士の決戦となり、相手方の東京高等師範主将・小谷澄之（五段）を「ツバメ返し」という妙技で倒したことで、「九州に西あり」と注目された。[4]また昭和一〇（一九三五）年、全日本選手権専門成年前期で優勝している。[5]

なお、太平洋戦争の末期、昭和二〇（一九四五）年三月

三一日、中学修猷館の第五学年・第四学年の卒業式が同時におこなわれた。生徒たちは工場に動員されたままで卒業した。西師範は同三月で修猷館を辞職、四八歳であった。戦後、昭和二一（一九四六）年に講道館八段となる。

第四節――第三次振武館再興

木村佐四郎の道場運営

大正一〇（一九二一）年に鳥飼八幡宮に移転したあとの振武館の状況はわからない。「振武館概史」には次のように記されている。

《爾来、二十有年、青年自治も時に汚隆なきに非ず。大塚覚氏幹事を去りて後、寂れ廃家の如き観を呈したり。先輩・田淵盛太郎氏は、修猷館・西文雄氏に図り、道場の快復を図りたれば、この処に石橋利三郎、梶原寛の両氏幹事となり、道場亦復興したり。この間僅かに三年なりき。間もなく梶原・石橋両氏共軍隊に入られたれば、田淵氏は西師範と図り、福岡刑務所看守・木村佐四郎三段を道場管理者として宿舎を提供して居らしめたり。》

（富永八郎「振武館概史」）

すなわち、大正一〇年から二〇年余の歳月が流れた。その二〇年余の間に振武館にも盛衰があったが、具体的状況については記録がない。昭和三（一九二八）年、大塚覚が幹事を辞めてのち、振武館は「廃屋の如き観を呈したり」という。昭和六（一九三一）年か七（一九三二）年ごろには、その状況はさらに悪化して、「青年自治」はすたれてしまった。

青少年はここに集まらなくなった。原因ははっきりしない。適切な柔道指導者が振武館にいなかったせいだろうか。振武館に中心となる青年リーダーがいなくなったのか。各学校に柔道部が設立され、夜、振武館に通う必要がなくなったのか。ともかく、伝統であった「青年自治」はすたれ、地行近辺の不良少年の溜まり場となっていたこともあったという。

そこで、館友・田淵盛太郎は中学修猷館柔道教師の西文雄と相談し、柔道部員の石橋利三郎と梶原寛の両名を幹事にして、振武館道場の復興を図った。しかし、三年後、石橋・梶原の両君は徴兵により入隊する。田淵は再び西と相談して、福岡刑務所看守・木村佐四郎（三段）に振武館附属家屋を宿舎として提供し、道場管理を依頼したのである。

第五節――昭和五年「四館リーグ戦」初出場

少しさかのぼるが、大正一五（一九二六）年一月二四日、市内の町道場の懇親と切磋琢磨を目的として、「福岡柔道会」が発足した。会長は喜多島淳、副会長は青柳喜平と吉田繁太郎、幹事は河野二郎であった。そして福岡柔道大会を四月一八日と一〇月三一日に開催することを決定したが、実行されなかった。その理由は判然としない。昭和三（一九二八）年になって、ようやく第一回道場対抗試合が開かれたが、その記録は残っていない。第二回大会は開かれたか否かもはっきりしない。「振武館概史」は次のように記している。

《木村佐四郎氏は管理者として鋭意道場の発展に勤め、当時、明道・天真・隻流の三館を以て試合しありしを、我館これに加わり四館とし、世にこれを四館リーグ戦と呼び、無段者の登竜門たりき。第一回出場は昭和四年秋九月。これに当たるに、道場連盟を作り、厳しく有段者の、無段者に出場するを禁ずる等、規程を設けたり。されど我館は主として学徒子弟多数なれば、有段の実力者は殆ど学校に於いて昇段するなれば、年齢僅か十六〜七歳の選手にして、他館の二十有歳の青年と対抗し、よく奮闘したりと雖も優勝は容易ならざりき。》

（冨永八郎「振武館概史」）

木村佐四郎は道場の発展に努めた。当時、明道館、天真館、隻流館の三館の間で対抗試合が定期的におこなわれていた。第三回大会に振武館は初出場を果たした。その開催日は、「振武館概史」では「昭和四年秋九月」となっているが、隻流館の記録では「昭和五年九月七日」となっている。これが正しいようである。(6)

のちにこの大会は「福岡市柔道場連盟大会」、通称「四館リーグ」と呼ばれることになった。

[表4-2] 四館リーグ戦

大会	期日	戦績	備考
第1回	昭和3年	不明(三館の対抗試合)	
第2回	不明	不明	
第3回	昭和5年9月7日	①天真②隻流　あと不明	振武館初出場
第4回	昭和6年	①明道②隻流③振武④天真	
第5回	昭和7年	①明道②隻流　あと不明	
第6回	昭和8年	①天真②明道③隻流④振武	
第7回	昭和9年	①隻流②天真③明道④振武	
第8回	昭和10年	①隻流②天真③明道④振武	
第9回	昭和11年	①明道・天真・振武④隻流	
第10回	昭和12年	①明道②隻流③天真④振武	
第11回	昭和13年	①隻流②明道,天真④振武	
第12回	昭和14年	①明道②隻流・振武・天真	
第13回	昭和15年	各道場とも1勝1敗1分	
第14回	昭和16年	①明道②隻流③振武④天真	
第15回	昭和17年	①明道・隻流③振武④天真	
第16回	昭和18年	①明道②隻流③振武・天真	

平田才蔵「町道場に見る福岡柔道史」(1974年)より筆者作成

四館リーグ戦を挙行するにあたって、有段者の出場を禁止するなどの規定を設けたので、このリーグ戦は無段者の登竜門となった。

振武館の無段者には年齢わずか一六〜一七歳の生徒が多かった。実力のある有段者はほとんど学校で昇段するので、振武館に来る者は少なかった。当然に振武館の無段者は上達が遅かった。他の三館の二〇歳余の青年と試合をしても勝つことは難しく、表4－2のように、優勝することはなかった。

この四館リーグ戦は、昭和一八(一九四三)年第一六回大会まで毎年おこなわれた。太平洋戦争の状勢悪化によって学生・生徒は動員され、開催が困難になってきたのであろう。これをもって打ち切られたのである。

【注】

（1）「振武館外史」昭和三六（一九六一）年、参照

（2）鳥飼八幡宮由緒書『鳥飼もうで』二〇一六年、参照

（3）「振武館外史」によれば、三〇〇円は「永久地代」として納めたという。

（4）吉田正明『王国の系譜・九州柔道の流れ』西日本新聞社、一九六九年、一〇九―一三四頁

（5）修猷館柔道部百年史編集委員会編『修猷館柔道部百年史』一九九五年、五四頁

（6）平田才蔵「町道場に見る福岡柔道小史」『福岡大学体育学研究』第四巻第一号、一九七四年、二一頁

【第五章】

戦時体制下の振武館

第一節——自治と所有権の問題

前述したように、吉田虎太郎は振武館を鳥飼八幡宮境内に新築する際に、公債一〇〇〇円を購入し、その利子を維持費に充てることにした。しかし、貨幣価値が低下して、利子だけでは維持費が賄えず、館費は二〇銭と決められていたが、納入者は少なく、これを加えてもなお不足する場合は自然、管理者である木村左四郎が不足分を補うことになった。

木村は電気代節約のため、道場の開館時間を遅くし、閉館時間を厳守した。道場内は電球を減らして薄暗くなり、畳の補修も雨漏りの修繕もなされなくなった。こうして館員の間に不満が募ってきた。当時、館員だった冨永八郎は「振武館概史」に当時の事情を記している。

《時に電燈料（木村氏の居宅の電燈料も支払いたり）は基本金の利子を以て払いたれば、利子超過の場合は木村氏支払わるる事となりをれば、道場の電燈漸く暗く開門の時間は遅く閉館の時間ともすれば厳たり。もとより館費二十銭は定めあるも、殆ど納入者少なきが如し。道場は雨漏れを初め畳は破れて武蔵野に似たり。この処において、館員は青年自治の昔に帰さん事を希望する者漸く多く、木村氏と良からざりき。木村氏は山内氏を請いて館員の慰撫に勤めらりき。然るに山内氏、館員の尚年少なるにより、唯館員を叱せられしにより、館員は奮起して柴田繁太郎氏を今津に問い、平岡常次郎氏を七番町の自宅に訪《と》い、振武館の所有、果たして何れのものなりやを明らかにせんとせり。この処に、平岡、柴田の諸氏も吉田虎太郎氏、東京より帰福を待ちて解決に当たるべき事を約諾せられ、又後、吉田虎太郎氏帰福あり、委員直に西公園天満宮の横なる氏が家を訪う。よく事情を話し、山内氏に対しては氏より注意されることになりたり。この処において道場は税金を逃がるる為には、柔道場として境内には置き難ければ、名義をお籠堂として建てたりということ明らかになりたり。》

（冨永八郎「振武館概史」）

冨永八郎、岡崎賢二、平塚晋、小幡寛など館員の多くは「青年自治の昔に帰さん事」を望んだ。つまり、木村左四郎の管理のやり方に不満で、自分たちで管理することを考えたのである。館員たちと木村との間に軋轢が生じた。木村は山内宮司に館員たちをなだめてもらうよう依頼し、宮司は館員たちを叱責した。これに反発した館員たちは、道場は誰のものであるのか、もし青年自治が道場の伝統ならば、館員みずからに管理権があるのではないかと主張したのである。

館員は道場管理権の所在について、先輩の柴田繁太郎、平岡常次郎を訪ね、事情を知る吉田虎太郎に会わせてもらう約束を取り付けた。吉田虎太郎は、固定資産税を免除されるために、振武館道場の名義を参籠堂として境内に建てたことを館員たちに明かしたのである。

結局、振武館は誰のものか。館員側は、振武館は自治道場であるので、館員が管理義務を負うのであり、したがって館員に管理権があると考えた。一方、振武館は鳥飼八幡宮の参籠堂として登記されているので、その意味で法的所有権は神社側にある。館員と神社との間には、道場の管理権あるいは所有権をめぐって認識の相違があったことが明らかになった。

第二節――第四次振武館再興　昭和八年

寄附募集秘話

吉田虎太郎の説明によって、道場管理権問題の所在は明らかになったが、館員はあくまで青年自治の伝統を守ることを目指した。中野正剛ら先輩諸氏・郷党有志の期待にいま一度応えようとしたのである。そして、雨漏りがひどくなり、畳が擦り切れた道場の修繕をするために、寄附を集めることにした。

《上野恒夫氏を冨永・平塚両委員は訪う。玄関払い三回に及び白雪飛びたるの時、島田徳門氏の紹介を以て四回目を訪う。初めて面会するを得たり。氏の曰く「此の間から何回も来よるとは、君達や。我々は道場より遠ざかって何年にもなる。一向知らんが一体どげんなっとるとや。」この処において事情をつぶさに述ぶ。上野氏は事情を聞いて曰く「我々の時も皆な苦労してやって来たと。君達が之をやり遂げきらんなら、君等がつまらんとじゃ。中野とも逢うが、もすこし計画を明らかにして来い」と。委員はこの処に於いて見積書を作り、図面を作製したり。諸先輩を中洲のブラジル〔店名〕に会す。来る諸氏、島田徳門、山田盛太郎、上野恒夫、中野泰介、本多護、吉村徳太郎、畑島守知香。》

（冨永八郎「振武館概史」）

館員の冨永八郎と平塚晋は、館友・上野恒夫を訪ねて援助を仰いだ。上野恒夫は事情を聞いて、斡旋に乗り出し、館友たちを誘って再建に向けて会合を持ったのである。

昭和八年二月「改築趣意書」

鳥飼八幡宮に移転してから一二年の歳月が流れていた。恒久的な維持策はすでに破綻していた。かくして「改築趣意書」が作成された。

《流汗淋漓《りゅうかんりんり》たる夏の夕、寒風凛烈たる冬の朝、意気と剛健とを以て誇りし玄南健児の若き魂の苗床として光輝ある歴史を有する我館振武館は地行六番丁より現在の鳥飼八幡宮境内に移転してより既に十有余年の星霜を閲し、今や家屋漸く腐朽に傾き雨滴亦場内に落つるの状態を呈せり。我等館員之を座視するに忍びず、起ちてこれが改築を為さんと欲す。然れども館員の微力到底之を全ふする能《あた》はず。伏して願くば先輩有志諸彦の御賛同の援助を得て、これが企図を達成せしめ給はらんことを。

昭和八年二月

振武館幹事　梶原　寛　石橋利三郎

委員　小幡　寛　平塚　晋　菊池靖一

田淵裕三　林　隆吉　冨永八郎

館員　浜田博己　池田武夫　小野秀四郎》

この趣意書を見ると、当時の若き館員が名を連ねている。先輩諸氏は名前を出さず、陰から支援したのであろう。所期の募金目標額は三〇〇〇円であった。修築を考えていたのである。

中野泰介の寄附集め

寄附募集に関して、冨永八郎は「振武館概史」と「昭和三六年メモ」を残している。この二つを重ね合わせて、事実確認をしよう。まず、「振武館概史」は次のように記している。

《時既に道場の雨漏りはげし。たまたま中野正剛氏の来福あり。この時既に木村氏に請いて幹事制をとりたりき。然れども、時に石橋・梶原の両氏軍隊終了せられたれば両氏幹事たり。館員の中の有力者自ら委員の如くなり一切を世話し始めたり。

委員は中野氏を問いて道場修理の事を談ず。中野氏は小西、石原両氏が振武館復興の意ある由を話し、寄附募集の中心として令弟・泰介氏を推されたり。

委員は直に寄附簿を出し、中野氏に百円を書いてもらう。その後、泰介氏と或いは共に或いは分かれ、東奔西走。

中野泰介氏の談。松尾忠次郎氏を播磨の造船所に訪う。忠次郎氏は所長なり。「中野正剛氏なみに一つしてつかいや。」忠次郎氏の曰く「何な、正剛が百しとるごとありや。私はまちっと出しまっしょ。」と言いて、二百と書かれたり。委員は気持ち良き事かなと泰介氏と大いに喜びたり。

然るに中途において修築よりも一層改築すべしとの議起り、当時三百円の目標たりし寄附金募集は四千円の目標と変わり、三ヵ年の星霜を経たり。

寄附金の額、愈々《いよいよ》多くなりければ、中野氏の百円は少なしとの話起り、委員は中野泰介氏に請いて、正剛氏を訪い、寄附金の昇格を求めたり。正剛氏の曰く「孔子は聖人と称せらるるも、累々然として喪家の犬の如し。キリストもソクラテスでも、昔より聖人と呼ばわるる者尽く貧乏人ばかりじゃないか。此の中野に金があるか。」と。委員は茫然たり。自ら聖人賢者に擬して話さるる処、委員は断られて感心したり。然れども百五十円とはなりぬ。「小西、石原あたりと同じや、人が笑おうもん。」と。

三ヵ年の星霜中、委員も亦変われり。冨永、平塚、小幡、菊池、田淵より、浜田、吉田

の委員の時に及びたり。完》

（冨永八郎「振武館概史」）

次に、「昭和三六年メモ」は次のように記す。

《道場は雨が漏り、畳は破れて、武蔵野に似たり。中野正剛さんが帰福して御座るけん、行ったらとは、山内前宮司の話により、冨永八郎（福岡商業学校在学）・平塚晋・小幡寛が中野さん宅を訪ねた。道場の状態を話した(1)。

中野さん曰く「小西、石原の両人が振武館を何とかしたいと言いよるけん、小西、石原に話して、それに私がいくらか出す事にして、修繕したら」との話で、「しかし、中心になる人が要るじゃろうから、泰介、お前ひとつ中心になってやりやい」と言われた。

そこで寄附帳を作り奉賀帳の段取りとなり「九州日報」に奉賀帳を持って平塚とともに行ったら、一金百円也・中野正剛と署名された。小西は百五十円、石原は百五十円。その後、修理はいっそ改築したほうがよいとの話になり、中野の百円は少ないとの本多護氏等の話で、泰介さんに話し、値上げを求めた。中野は「孔子は聖人と称せらるるも、累々然として喪家の犬の如し。ソクラテス、キリストでも昔から聖人、賢者と言われた人は貧乏人ばかりじゃないか。この中野が金を持つもんか」と。自ら聖人賢者に擬して話さるる処、委員は断られて感心したり。しかし、最後は「小西、石原の様な金持と同じや、人が笑おうもん」と言って、小西・石原なみの百五十円となった。》（冨永八郎「昭和三六年メモ」）

この二つの文書から確認できる事実はこうである。

木村佐四郎の許可を得て、幹事制度をつくり、兵役より戻った石橋利三郎・梶原寛が幹事となっていたが、実際には館員のなかで有力な者が一切の世話をしていた。道場の雨漏りが激しく、修繕の必要があった。

たまたま中野正剛が帰福した。山内勝太郎宮司の勧めで、冨永八郎・平塚晋・小幡寛の三人が道場修繕について相談に行った。三人は中学生である。正剛は小西春雄（明治鉱業重役）と石原才助（貝島商事取締役）の二人が振武館復興を考えていると言い、弟・中野泰介に中心となって寄附集めを手伝うよう指示した。そこで「九州日報社」に奉賀帳を持って行くと、正剛は一〇〇円と書いた。これを皮切りに、中野泰介、冨永その他館員は手分けして先輩諸氏を回り始めたのである。

中野泰介が館友・松尾忠次郎（播磨造船所所長）を訪ねると、松尾は「中野正剛氏なみに一つしてつかいや。……なんな、正剛が百しとるごとありや。私はまちっと出しまっしょ。」と言いて、二百と書いた。中野泰介はこの事を館員たちに語って「大いに気持ちが良かったバイ。」と一緒に喜んだという。

ところが、寄附募金の目標は三〇〇円であったが、いっそのこと「改築」するほうがよいと

昭和12年新築の振武館全景。左側は附属家屋、右側は柔道場

いうことになり、目標額は四〇〇〇円とされた。本田護らの館友たちから正剛の一〇〇円は少ないという話が起こった。館員は中野泰介に請うて、正剛を訪ね、寄附金の値上げを求めた。そのとき正剛が、孔子もキリストもソクラテスも、世に聖人と呼ばれる人は貧乏人ばかりで、この中野にも金はないよと言った。みずからを古代の聖人に比する正剛の言葉に館員たちは感心したのである。しかし最後は、小西春雄・石原才助と同じ金額では見栄を張っていると笑われるだろうと言いながら、一五〇円を寄附したのである。

そして三年間の寄附集めの結果、目標額の四〇〇〇円に達した。「振武館外史」には、「青年たちの説得に、先輩たちはよく応じ、一層のこと改築しようということになり、ついに四千円の募金に成功したのである。昭和十二年、新道場が完成した。」と記されている。

昭和八年の委員は冨永八郎、平塚晋、小幡寛、菊池靖一、田淵裕三であったが、昭和一二年に浜田博巳、吉田正明に交替した。[2]

なお、小西春雄は実家が辛島漢学塾で、その次男。祝原新太郎、緒方大象（竹虎の兄、九州大学教授）、中野正剛等々は皆この塾生であった。彼は昭和八年ごろは明治鉱業重役であり、のち昭和二六年四月に福岡市長となる。市長になった翌二七年正月、振武館の稽古始めに来館して館員たちに、鳥かごを演台として演説の稽古をなしたなどの昔話を語り聞かせたという。[3]

また石原才助は貝島商事の「首切り才助」とあだ名され、人員の合理化を断行した。かつて裁判所雇員（書記）の試験を受けるため、大分まで大根をかじりながら歩いていき、成績第一位で合格したという逸話が伝わっている。日露戦争に出征し、伍長、曹長と昇級する。召集解除後、貝島商事取締役となる。「貝島の石原」と言って芳名が高かった。

寄附者芳名録

当時の寄附者の主な者は、次の人々である。なお、■■は不明部分であり、数字の単位は円である。

石原才助 一五〇	小西春雄 一五〇	中野正剛 一五〇	松尾忠次郎 二〇〇
安川第五郎 一〇〇	中島徳松 一〇〇	貝島栄一 一〇〇	緒方竹虎 五〇

津田次郎 二〇	上野恒夫 三〇	合屋友五郎 一〇	大西斎 三〇
西川幡之助 五〇	榊福次郎 三〇	中野平八郎 三〇	府内義郎 三〇
平川芳夫 三〇	田中健介 一〇	児玉[redacted] 二〇	永沼留雄 三〇
西原連三 三〇	佐藤敏夫 三〇	冨永義助 三〇	富田勇太郎 三〇
速水樟 三〇	河原田平八郎 一〇	山内直臣 二〇	大原鹿之助 二〇
山田盛太郎 一〇	大和春雄 五	麻生重直 一〇	徳永貞砥 一〇
上田宗太郎 五	上田次郎 二〇	上原忠次郎 一〇	大西辰 一〇
森六郎 一〇	吉村徳太郎 二〇	小幡寛 三〇	高取[redacted] 一〇

また、東部電力（一〇〇円）、九州水力電気（一〇〇円）などの企業からも寄附があった。これらの主だった寄附だけで総額一八七〇円にのぼる。その他にも寄附があったであろうが、寄附者名簿は失われている。

「自治復帰記念日」の決定

『昭和八年館生簿』には、振武館の行事が次のように書かれている。

《一、毎年冬夏の二季に於いて大会を行い、先輩の来館を請い、新旧館員の親睦を図る。

［表5−1］昭和8年の振武館年間行事表

月	行事内容	月	行事内容
1	鏡開き・冬季大会	8	夏季大会
2	月コンパ	10	リーグ戦
3	春季大会	11	秋季大会
5	武徳祭・海戦記念	12	忘年会・幹事改選

『昭和八年館生簿』より筆者作成

当日を以て会計の報告、館員の進級及び昇段等を行う。
一、他館と戦を行うに当りては、其前に於いて其選士の行を行いて以て壮にすべく壮会を行う。其後に於いては選士の労を謝すべく慰労会、もしくは祝賀会を行う。
一、十月二十三日を以て自治復帰記念日と定め、この記念茶話会を行う。
一、十二月に於いて忘年会を行い、当日を以て幹事改選を行う。
一、春秋の二季に於いて遠足旅行を行い、館員の親睦団結を図る。
一、毎月一回コンパを行い、館員の親睦を図る。
一、毎月一回の例会試合を行い、其技倆《ぎりょう》を試みる。
一、新入館員ありたる場合は月コンパ当日に於いて、其歓迎会を行い、退館者ある場合当日を以て送別会を行う。
一、毎年一月二日を期して稽古初めを行う。
一、鏡開きは通常、冬季大会当日に於いて之を行う。》

振武館は館員の親睦を図るために、遠足、コンパをおこない、他館との試合前後に壮行会と慰労会をおこなっていた。とくに注目すべきは、一〇月二三日を「自治復帰記念日」と定めたことである。振武館が「自治の伝統」を取り戻したことを忘れないためである。なお、年間行事の大要は表5―1のとおりである。

第三節――戦時体制下の青少年動員

支那事変の勃発と青少年動員

振武館は前述のように、昭和八（一九三三）年二月から三年間寄附募集をおこない、昭和一二（一九三七）年にようやく新築落成した。だが、青少年たちを取り巻く国内外の情勢は緊迫していた。昭和六（一九三一）年九月一八日の満洲事変を起点に、昭和二〇（一九四五）年八月一五日の太平洋戦争敗戦まで一五年間、日本は戦時体制下にあったのである。

すなわち、昭和一二年七月七日の蘆溝橋事件を契機に、支那事変が勃発し、戦火は中国全土に広がった。青年たちは徴兵され中国戦線に投入されていった。このため国内は労働力不足に陥り、その代替として生徒・学生を動員するための法制化が進んだ。

昭和一三（一九三八）年四月、「国家総動員法」が制定された。戦時には国防目的であれば、人的・物的資源の統制運用を議会の承認なしに勅令でおこなえることを規定したのである。これと連動して、六月に文部省は「集団的勤労作業運動実施に関する件」を発布して、夏季休暇など長期休業中に、中等学校低学年の生徒は三日間、その他の生徒・学生は五日間、「勤労奉仕」することを義務づけた。生徒・学生たちは農業、清掃、修理、防空施設や軍用品に関する仕事を手伝ったのである。

昭和一四（一九三九）年七月七日、「国家総動員法」に基づき「国民徴用令」が公布された。軍需産業などの労働力を確保するために、厚生大臣に人員を強制的に徴用できる権限を与えたのである。これに沿うかたちで、昭和一六（一九四一）年二月には一年のうち三〇日間以内であれば、食糧増産、木炭増産、飼料資源の開発などに携わることを「授業」と認める「青少年学徒食糧飼料等増産運動実施要項」が発布された。同年八月には「学校報国隊」が結成されたのである。

太平洋戦争下の青少年動員

日本は中国戦線を収拾できないまま、米英に対して宣戦布告し、昭和一六（一九四一）年一二月八日、米国ハワイの真珠湾を奇襲した。一二月一〇日、東條内閣はこれを「大東亜新秩序建設を目的とする戦争」であると規定し、「大東亜戦争」と命名した。

かくして日本は中国軍および米英連合軍とのアジア・太平洋地域における広大な戦線を維持しなければならなくなり、軍需部門の労働力不足の補充と戦死者増加のための兵力補給が必要となった。このために二つの政策がとられた。

第一に、学徒動員政策である。昭和一八（一九四三）年六月、東條内閣は「学徒戦時動員体制確立要綱」を閣議決定し、「学校報国隊」（昭和一六年八月組織化）をさらに強化して、軍用機器や武器・弾薬など軍需物資の生産に生徒・学生を動員し、同時に防空訓練や戦闘訓練、救護訓練（主に女子）を実施した。

いよいよ戦局が悪化するや、昭和一九（一九四四）年一月、「緊急国民勤労動員方策要綱」「緊急学徒勤労動員方策要綱」が閣議決定され、さらに二月二五日「決戦非常措置要綱」、三月「決戦非常措置要綱ニ基ク学徒動員実施要綱」も閣議決定された。これによって、年間四ヵ月の動員期間だったものが、中等学校以上の生徒は通年動員となり、学校には通年計画の作成、教職員による指導と勤労管理などが義務づけられた。こうして四月には全国の学徒が軍需工場に動員された。さらに七月、「航空機緊急増産ニ関スル非常措置ノ件」が閣議決定され、学徒動員がいっそう強化された。

八月に「学徒勤労令」「女子挺身勤労令」が同時に発布され、一二月に「動員学徒援護事業要綱」が閣議決定された。

さらに戦局が悪化するや、昭和二〇（一九四五）年三月一八日、「決戦教育措置要綱」が閣議決定され、国民学校初等科以外、すべての学校で一年間の授業停止による学徒勤労総動員体制がとられ、五月二二日「戦時教育令」が発布されたのである。

第二に、学徒出陣による兵士補給政策である。従来の「兵役法」によれば、旧制の大学・高等学校・専門学校など高等教育機関の学生は二六歳まで兵役を猶予されていた。だが、昭和一六（一九四一）年一〇月、旧制の高等教育機関の修業年限を三ヵ月短縮して、卒業予定者に対して一二月に臨時徴兵検査を実施し、合格者を翌一七（一九四二）年二月に入隊させた。さらに同年、予科と高等学校の修業年限を六ヵ月短縮し、九月に卒業させて、一〇月に入隊させたのである。

戦局がますます悪化するや、昭和一八（一九四三）年一〇月一日、東條内閣は「在学徴集延期臨時特例」を発布し、理工系・教員養成系を除き、文系の高等教育機関在籍学生の徴兵延期措置を撤廃した。同時に、臨時徴兵検査規則を定めて、一〇月・一一月に徴兵検査を実施、丙種合格者までを一二月に入隊させた。

こうして第一回学徒兵の入隊を前にして、一〇月二一日、明治神宮外苑競技場において文部省報国団体本部主催の学徒出陣壮行会が開かれた。だが、壮行会が開かれたのはこのときだけで以後はなかった。

昭和一八年一〇月、「教育に関する戦時非常措置方案」が閣議決定され、文系の高等教育機関を縮小し、文系学生の理工系への転学が進められた。昭和一九（一九四四）年一〇月、徴兵年齢が二〇歳から一九歳に引き下げられ、学徒出陣は拡大された。

このような戦時下で、ほとんどの青少年は、振武館はもとより町道場に通って自己練磨に励むという時間を失ったのである。

太平洋戦争下の青少年団体の統合

青年団体に関しては、太平洋戦争直前、昭和一六（一九四一）年一月一日、「大日本青年団」「大日本連合女子青年団」「大日本少年団連盟」「帝国少年団協会」を統合して、「大日本青少年団」なる全国統一組織が創設された。三月一日、文部省は訓令「大日本青少年団に関する件」を発し、「我ガ国男女青少年ノ学校外ニ於ケル全生活ヲ教養訓練トシテ具現セシメントスル見地ヨリ全青少年ヲ一元的組織ノ下ニ結合シテ皇国ノ道ニ則リ国家有為ノ青少年ヲ練成スルヲ目的トス」と述べて、文部大臣の統括の下に置いたのである。しかし、四年後、昭和二〇（一九四五）年五月二二日には、「大日本青少年団」を解散して「大日本学徒隊」に統合したのである。[4]

終戦後、「大日本学徒隊」は解体されたので、地域の青少年団体を新しく編成する必要が生じた。昭和二〇年九月一五日、文部省は「新日本建設ノ教育方針」を発布して、新しく編成する青少年団体は「従来ノ如キ強権ニ依ル中央ノ統制ニ基ク団体タラシメズ、原則トシテ郷土ヲ中心トスル青少年ノ自発能動共励切磋ノ団体タラシムルモノデアッテ、先ニ学徒隊ノ結成ニ伴イ解散セル大日本青少年団体ノ如キモノヲ復活スルノデハナイ」と述べ、その方針が戦前と同一でないことを示した。

そして、九月二一日「青少年団体設置要領」を閣議報告し、青少年団体の本旨を「地域ニ基盤ヲ置キ郷土愛ノ至情ヲ基調トスル社会生活訓練機関タルコト」「青少年ノ自発活動、共励切磋ニ依リ運営シ画一ヲ避ケ地方的特色ヲ発揮スルコト」などと規定し、「顧問ニハ町村長、学校教職員、宗教家、各種団体長其ノ他町村有識者」を委嘱し、「少年団ノ長ハ学校教職員」として、各町村に青年団・女子青年団・少年団の結成を一一月三日までに完了するよう求めたのである。団員の年齢は一四歳以上、二五歳までとし、幹部団員は三〇歳まで認めた(5)。

こうして戦後、地域青少年団体の結成が促進された。その性質は戦前の訓練的・奉仕的なものとは一変し、自発的に参加できるものになった。しかし、そこにはもはや「青年自治の気風」は乏しかった。青少年は自分自身を見つめ、のびのびと自己鍛錬に励む時空間を次第に失っていったと言えよう。後述するが、この時代の変化に抗うように、振武館は明治以来の「青年自治の気風」を守り続けようとしたのである。

第四節——中野正剛の自刃

中野正剛の自刃は振武館員にとって悲憤きわまる出来事だった。そこに至る複雑な経緯はここに詳述できないが、以下では、濱地政右衛門『憂国の士 中野正剛』(二〇一〇年)を参照して、その概略を記すことにしたい(6)。

「東方会」の結成と国民運動

当時の国内外の情勢を少し辿る必要がある。すなわち、満洲事変によって満洲を制圧した関東軍の工作により、昭和七（一九三二）年三月一日、清朝最後の皇帝・溥儀は執政となって、「満洲国」建国を宣言した。この発端となった満洲事変に関するリットン調査団（国際連盟調査委員会）の報告書に反発した日本は、昭和八（一九三三）年三月、国際連盟を脱退し、国際社会から孤立する道を進むことになった。

国内では、国家改造を主張し、クーデターによって軍部独裁政権を樹立しようとするファシズムがすでに台頭していた。昭和七年五月一五日、海軍将校・陸軍士官候補生の一派が首相官邸と警視庁を襲撃し、犬養毅首相を暗殺するという事件を起こし（五・一五事件）、また昭和一一（一九三六）年二月二六日、陸軍皇道派の青年将校らが兵士一四〇〇人余を率いて政府要人を殺傷する事件を起こした（二・二六事件）。

この直後、岡田啓介内閣は総辞職し、昭和一一年三月九日、外相・廣田弘毅に組閣の大命が降下した。廣田内閣は組閣するにあたって統制派軍閥により国防強化を約束させられ、昭和一二年度予算で軍備費を拡大せざるをえなかった。軍部の圧力は相当に抗しがたかったのである。政党政治はすでに崩壊寸前であった。五月二五日、中野正剛は「東方会」を結成した。廣田内閣は昭和一二（一九三七）年一月に退陣し、二月二日、林銑十郎内閣が発足した。四月三〇日、第二〇回総選挙において東方会から一一人の当選者を出した。

林内閣は六月四日には近衛文麿内閣に交代した。その直後、七月七日、蘆溝橋事件が発生する。閣議では現地解決の方針を確認し、七月一一日に停戦協定が成立したが、一方で陸軍の要求によって支那駐屯軍に関東軍から一個旅団、在朝鮮軍から一個師団と航空隊一八個中隊を増援し、さらに内地から三個師団を派遣するという矛盾した決定を下した。

中国共産党は蘆溝橋事件の翌日、中国国民党に国共合作による対日抗戦を電報で呼びかけた。はじめ和解調停を望んでいた国民政府軍事委員会委員長・蔣介石は日本軍が北平に集結する状勢を見て、七月一九日、声明「蘆溝橋事変に対する厳正表示」を発表し、日本軍に応戦する決意を示した。国民政府軍は黄河を渡って北上した。こうして日本軍と国民政府軍は北平、上海、南京で激突した。八月二二日、国民政府は中国共産党の主力を国民革命軍第八路軍として編成し、ここに抗日民族統一戦線を成立させた。一二月一三日、日本軍が南京を攻略したあと、国民政府は重慶に遷都し、徹底抗戦する構えを見せ、支那事変は宣戦布告のないまま日中の全面的戦争へと展開したのである。

昭和一二年一二月一四日、北平・天津を占領した日本軍は旧軍閥の王克敏を主席として、北平に「中華民国臨時政府」を成立させた。近衛内閣は、駐華ドイツ大使トラウトマンの仲介による蔣介石との和平工作が頓挫するや、昭和一三（一九三八）年一月一六日「国民政府を対手にせず」という声明を発し交渉を打ち切った。そして三月二八日、日本軍は南京に梁鴻志《りょうこうし》を行政院院長とする「中華民国維新政府」を成立させたのである。

三月二九日、中国国民党全国代表大会が武昌で開催され、蔣介石が初代総裁に推挙されて、最高指導者となった。五月、近衛は戦争不拡大の方針から、蔣介石と和平交渉を進めようとしたが、軍部統制派は、和平交渉は敗北主義であるとして、中国を早く支配して、ソ連軍に備えるべしと主張した。

一年半続いた近衛内閣は退陣した。その後、昭和一四（一九三九）年一月五日に平沼騏一郎内閣が発足した。その三月に、中野正剛は中国戦線を視察して帰国したあと、五月に衆議院議員を辞職した。そして東方会（昭和一三年末、会員数約一万人）の各地の代表者を集めて全体会議を開き、新しい活動方針と規約を決定した。すなわち、「支那事変の処理」「東亜新秩序建設」について国民に訴える国民運動を実行し、国民が声を上げることによって、政府に適切な政策実行を求めていくことを決めたのである。正剛は国民運動を発展させるため各地で演説会を開催した。六月、日本青年会館で開催するや、会場は満員となってあふれた。正剛は地方遊説にも赴き、一年余が過ぎていった。

昭和一四年八月三〇日、阿部信行内閣が発足したが、六カ月で退陣し、翌一五（一九四〇）年一月一六日、米内光政内閣が発足した。中国では、日本との和平工作のため重慶を脱出した汪兆銘が王克敏、梁鴻志との三者協議によって、三月三〇日に「中華民国維新政府」を改称して、「中華民国国民政府」（中国では「南京国民政府」と呼ぶ）を発足させ、その主席に就任した。

日本では五月になって、木戸幸一、有馬頼寧《よりやす》らは、近衛文麿を首班とし、軍部によって支持される「一国一党的親軍新党」の結成を企図し、米内内閣の政策批判を始めた。近衛はこの動きを受けて、新党結成のために出馬することを表明した。七月、陸軍が米内内閣の倒閣運動をおこない、米内は総辞職に追い込まれた。

米内内閣が倒れて、昭和一五年七月二二日、第二次近衛内閣が成立した。近衛は組閣にあたって、外相候補・松岡洋右、陸相候補・東條英機、海相候補・吉田善吾と私邸で会談した。「その場で、日独伊枢軸の強化と対ソ不可侵条約の締結、東洋にある英・蘭・仏などの植民地を『東亜新秩序』に含めるための処置、並びにアメリカの実力干渉を排除するなどの基本政策を申し合わせた。」という。これは組閣後、「基本国策要綱」として閣議決定された。(7)

また近衛が新党結成を唱えたので、これに呼応して、既成の政党および東方会は解党し参加した。政党が一元化して強力な政治力を発揮し、軍部の圧力を排除するためであった。ところが、近衛は新党をつくらず、一〇月一二日、これを「大政翼賛会」として、各界から二六名の委員と八名の幹事を選任し、「政治新体制」の樹立を目指した。正剛も委員に選ばれたが、「大政翼賛会」の性格は正剛が目指すような国民組織ではなくなり、政府・官僚が主導する組織となってしまった。大政翼賛会は軍部に対抗する政治勢力とはならずに、軍部に追随してファシズム体制のなかに組み入れられたのである。ここに政党政治は終焉した。他方、外交面では、九月二七日、日独伊三国同盟を成立させた。またその四日前、九月二三日、フランス政府との交渉を経て北部仏印(仏印とはフランス領インドシナの略称。現在のベトナム・ラオス・カンボジア一帯)に進駐して米英による蔣介石軍援助ルートを封鎖し、翌一六(一九四一)年七月、南部仏印に進駐してサイゴンなどに基地を建設した。これにより日米関係は急速に悪化した。こうして近衛内閣は七月一六日、総辞職した。

正剛はこのような状況を見て、昭和一六年三月、大政翼賛会を脱退し、再び政治結社・東方会を結成した。今度こそ「難局突破国民運動」を展開すべく、日本青年会館、淀橋公会堂、本所公会堂、浅草公会堂で連続して演説会を開催した。その主張は、政府は日中戦争の早期解決を決死の覚悟で図り、英米の日本経済包囲網が出来上がる前にドイツを介して蘭印（オランダ領インドネシア）の石油その他の資源を確保するための「外交」を展開すべきだというものである。軍部の主張していた「軍事力」による南進論とは対立するものであった。五月一日の両国国技館での演説会には国技館を取り巻くほどの聴衆の列ができた。支那事変が長引くにつれ、国民の政府への不満が高まっていたのである。

重臣会議の結果、近衛に再び大命が下り、昭和一六年七月一八日、第三次近衛内閣が成立した。外相を松岡洋右から豊田貞次郎に替えて、悪化した日米関係を修復するために対米交渉を続けたが、ついに決裂して、近衛は一〇月一七日に辞表を提出した。代わって一〇月一八日、陸相・東條英機（対米主戦派）が組閣（陸相兼務）。一二月八日、対米英戦争に突入したのである。東條内閣は開戦と同時に、一二月の臨時議会で「言論出版集会結社等臨時取締法」を制定し、演説会などを許可制にして、演説内容を憲兵・警察が取り締まることができるようにした。

東條内閣打倒工作

総選挙が戦時下の昭和一七（一九四二）年四月におこなわれた。さっそく東條は「翼賛政治体制協議会」を発足させ、立候補者四六六人を推薦した。これに対して、東方会は推薦を拒否し、正剛を含め公認候補四六人を擁立した。「翼賛政治体制協議会」は非推薦候補者の選挙妨害・干渉をおこない、みずからの推薦候補者三八一人を当選させた。反東條の東方会は正剛を含めて七人、鳩山一郎派、三木武吉派も数人しか当選しなかった。

東條は臨時議会前に、推薦議員を中心に「翼賛政治会」を結成させ、これを唯一の政党とするため、非推薦議員も強制的に入会させようとした。正剛はこれを拒否したが、事態を重く見た友人の徳富蘇峰と緒方竹虎の勧めで、東方会を解党し、入会することになった。ここに東條独裁体制が確立した。

昭和一七年一二月二一日、正剛は日比谷公会堂で「国民的必勝陣を結成せよ」と題して演説会を開いた。数日後、この演説が東條内閣批判であるとして、東方会の演説会は一切許可しないことを政府は決定した。この決定は内務大臣から全国警察に通知された。言論を封じられた正剛は、昭和一八（一九四三）年一月一日、朝日新聞主筆の緒方竹虎の依頼で、「戦時宰相論」を執筆し掲載した。これを見た東條は激怒し、当日の朝日新聞の発売禁止を内閣情報局に命じたのだった。しかし、すでに検閲を通り、配達されていたので、禁止命令の効力はなかった。

昭和一八年二月の議会では、東條内閣は言論取締強化のため「戦時刑事特別法改正案」（戦刑法）を提出したが、大部分の議員が反対した。しかし、はじめ反対していた議員は東條支持グループによって切り崩され、結局、改正案は成立してしまった。正剛はこの結果に落胆した。六月には米穀確保に関する法案と、戦力増強のための企業整備に関する法案が三日間の審議で通過した。鳩山一郎、正剛らはこれにもっと審議を尽くすべきとの意見を提起したが、多勢に無勢、ついに法案は成立した。正剛は東條に阿諛《あゆ》迎合する「翼賛政治会」を脱会した。

七月から八月にかけて、正剛は、東條の独裁化する政治を止める最後の手段として、重臣工作をおこなった。東條を選任した重臣たちに東條退陣を実行してもらうよう説得して回ったのである。重臣たちは同意したものの、東條に威圧されて実行できなかった。

中野正剛の自刃

昭和一八年一〇月二一日、警視庁は特高課員を招集し、正剛以下の東方会関係、天野辰夫以下の「まことむすび」関係、福岡の大日本勤王同志会の三団体を一斉に検挙した。首相らの暗殺および国政変乱罪の容疑であった。

正剛は逮捕拘留されたが、とくに確たる証拠はなく、警視庁では対応しかねた。一〇月二五日、東條の意向を受けて、東京憲兵隊が取り調べることになった。憲兵隊は正剛に東条暗殺クーデターの罪を着せ、「造言蜚語」による国政変乱罪で処分することによって、一〇月二六日に開会する議会への出席を阻止するつもりであった。憲兵隊での取り調べは一六時間に及んだ。憲兵隊が無理やり出した答えは「不敬罪」であった。

正剛は憲兵隊の聴取書とともに東京地検に戻されるが、東京地検では権力におもねったと言われぬために、正剛をもう一度調べ直したが、憲兵隊のいう不敬罪は認められず、釈放することに決した。警視庁に戻された正剛は、議会に出席しないという誓約書を書かされ、一晩宿直室に泊まるよう促された。明けて一〇月二六日午前六時、憲兵隊は再び正剛を連行し、釈放中は外部との連絡を取らぬよう威嚇したのである。東條は政治的検挙が議会で暴露されるのを恐れていたからである。正剛は憲兵の監視付きで、自宅に帰された。

帰宅した正剛は自室で遺書と衆議院議員辞職願を認め、机上に西郷隆盛伝を開いて、錆びた軍刀で自刃した。昭和一八年一〇月二七日、真夜中の一二時であった。享年五七。

赤司新作（昭和一六年中学修猷館卒）は身体が弱く、柔道部では投げられてばかりいたので、連夜、振武館に通って二～三時間の稽古を積み、四年生のときには主将を務めるまでに強くなったという。早稲田大学在籍中、正剛の自刃を知って、急遽上京した。(8)

《早稲田大学に進学してからは、振武館の大先輩でもある中野正剛先生についても生涯忘れることのない思い出があります。昭和十八年十月二十七日、中野先生が自刃された時のことです。私はちょうど福岡に帰って来ていて、自刃されたのを知って上京しました。お宅にお伺いすると、中野先生のお母さんが日の丸の旗を出して来られて、「あなたは振武館にいらしたそうで……」といって私に手渡されました。旗には「振武」と揮毫され、

日の丸の旗「振武」（『修猷館柔道部百年史』より転載）

署名の中野正剛の下のところにポッと墨が落ちていました。後で判ったんですが、自刃六時間前の揮毫で、先生の絶筆でした。この貴重な旗はいま修猷館の資料室に保管されています。》

（赤司新作の言）

日の丸の旗は、日の丸の右側に「振武」と大書され、左側に「送赤司新作君出陣　中野正剛」と書かれている。振武館の昔を思い出していたのかもしれない。正剛は赤司の学徒出陣に際し、これを贈ろうしたのである。自刃前に為しおくべきことのひとつであった。

正剛の葬儀は二日後、青山葬儀場でおこなわれた。葬儀委員長は緒方竹虎が務めた。会葬者は約二万人に達した。

中野正剛の戦後の顕彰

戦後、福岡では「正剛会」が発足し、昭和三〇（一九五五）年三月二七日、ゆかりの地・鳥飼

八幡宮の一角に徳富蘇峰の碑誌を刻んだ石碑を建立した。碑誌には次のようにある。(9)

《碑誌

中野正剛君ハ明治末年ヨリ大正ヲ経テ昭和中期ニ至ル我ガ日本ノ産出シタル不羈卓犖《フキタクラク》ノ好男児ナリ。君ノ家ハ福岡藩士、幼時黒田武士ノ雰囲気中ニ成長シ、其ノ教養ヲ受ク。君ノ郷校ニアルヤ学業儕輩《サイハイ》ニ冠タリ。進ンデ官学ニ入リ高第ヲ取ル、立身出世手ニ唾シテ得ベキナリ。シカモ君ヤ自ラ好ンデ早稲田大学ニ赴ケリ。学成ルヤ朝日新聞記者トナル。君ハ文章雄健、識見透徹、能ク人ノ言フ克ハザルトコロヲ言フ、忽チ当代ノ大家名士ニ認知セラル。尋イデ朝鮮ニ特派セラル予ガ親シク君ト面シタルハ実ニ明石柏蔭ノ京城ノ邸ニ於テス。明石ハ君ト同郷人ニシテ当時朝鮮警務総監タリ。予ハ君ガ眉目清秀、意気軒昂、談論風発、眼中人ナキ状ヲ見テ心私カニ将来ノ大成ヲ期セリ。

幾バクモナク君ハ朝鮮、満洲ヨリ中国ニ遊ビ、東亜ノ大勢ニ就イテ得ルトコロアリ。朝日新聞ノ論壇ニ拠リテ大イニ政治活動ヲ試ミ、自ラ東方時論ヲ興シ、更ニ進ンデ遂ニ議会人トナレリ。君ハ同郷ノ大先輩頭山立雲ニ負フトコロ最モ多ク、当初犬養木堂傘下ニ投ジ、安達漢城ニ結ビ、而シテ遂ニ自ラ東方会ヲ興シテ同志ノ才俊ヲ糾合シ、議会内外ニソノ勢力ヲ開張セリ。君ノ弁論ハソノ文章ニ優ルトモ決シテ劣ルトコロナシ、疾吒雲ヲ興シ痛快肺腑ヲ穿ツ。

君ハ議会ニ於テ反対党タル田中内閣ヲ倒シ、更ニ自党タル若槻内閣ヲ総辞職セシム。君ノ党人トシテノ官歴ハ逓信政務次官ニ止マル。シカモ議会人トシテハ実ニ一敵国ノ看ヲ倣セリ。君ノ政界ニ於ケル進退行蔵ハ常人ノ諒解シ克ハザルモノ鮮カラズ。シカモ君ハ既往ニ捉ラハレズ執一ノ見ニ縛セラレズ、文義ニ泥マズ、タダ国家ノ為ニ当面ノ必須トスル標的ニ向ッテ驀進《バクシン》ス。故ニソノ所信ヲ断行スルニ当タリテハ、世上ノ毀誉褒貶ヲ顧ミズ、一身ノ利害得喪ヲ無視シテ猛然コレニ趨《オモム》クノミ。シカモ其ノ志恒ニ君国ニ存シ、専ラ東亜ノ興隆ヲ図リ、自ラ世界諸民族ノ水平運動ノ唱首タランコトハ、君ハ始終ヲ一貫シタル精神タラズンバアラズ。

君ヤ第一世界大戦ニ際シ英国ニ遊ビ、巴里《パリ》会議ニ際シ仏国ニ遊ビ、更ニ第二世界大戦前ニ於テ独伊諸邦ニ遊ブ。其ノ三回ノ外遊ハ君ヲシテ世界的活眼者タラシムルニ足ルモノアリ。君ハ第三次外遊ニ際シ、同郷ノ先輩頭山立雲、岳父三宅雪嶺、及ビ老友予ヲ迎ヘテ星カ岡茶寮ニ留別ノ筵《エン》ヲ催セリ。今ヤ座中ノ主客剰スモノ予一人ノミ。当時君慷慨卓厲《コウガイタクレイ》、真ニ一世ノ智勇ヲ推倒シ、万古ノ心胸ヲ開拓スルノ慨アリキ。

而シテ帰来大東亜開戦ニ際シテ当局ノ措置君ト相協ハズ、遂ニ君ヲシテ自裁ノ極所ニ至ラシム。モシソレ君ノ死生ノ際ニ於ケル従容自若、而シテ自裁ノ方式態度悉ク皆古武士的典型ニ遵フ。コレヲ知ル者誰カ君ノ人生ノ大道ニ於テ、ソノ悟入ノ真且ツ深ヲ諒トセザルモノアランヤ。

君ハ何故ニ斯クノ如キ決心ヲナスニ到リタルカ。或イハ曰ク、是一死ヲ以テ当局者ニ最後ノ打撃ヲ与ヘタルモノナリト。或イハ曰ク、当時君ハ同志ト共ニ戦局打開ノタメニアル企画ヲ倣シ、事方ニ成ラントシテ縲絏《ルイセツ》ノ禍ニ罹《カカ》レリ。コレガタメニ君ハソノ禍機不測ノ方面ニ波及センコトヲ慮リ、独リ自ラソノ責ニ任ジタルナリト。シカモソノ真相如何ハタダ天コレヲ知ルノミ。

君ヤ平生大塩中斎、西郷南洲ニ私淑シ、王陽明ノ知行合一ノ説ヲ服膺《フクヨウ》ス。君ヤ実ニソノ学ブトコロヲ行フニ幾シ。

君ノ家庭ハ実ニ理想的ナリキ。孝友慈愛一トシテ間然スルトコロナシ。夫人三宅氏聡慧貞淑君ニ先テ逝ク、君再ビ娶《メト》ラズ、操行清浄亡夫人ノ霊牌ト同栖スルノミ。平生ノ嗜好、曰ク養士、曰ク乗馬、曰ク読書。同郷ニシテ同学ノ親友緒方君竹虎、君ト政見ノ異同ニ関セズ交情始終渝《カワ》ラズ。君逝クヤソノ後事ノ経記専ラソノ力ニ頼ル。銘ニ曰ク、

蟄龍《チツリュウ》在山　降遊人寰《ジンカン》　一朝神変　飛翔雲間

友人　蘇峰徳富正敬撰

門人　進藤一馬謹書

昭和三十年三月二十七日　正剛会建之》

後年、昭和五九（一九八四）年一〇月二七日、「中野正剛先生銅像建設期成会」が石碑の横に

中野正剛の銅像と石碑（鳥飼八幡宮境内）

正剛の銅像を建立した。期成会の会長・進藤一馬、副会長は長谷川峻、川合辰雄、清沢又四郎の三人、相談役は松前重義、瓦林《かわらばやし》潔の二人である。銅像は木戸龍一作である。銅像の右横に正剛略伝が石刻された碑が据えられた。

《中野正剛先生略伝

明治十九年二月十二日福岡市西湊町（現荒戸一丁目）ニ生レ、中学修猷館、早稲田大学ニ学ブ。東京朝日新聞記者、東方時論主幹トシテ健筆ヲ揮《フル》イ郷土紙九州日報ヲ経営ス。福岡県一区ヨリ衆議院議員ニ当選スルコト八回、在職二十年四ヶ月、其間大蔵参與官、逓信政務次官トナル。後、東方会ヲ組織シ全国ノ青年同志ヲ糾合、国事ニ奔走ス。

性剛直果断、愛国ノ至誠ハ熱血ノ雄弁、不抜ノ筆陣トナリ毅然トシテ所信ニ邁進、太平洋戦争酣《タケナワ》ナルヤ、戦局日ニ非ナルヲ憂イ、東條内閣ノ退陣ヲ図リ其収拾ニ盡瘁《ジンスイ》、東條首相ノ熾烈ナル弾圧ニ屈セズ抗議スルモ志成ラズ。昭和十八年十月二十七日渋谷ノ自邸ニテ自刃。歳満五十七。

門人　進藤一馬　謹書》

「正剛会」は毎年一〇月の命日前後に、鳥飼八幡宮・参集殿において「中野正剛先生顕彰祭」をおこなっている。振武館の現館員も参列している。

第五節——福岡大空襲

さて、話を戻そう。中野正剛の死後、戦局は悪化の一途を辿った。昭和一九(一九四四)年七月、東條内閣はサイパン島陥落の責任を問われて総辞職、七月に陸軍大将・小磯国昭が組閣し、重慶政府と和平工作を進める一方で、昭和二〇(一九四五)年一月一八日、最高戦争指導会議においては本土決戦に備えるため「今後取るべき戦争指導大綱」を決定し、一月二五日には「決戦非常措置要綱」を決定した。このように和平と抗戦との間で方針が揺れる小磯内閣は天皇の信任を失い、四月五日に総辞職し、四月七日、海軍大将・鈴木貫太郎が組閣した。(10)

同時期、欧州の軍事同盟国も敗戦の最終局面を迎えていた。一九四五年四月二八日、イタリア社会共和国首班ムッソリーニが銃殺刑となり、四月三〇日、ドイツ総統ヒトラーがベルリンの地下壕で自殺、五月七日に無条件降伏したのである。

昭和二〇(一九四五)年三月二三日、米軍は沖縄を空爆、三月二六日慶良間列島に上陸、四月一日に沖縄本島に上陸を開始し、日本軍と激戦を繰り広げた末、六月末これを占拠した。日本軍戦死者九万五〇〇〇人、戦闘協力者の死者五万五〇〇〇人、一般国民死者一〇万人であった。

一方で、米軍死傷者は六万六〇〇〇人にのぼった。その戦闘のすさまじさは筆舌に尽くしがたい。四月七日には沖縄に特攻出動した戦艦大和や同行の巡洋艦一隻、駆逐艦四隻が米軍機動部隊艦載機によって撃沈された。これによって日本の制海権、制空権は完全に失われた。

すでに敗戦は免れない状勢であった。だが、大本営は事実を公表せず、庶民の間では、元寇のときと同様に「神風」が吹いて、日本は最終的に勝利すると夢想していた。だが、その迷夢はすぐに打ち砕かれた。

昭和二〇年三月から八月にかけて、米軍はB29戦略爆撃機による日本本土空襲を本格化させた。米軍のなかで陸海軍に比べて地位の低かった弱小な空軍は急遽B29戦略爆撃機を開発し、陸海軍抜きに空軍のみで日本を降伏させ、米軍内での地位を高めようとした。空軍にとって日本本土空襲は地位を高める絶好のチャンスであった。そのため空軍は日本が降伏するまで全国大中都市に無差別爆撃を繰り返したと言われている。

B29戦略爆撃機はまず大都市——東京、名古屋、大阪、神戸の機能を破壊した。東京は昭和一七（一九四二）年に最初の空襲を受けるが、昭和二〇年三月から五月にかけて五回、最大規模の空襲を受け、数万発の焼夷弾によって、旧神田区須田町（千代田区）、旧向島区（墨田区）、中央区などの一部を除き、ほぼ灰燼に帰した。死者一一万五〇〇〇人、焼失・破壊家屋は八五万一〇七八戸にのぼった。また北海道から鹿児島までほとんどの地方都市も空襲された。全国の死者三五万人、負傷者四二万人、全焼家屋二二一万戸、被災者九二〇万人という規模であった。(11)

昭和二〇年六月一九日、福岡にもB29戦略爆撃機が飛来し、市内中心部を空襲した。死者九〇二人、焼失・破壊家屋一万二七〇一戸であった。市内に焼け野原が広がった。

さらに周知のように、八月六日、広島に原子爆弾が投下された。広島市中心部の上空で炸裂、一瞬にして市全域が高熱によって焼き払われた。死者七万八〇〇〇人、負傷・行方不明五万一〇〇〇人で、その後の五年間で二四万人が亡くなった。続いて八月九日、長崎に投下され、長崎市北部の上空で炸裂し、死者二万三七五三人、行方不明一九二七人、重軽傷四万九九三人であった。その年末までに約七万人が亡くなったと推定されている。加えて、広島・長崎で六〇万人が放射線を浴び、数年後に死亡し、あるいは長く原爆症に苦しむことになった。[12]

かくして日本全土が焦土と化したのち、八月一四日、鈴木貫太郎内閣はようやくポツダム宣言を受託し、翌八月一五日、天皇の終戦の詔勅が全国にラジオ放送されたのであった。

【注】

(1) 明治三二年七月「福岡市商業学校」の設立が認可され、翌年四月に開校した。明治三四年五月「福岡市立福岡商業学校」と改称され、大正八年一二月「福岡商業学校」と再び改称された。戦後、昭和二三年四月、新学制の下で「福岡市立福岡商業高等学校」と改称、平成一二年には普通科・情報処理科・商業科などが総合学科に改編されて、「福岡市立福翔高等学校」となった。

(2) 吉田正明は西日本新聞編集局編集委員のとき、『西日本スポーツ』に「王国の系譜」と題して九州柔道史話を連載した。これは『王国の系譜――九州柔道の流れ』(西日本新聞社、一九六九年)として出版された。

(3) 小西春雄市長(在任昭和二六年四月二三日～昭和三一年七月三一日)の講話に出席した館員は、井上恒夫、辻博、岩永周三、桑野外吉、重松正成、牧武等々であった。

（4）　繁内友一編『青少年教育行政史（社会教育）年表』近代文藝社、一九九一年、二三二・二三三頁
（5）　同前、二五五―二五七頁
（6）　濱地政右衛門、前掲書、二〇四―二四九頁
（7）　同前、一七〇頁。正式には「世界情勢の推移に伴う時局処理要綱」という。主旨は、支那事変解決のため重慶政府と米英との提携を分断し、また日本の自給自足の経済体制を確立することであった。
（8）　修猷館柔道部百年史編集委員会編、前掲書、二四頁
（9）　浅野秀夫氏（元玄洋社記念館館長）より二〇一七年七月に提供されたもの。
（10）　小堀桂一郎『宰相鈴木貫太郎』（文藝春秋、一九八二年）に、終戦に導くまでの鈴木総理の「腹芸」が考察されている。
（11）　『一億人の昭和史4　空襲・敗戦・引揚』毎日新聞社、一九七五年、一二頁
（12）　手島毅『写真で見る原爆の記録』原水爆資料保存会、一九五八年、参照

【第六章】

戦後の振武館復興

第一節――米軍の進駐

極東軍事裁判の結末

昭和二〇（一九四五）年八月一五日、日本の敗戦によって太平洋戦争は終結した。GHQ（連合国軍総司令部）による統治が始まった。九月二二日、米国大統領はSWNCC（国務・陸軍・海軍三省調整委員会）のまとめた「降伏後における米国の初期の対日方針」（SWNCC－150/4）を公表したが、そこには占領の究極的目標が述べられている。すなわち、第一に「日本が再び合衆国の脅威となったり、あるいは世界の平和および安全の脅威とならないよう確実にすること」、第二に「他国家の権利を尊重し、国際連合憲章の理想と原則に示されたところの合衆国の目的を支持すべき、平和的そして責任ある政府を究極において樹立すること」であった。

これらの目標を達成する手段として、「日本国人民は、個人の自由に対する欲求、そして基本的人権とくに信教、集会、言論および出版の自由が発展するよう奨励されるべきである。かれらは、またしたがって民主主義的そして代議的組織を形成するよう奨励されるべきである。〔中略〕日本国人民は、合衆国そして他の連合国の歴史、制度、文化およびその成果を知る機会が与えられ、そして、これらを知ることが奨励されるべきである。」と指示したのである。[1]

こうして占領下では、軍事的統制が敷かれ、武装解除と非軍事化が実行された。昭和二一

（一九四六）年一月四日、GHQは日本政府に二つの指示を与えた。ひとつは理論上・実践上の軍国主義および超国家主義の推進者と認定された者は管理職や教職から排除すること。すなわち、戦争を指導したと認定された政財界・学界・言論界などの人々の公職追放の指示である。また、もうひとつは超国家主義の諸団体の結社および活動を禁止することである。そこには二七団体が列挙され、玄洋社、黒龍会、東方会なども含まれていた。玄洋社は昭和一〇（一九三五）年に「財団法人玄洋社」となって以来、ほとんど政治活動はしていなかったにもかかわらず、解散を命じられた。思えば、振武館を支援してきた人々には玄洋社員が多い。平岡浩太郎、頭山満、山座圓次郎、末永節、中野正剛等々みな然りである。[2]

同時に「戦争犯罪人」の審議も始まった。すなわち、昭和二一（一九四六）年一月一九日、連合国最高司令官マッカーサーによって「極東国際軍事裁判所」が設置され、五月三日、「極東軍事裁判」（東京裁判）が東京・市ヶ谷の旧陸軍省庁舎内で開廷し、昭和二三（一九四八）年一一月一四日に閉廷した。そこでは戦争を指導した政治家・軍首脳の二八人がA級戦犯者として起訴された。

日本側弁護人の一人であった菅原裕は著書『東京裁判の正体』（一九六一年）のなかで、支那事変、大東亜戦争（対米英戦争）は日本の侵略戦争であることを前提として審議が進められ、太平洋戦争とはまったく関係のない満洲事変を含めて、「形式上の責任者を作り上げた」と批判している。結局、二年半と約二七億円の経費（日本政府の負担した駐屯軍費のなかから拠出）を費やして、七人の死刑、一二人の終身刑、二人の有期刑、六人の病死、一人の発狂者を出したのであった(3)。

とくに、七人の死刑囚のなかに唯一の文官、廣田弘毅元首相がいた。全国の人々の悲憤慷慨するところとなった。とくに、廣田の郷里・福岡の人々にとっては大きな衝撃であった。『九州日報』が中心となって減刑署名運動が起こり、たちまち七万二〇〇〇人余の署名が集まった。東京では外務省の同僚・後輩と同郷者を中心に減刑署名運動がおこなわれ、三万人を超える署名が集まった。そのなかには当時の参議院議長・松平恒雄、同副議長・松本治一郎、衆議院議長・松岡駒吉、同副議長・田中万逸《まんいつ》、長老・幣原喜重郎なども名を連ねた。しかし、その請願は打ち砕かれた。裁判中、何の弁解もせず、黙々と死に就いた廣田弘毅に対する畏敬の念は今でも福岡に根強く残っている(4)。

一九四五年八月二一日、米国第五海兵軍団が佐世保に上陸し、翌日、先遣隊がジープで福岡に入った。すぐに席田《むしろだ》飛行場（旧陸軍が昭和一九年に建設。現・福岡空港）に設営し、宿舎・病院など接収物件について県側と協議を始めた。こうして九月三〇日、佐世保から臨時列車で約一〇〇〇人の海兵隊が到着したのを皮切りに、総勢四五〇〇人が進駐した(5)。

席田飛行場は「板付《いたづけ》基地」として米国空軍の重要な軍事基地となり、昭和四七（一九七二）年四月一日に大部分が返還された。また「福岡第一飛行場」（昭和一一年福岡市東区に開港）も接収されて、「ブレディ飛行場」と改称され、主に輸送部隊の飛行場として使用された。昭和二五

（一九五〇）年、朝鮮戦争が勃発するや、福岡は国連軍・韓国軍の後方陣地となった。昭和三六（一九六一）年に日米合同委員会はブレディ飛行場と西戸崎通信施設とキャンプ博多を統合して、「雁ノ巣空軍施設」を建設した。雁ノ巣から空軍が撤収を開始したのは、昭和四七年夏で、全施設が返還されたのは昭和五二（一九七七）年であった。

占領下の対日教育政策と柔道の禁止

日本占領以前にＳＷＮＣＣにおいて、占領以後の対日教育政策が議論され、「日本人の再方向づけのための積極政策」という政策文書が作成された。この文書は極東委員会第四部会で継続審議され、教育制度改訂に関する声明（全一五項目）にまとめられた。声明は米国政府の指令として昭和二二（一九四七）年四月五日、ＳＣＡＰ（連合国軍最高司令官）に送達された。すでに、ＳＣＡＰの指示の下で、三月三一日に新教育に関する「教育基本法」と「学校教育法」が成立したばかりであり、ＳＣＡＰはこの指令がＳＣＡＰと日本の教育専門家が協力して実現しつつある教育改革と矛盾せず、それを裏打ちするものだという見解を発表した。この指令のなかの第七項と第一〇項は振武館とも直接・間接に関係するので、次に記しておこう。[6]

《七、超国家主義、国家神道、天皇崇拝、個人より国家の強調、民族的優越感情は、教育組織の中から除去されなくてはならない。

〔中略〕

一〇、軍事的内容の教授は、すべての教育機関において禁止されるべきである。軍隊様式の学生の制服は禁止されるべきである。好戦的精神を鼓舞するところの、剣道のような古典的スポーツは、全面的に放棄されるべきである。体育は、もはや精神教育と関連させて行われるべきではない。純粋な柔軟体操や教練よりも、むしろゲームや他のレクリエーション的な活動に、より重点が置かれるべきである。もし、元軍人であったものが、体操教員として、また体育あるいはスポーツに関係して雇傭されるときは、慎重に適格審査を受けなければならない。》

（極東委員会の声明）

すなわち、指令第七項は、「教育基本法」が教育内容から「天皇崇拝」的要素を除去し、教育の政治的中立性と宗教的中立性を遵守すべきことを規定したことで実現された。また指令第一〇項は、「剣道のような古典的スポーツ」は好戦的精神あるいは精神教育と関連するとして放棄されるべきとした。これに従って、昭和二〇年一一月、GHQは学校における剣道、柔道、弓道の教育を禁止し、かつ昭和二一年一〇月、〈軍国主義の温床〉として大日本武徳会（自主的に解散後）に解散命令を発した。

しかし柔道については、学校柔道は禁止されたが、講道館をはじめ町道場などの学校外での柔道は容認された。柔道関係者は伝統を絶やすことなく稽古を続けることができた。五年後の昭和二五（一九五〇）年一〇月、学校柔道は体育教材のひとつとして認められ、復活の道を歩むことになったのである。

翌年、昭和二六年に従来の「有段者会」を解消して、スポーツ団体としての「全日本柔道連盟」が結成された。次いで全国高等学校体育連盟の下に柔道部が設置され、「全日本学生柔道連盟」が発足した。昭和二七（一九五二）年にそれぞれの連盟が第一回大会を開催したのである。同年四月二八日、GHQ解散後、一〇月に全日本剣道連盟が結成された。

他方、戦前、嘉納治五郎（昭和一三年没）によって講道館柔道は海外に普及していた。その実績があったので、戦後復興の途上にあったヨーロッパにおいて再び柔道熱は盛んになった。昭和二三（一九四八）年七月の第一四回ロンドン国際オリンピック大会を契機に、英国・フランス・イタリアなどが「ヨーロッパ柔道連盟」を結成し、昭和二六（一九五一）年七月、その第四回総会で「国際柔道連盟」と改称、世界各国の参加を可能にする体制を整えた。その年の一一月から翌年二月にかけて、嘉納履正《りせい》・第三代講道館長を団長とする欧米親善使節団が柔道指導のために派遣された折、一行はパリの国際柔道連盟臨時総会にオブザーバーとして出席し、嘉納館長は日本の加盟を要請され、会長就任が非公式に決められた。昭和二七（一九五二）年八月、チューリッヒで開催された国際柔道連盟の正式な第一回総会で、嘉納館長は会長に推薦されたのである。かくして柔道は国際的スポーツとして普及していくことになった。(7)

第二節——第五次振武館再興 昭和二二年

荒廃した振武館

敗戦後、国内外の軍隊、就業先、開墾地、疎開地から人々は故郷に帰ってきた。外地からの引き揚げは、昭和二〇年一〇月七日、釜山から「雲仙丸」が陸軍軍人二一〇〇人を乗せて舞鶴港に到着したのに始まり、数年間を要した。舞鶴のほかに、佐世保、門司、浦賀、函館など、GHQは全国一二の援護港を指定した。

福岡博多港も援護港のひとつであり、大勢の人々の帰還によって街は騒然としていた。昭和二二（一九四七）年四月までに中国東北部、朝鮮半島から一三九万二四二九人がここに上陸した。帰還者はここ福岡を経由して故郷に戻っていったのである。また在日朝鮮人・中国人五〇万五四九六人がここから故郷に帰還していった。

昭和三六（一九六一）年一二月三一日の厚生省援護局統計によれば、引揚者は日本全国で六三八万八六六五人にのぼった。そのうち中華民国からがもっとも多く、一六三万四三六二人であった。次いで満洲国一二七万一四八二人、韓国五九万六四五四人、北朝鮮三二万二五八五人、台湾四七万九五四四人、フィリピン一三万三一二二人、ベトナム三万二三〇三人、インドネシア一万五五九三人、香港一万九三四七人、その他の東南アジア七一万一五〇六人、また遠くはオーストラリア一三万八八四三人、ニュージーランド七九七人、ハワイ三六五九人であった。そして占領地となった沖縄から六万九四一六人、千島・樺太から二万三三五九人が本土に移り住んだのであった。この引き揚げの途中で略奪、暴行、射殺され、あるいは幼いわが子と離れ離れになるなどの悲劇が発生した(8)。

福岡の状況も全国都市と同様であっただろう。焼け跡が痛々しく残り、空き地が至るところにできていた。空襲によって家屋を焼失した人々が大勢おり、古材を利用して急ごしらえの木造アパートや長屋風住宅が建てられた。市中に食糧は乏しく、農村に買い出しに行くか、闇市で買うしか方法がなかった。また下水道はなく、近隣農家の人々が、肥料にするため、馬でひく荷車の上に肥桶を置いて、各家庭の糞尿を定期的に集めて回っていた。自動車はまだほとんど走っておらず、道路は舗装されていなかった。総じて、大方の人々が衣食住に事欠く貧しい時代が到来していた。

さて、振武館は戦時中、ほとんど来館者がなく、閉館した状態であった。幸いにも福岡大空襲による被災を免れた。鳥飼八幡宮の本殿は被災を免れたが、一部に火が回り古文書や宝物が焼失した。

このような折、蒙古より冨永八郎が引き揚げてきた。冨永は大正八(一九一九)年一月一五日、西新町に生まれた。福岡商業学校(四年制)、京都の立命館大学を経て、満蒙の国策会社・華北交通に勤務し、余暇には現地人に漢文・漢詩などを教えていたという。福岡に帰って、しばらく九州大学文部事務官を務めたあと、米穀配給所を始めた。食糧の乏しいなか、人々は米穀の配給を受けたが、この配給に不正や不公平があってはならないので、米穀配給所の営業者は正直であることがその採用条件であった。

こうして冨永（二七歳）は仕事のかたわら、振武館の再興に動き始めた。以下のような「振武館再興記」（『振武館内規及略史（一）』所収）を残している。寄付金集めの日誌である。

《昭和二一年二月三日、菊池靖一君、山内宮司に対して、道場に住居せらるる戦災者に対し、速やかに立ち退かるる様、話さる。

五月五日、立ち退き終了につき道場稽古開始、冨永、保坂等三名。

五月二五日、米語学校、昼間借用を宮司に願い出し、宮司より菊池氏に対し話しあり許可す。米語学校の看板を掛け、稽古は遂に閉鎖の状態となる。

九月三日、冨永、菊池共に谷川兄弟を訪う。道場再建のため、柔道衣備え付けざるべからず。依って柔道衣仕入金借用のためなり。谷川吉雄氏より三千円借用、柔道衣仕入れる事とせり。田淵氏に購入方を依頼せり。稽古は始めたれど柔道衣不足、思うに任せず。

冨永・菊池氏と、西〔文雄〕先生を鳥飼に訪う。

冨永・菊池氏と、上野恒夫氏を鳥飼に訪う。

冨永・菊池氏と、島田徳門氏（九電）を地行に訪う。

いずれも道場再建の議につきてなり。
昭和二二年修猷館生、秋吉章、関屋雄偉、杉本雄次等幹事となる。》
（冨永八郎「振武館再興記」）

すなわち、振武館には被災者が数家族で住んでいた。昭和二一（一九四六）年二月三日、菊池靖一は、振武館を再興すべく、その立ち退きを鳥飼八幡宮・山内栄一宮司（館友）に要望し、山内宮司が彼らに説明して了解をもらい、五月五日に立ち退きが完了した。しかし、すぐに米語教室に貸与することになり、半年ほど稽古はできなかった。九月に入り、冨永・菊池が谷川吉雄から三〇〇〇円借金して、柔道衣を揃え、道場再開の準備を始めた。

学校柔道が禁止されていたので、少年たちは町道場に通ってきた。昭和二二（一九四七）年、修猷館学生の秋吉章、関屋雄偉、杉本雄次の三人が振武館に入門してきたので、さっそく彼らを幹事として青年自治の伝統を復活させたのである。このころから青少年館員が毎年少しずつ増えていった。

当時の青少年には放課後、学習塾に通う者はほとんどいなかった。学習塾自体が少なかった。テレビはほとんど普及しておらず、皆は近所の子どもと一緒に、コマ回し、ビー玉、パッチン（札返し）、キャッチボール、凧揚げ、模型飛行機などをして、公園や空き地で日暮れまで遊んでいた。振武館はそういういくらか自由な時間を持て余していた青少年にとって格好の集合場所であったかもしれない。

館員が増えるにつれて、いよいよ老朽化した建物を修復する必要に迫られた。館員たちは先輩諸氏と相談し、郷党有志から寄附を集め、再建に着手したのである。

昭和二二年九月「改築趣意書」

昭和二二（一九四七）年九月一日、振武館の「改築趣意書」が作成された。館員たちはこの「趣意書」を携えて、先輩有志・各種企業を回って寄附を集めたのである。修猷館生徒である秋吉章、関屋雄偉、杉本雄次も幹事として一緒に奔走している。

《改築趣意書

流汗淋漓たる夏の夕、寒風凛烈たる冬の朝、意気と剛健とを以て誇りし北筑健児の若き魂の温床として其不断の精進を護り来たりし柔道道場振武館は過ぐる大戦に其の門扉を閉じてより遂に今日に及べり。顧り見るに現今、社会の状勢まことに混沌として殊に青年子弟間に於ける道義の頽廃、其甚しきものあるを覚ゆ。此の時に当り、光輝ある歴史と伝統を有する我が振武館をして徒らに腐朽せしむるに忍びず。起ちて、これが修築をなし、これら青年子弟をして搏撃乱闘の間、朋友切磋の風を興し、以て徳義の進修を図らんと欲す。然れども館員の微力到底之を全ふする能わず。伏して願くば先輩有志諸彦の御賛同御援助を得て、これが修理を全ふし而して其の企図を成就せしめ給わんことを。

昭和二十二年九月一日

振武館幹事

発起人　上野恒夫　菊池靖一　冨永八郎　岡崎賢二

田中浅次郎　秋吉　章　関屋雄偉　杉本雄次

大塚　覚　川津尚彦

賛助員　緒方竹虎　平川芳夫　合屋友五郎

吉田鞆明　島田徳門　深見哲次

安川第五郎　白根運夫　大原鹿夫》

この「改築趣意書」によれば、昭和一六年一二月八日に太平洋戦争が始まるや、まもなくして振武館は門を閉じたようである。昭和一八（一九四三）年六月、「学徒戦時動員体制確立要綱」が閣議決定され、生徒・学生たちは出征した人々に代わって、軍需物資の生産等々に動員された。彼らは振武館に通って自己を静かに見つめ、また柔道を練習する時間を失ったのである。また戦後は、「顧り見るに現今、社会の状勢まことに混沌として殊に青年子弟間に於ける道義の頽廃、其甚しきものあるを覚ゆ。」という状態だった。とくに、青少年の粗暴犯罪が急増していた。

ちなみに、全国の少年刑法犯の検挙人数（一四歳以上二〇歳未満）を見ると、昭和二〇年に四万七五二二人であったものが、昭和二一年に九万九三八九人、昭和二三（一九四八）年に一一万三七六九人と年々増加し、昭和二六（一九五一）年には一三万三六五六人とピークを迎えた。その後、一時減少するが、昭和三〇（一九五五）年ごろから再び増加し始め、昭和三九（一九六四）年に一九万四四二人に達したのである。当時の特徴として、「①粗暴犯罪の増加、②集団化、③性的非行が多い、④中流階層の非行少年の増加、⑤年少化、⑥在学非行少年の増加、⑦両親のそろった家庭の少年の非行化、⑧都市化、⑨初犯者の漸増、⑩累犯者の悪質化、⑪暴力組織への接近」などが挙げられている。(9)

ところで、改築発起人の上野恒夫は館友であり、中学修猷館卒業後、五高、東京帝国大学と進み、元炭坑坑長であった。振武館の再建活動において会計を担当し、中心的役割を果たした。賛助員である緒方竹虎は、戦中の昭和一八年一二月二七日に朝日新聞社副社長に就任、昭和一九年七月二二日、副社長を辞任して、小磯・米内内閣の国務大臣兼情報局総裁に就任した。この経歴によって、昭和二一年八月に公職追放の指名を受け、福岡に帰っていた。

また同じく賛助員の安川第五郎は安川電気会長であった。のちに日本原子力発電会社社長および会長を歴任し、昭和三九年一〇月一〇日から二四日まで開催された第一八回東京オリンピックの組織委員会会長として活躍した。かつての玄南会メンバーである。(10)

第三節――冨永八郎の「振武館魂」

「振武館魂」

昭和二二（一九四七）年九月一日、冨永八郎は「振武館再興にあたりて」という一文を草した。振武館の修築を始めるにあたって、自己の志を明確にし、寄附集めの決意を固めるためにメモしたものと思われる。メモは一〇センチ幅の和紙二枚にボールペンでびっしりと走り書きされている。

《振武館再興にあたりて

夫れ世の青年子弟にして、道を求め、徳義の進修を図らんと欲せば、常に人の指導のみに依頼することなく、必ずや自ら治むるの精神を振起し、而して朋友の間、互に切磋琢磨する所なかるべからず。

我が振武館は青年修練の道場なり。先輩諸氏、館を創始してより六十年、先達の士は躬を以て後進を提撕《ていせい》し、後進亦能く若き日の情熱を傾けて之が経営に當り、相享け相傳《つた》へて以て今日に及べり。

本館は実に青年自治の殿堂にして、若き魂の温床たり。されば自治と切磋とは我が館の傳統にして、同時に館風たらずんばあらず。古人言ふあり。修身斉家治国平天下と。蓋《けだ》し一館を経営するの心移して以て一家一国の運命を拓開すべく自治の精神、展べてよく民族の将来を背負うに足るべし。

今や祖国は苦難に際会し、その興亡は一に青年の双肩に懸れり。諸子はこの光栄と責任とを自覚し、柔道修行の道は徒《いたず》らに理論を弄することにあらずして、之が履践を第一義となすが故に、諸子はよろしく我が館の由来するところを温《た》づね、孤燈親書、博撃叱呼の間に高邁なる識見と剛健なる心身とを養ひ、進んでは幽玄なる天地の公道と雖も、精力善用と自他共栄の真理に徹することにあるを悟るべし。

由ってこの理想と、この大志とを胸間に掲げ、各々が其の日常に於いて、居然として天下の重きを以て自ら任ずる者を我等が同志とはなすなり。》

（冨永八郎「振武館再興にあたりて」）

この「振武館再興にあたりて」を読んだ西文雄師範は、「振武館魂」と改題して薄い半紙に筆書きで浄書し、次のように記した。

「右は戦后、蒙古より帰国したる冨永八郎氏が振武館の再興を図りたる時の一文なり。當初は『昭和二十二年九月一日　振武館再興にあたりて』とありしも、今ここに『振武館魂』若しくは『振武館精神』と改題するを妥當なりとす。西文雄記す」と。

寄附集めの状況

冨永八郎「振武館再興記」は、奉加帳を持って寄附集めに奔走した様子を記している。寄附集めはかなり難航した。かつて昭和八年の振武館新築の折、寄附集めに尽力した中野泰介（のち福岡市議会議員）は兄・中野正剛の振武館に寄せた教育的情熱を理解しており、このときにも館員を励まし、また協力を惜しまなかった。


《昭和二二年九月一日、例を以て寄附帳を作り行動開始す。中野泰介氏の来福に当たり、冨永は幹事を紹介す。幹事、中野氏と共に小西春雄氏を訪う。

冨永、大塚覚氏と再建の議を語る。会計に上野恒夫、川津尚彦氏を充てる。

冨永、川津氏と共に小西春雄氏に千円つけてもらう。

冨永、大塚覚氏と、村上義臣を訪う。五千円記入されたれども、記入のみ。

菊池・冨永、中村七平氏を訪う。千円、但し現金五百円。

関屋・冨永、深沢氏を訪う。三千円、但し瓦を貰う。

冨永、中野氏を訪う。千円。

冨永、中牟田喜一郎を訪う。古賀七郎専務の紹介、千円。

冨永・田中浅次郎、大原氏を訪う。不在。

冨永、渡氏を訪う。綾杉酒造、三千円。

冨永、深見哲次を九電本社に訪う。

冨永、竹村茂孝を訪う。竹村氏署名とともに岩崎、小河氏の名を連ね、千円と書かる。

本人には竹村氏より話しある由。岩崎茂成、千円。小河六郎、千円。

冨永、本田護と、一村直光を訪う。本田氏は病気のところ無理して薬ビンを手にしながら
協力さる。なお、本田氏はもと武徳会柔道教師などを勤められた。

冨永、松崎海士郎氏を訪う。五右衛門風呂を寄附さる。

九電を訪う。

冨永、池見成隆を訪う。原田平五郎氏の紹介、千円。

冨永、吉崎又一郎の紹介にて、堅粕の石橋正作氏を訪う。石橋氏は東方会中野門下の一
人とか。

菊池氏、冨永と共に前田実氏を訪う。千円。

菊池氏と、白根支社長を訪う。

嶋井安之助氏を訪う。五百円。

関屋・秋吉・杉本、河津氏を訪う。

関屋、深沢氏を訪う。

秋吉・冨永、副田直規氏を訪う。

秋吉・関屋、合屋友五郎氏を訪う。
冨永、大和善門氏を訪う。上原忠次郎氏を訪う。
冨永、樺島喜二郎氏を訪う、千円。原庫一郎氏、千円。渡辺成氏、千円。
秋吉・関屋・渡・杉本・冨永、緒方竹虎氏を花巻に訪う、三千円。
時枝二三・冨永、皆口繁樹氏を訪う、千円。
大塚・冨永、田中丸善八氏を訪う、千円。
時枝・冨永、末永敏樹氏を訪う、二千円。
関屋・冨永、原田平五郎氏を訪う。
冨永、一村直光氏の紹介で、田中伊之吉・伊佐郎を訪う。
　吉田鞆明、千円、但し現金五百円。
　岡新氏を訪う、五百円。
時枝・冨永、川添謙氏を訪う。
冨永、川添利祐氏を訪う。矢野憲一氏を訪う。（明道館・修猷館）
　上野恒夫氏の紹介で東友市氏を訪う。
関屋・秋吉・冨永、菊池の紹介で原田善太郎を訪う。
木下正隆・冨永、樋口廣氏を訪う、木材五千円くらい貰う。
木下正隆・冨永、菊池武幹の紹介で、小林喜利氏を訪う。

冨永・菊池・田中浅次郎、白根支社長を訪う。
冨永、副田直規氏を訪う。完》
（冨永八郎「振武館再興記」）

これらの寄附者たちと振武館との結びつきは、今は明らかではない。ほとんどが先輩館友ではなかったかと思われる。明道館や修猷館柔道部の人脈も活用したようである。企業関係では、岩田屋（中牟田喜一郎社長）、綾杉酒造などが寄附している。

このメモから計算すれば、寄附総額は二万七〇〇〇円、それに木材五〇〇〇円分と五右衛門風呂であった。これは冨永が直接関与した部分であり、おそらくこのほかにも多くの寄附があったものと思われるが、記録は失われている。

寄附金集め後の運営状況

冨永八郎「寄附金募集雑観」（『振武館内規及略史（一）』所収）は、寄附集めの様子とその後の振武館の状況を記録している。

《寄附金の募集は実は容易ならざりき。西鉄に足を運ぶ、数十回に及ぶ。九電亦然り。物貨はぼうとうする時に当り修築をなす。年末は畳代、左官・硝子屋等々、債鬼相ついで来る。帳簿の金はあれど、現金はなし。上野恒夫氏、硝子代三千円を立替えらる。

我九大の勤を辞せり亀井氏に三万円を立替えてもらいおり、かくて八万の金は出来たり。昭和二十三年五月三十日、開館式挙行されたり。

上野恒夫氏、実に主導たり。島田徳門氏よく助言者たり。中野泰介氏、鼓舞者たり。而して菊池靖一、田中浅次郎氏および諸幹事の努力は特筆さるべし。秋吉・関屋、幹事として道場に宿泊す。井脇氏に交渉し一室をあけしめ道場の控室とす。後、井脇氏には柱数本のほか、一寸とした部屋の出来るだけの木材を貰う。

坂本恒春君、留守居役となる。西文雄先生、熊本より帰福あり、迎えて師範となす。先生、毎夜、六本松より来館あり。大塚覚氏、幹事長となる。この処に於て一応形式は整う事となりたり。》

（冨永八郎「寄附金募集雑観」）

すなわち、寄附募集を始めて八カ月後、昭和二三（一九四八）年五月三〇日、振武館は修復され、再出発した。秋吉章と関屋雄偉の二人が幹事として道場に宿泊した。そして、西文雄を師範に迎え、館友・大塚覚を幹事長として一応の形式が整ったのである。

末永節翁の「雄渾」の書

冨永八郎が寄附集めに奔走している最中に、寄附者から、「改築趣意書」のなかの「搏撃乱闘」の語句、また「振武館」の「振武」の名称も、占領軍から見れば不穏当に映る、変更すべきだ

昭和 24 年ごろ、改築（昭和 22 年）後の振武館玄関前にて。前列左より 2 人目・秋吉章、関屋雄偉、杉本雄次、1 人おいて島村哲也。2 列目左より 3 人目・本田護、6 人目・吉田雄助。3 列目右より 3 人目・冨永八郎、5 人目・上田次郎、8 人目・岡崎賢二

という意見があった。占領軍は日本人が反抗を企てることを極度に警戒していたので、日本人は誰しもそう疑われるのを恐れていたのである。

《ああ寄附募集当時、振武の武の字は占領軍にとがめられるべし。或人亦言をなして曰く「搏撃乱闘の文句は不穏当たり、社会状勢まことに混沌として、そは占領軍を侮辱するものなり」と。吾之を末永節翁に問う。末永翁曰く「武の字を廃せんか、神武以来の武の字は変えざるべからず。馬鹿も大概に言うべし」と。上野恒夫氏も亦曰く「とがめのあるまで其ままゆくべし」と。中野泰介氏も曰く「固有名詞は容易に変えるべからず」と。菊池氏と修猷館に畳をもらいに行く。館長曰く「修猷館の生徒が柔道の稽古に来ているとは言わざる様、約束

ありたし」と。世は湯々《しょうしょう》として此の如き時なりき。》

（同前）

冨永は迷ったあげく、末永節翁を訪ねた。末永翁は、神武天皇以来、日本は「神」と「武」を精神の支柱に据えてきた、その「武」の字を変えるべきではないと一喝したのである。

また冨永は菊池靖一とともに修猷館の畳をもらいに行った。学校柔道は禁止されていたので、もらえたのであろう。そのとき、修猷館の生徒が柔道の稽古をしていることを口外しないようにと言われたのだった。「世は湯々として此の如き時なりき。」と嘆息するのも無理はない。

かくして「振武館」はその名のままで徹すことになった。末永翁は「振武館」の表札を書いた。数年後のことである。館友・辻博は修猷館高校の生徒だった昭和二五〜二六年ごろ、縦三〇センチ、横一メートルばかりの長板を持って、住吉の末永翁宅を訪ね、彫刻してもらった。次のように彫られている。

《沈香も焚け　屁も放《こ》け

一、有ってはならぬ人となるか
　無くてはならぬ人となれ。

一、牛羊となって人の血肉と化せずんば
　虎狼となって人類の血肉を食ひ盡《つく》せ。

一、身を棺槨の中に投じ
地下千尋の底に埋了する以後の
心にあらずんば、以て天下の経綸を
談ずるに足らず。仁義も道徳も
それからのことと知れ
河合継之助先生之遺訓
浪仙　花押》

河合継之助（河井継之助）は明治元年四月、長岡藩家老となり、長岡藩を盟主とする奥羽越列藩同盟（東軍）を率いて、薩摩・長州藩を主力とする西軍に抵抗した。いわゆる北越戦争の指揮官であった。同年八月一六日に南会津塩沢村において死去した。ここに彫られた文句は、通常「地下百尺の心」と言い、いったん地下に埋葬されたあとの心になって、天下の問題を考え行動せよという意味である。

昭和三〇（一九九五）年末、末永翁は夜八時近くに数人の人々と一緒に振武館を訪ねてきた。そのときの様子を当仁中学校三年生だった箱嶌鑑二《はこしまかんじ》は、後年『父のソフト帽』（二〇一三年）に記している。これは第二三回北九州市自分史文学賞大賞を受賞した作品である。[11]

《その年の暮れに、毛皮の帽子をかぶり腰の曲がった老人を中心に、初老の人たちがどやどや、練習中の道場に入ってきた。冨岡先生〔冨永先生のこと〕が頭を下げていたから、この道場の古い先輩たちらしかった。

「おい、坊主。墨汁をこうてこい」と言って、ボスらしき人がお金を私に渡した。

「墨汁って、何ですか」

「摩《す》った墨液のビン詰めだ。唐人町の村松文具店に行ったら分かるけん」

先生にそう言われて、青い夕闇の中、粉雪を頭からかぶりながら、生野と二人で走って買いに行った。夜八時には、店は閉まっていた。

「もおーし、もおーし」と、金文字で村松文具と書かれたガラス戸を叩いて、やっと中に入れてもらった。墨汁のビンを大事に抱えて、また粉雪の中を走って戻った。

道場では老人を床の間に座らせ、みなしんとして老人の話を聞いていた。末永節という玄洋社出身のジャーナリストで、孫文と親しく辛亥革命に協力した中国通の人物と説明を受けた。

この小柄な老人の身振り手振りのエネルギッシュな活劇談はおもしろかった。やがて、この人に揮毫をお願いしようということになり、座を広げた。道場の袋戸棚に用意してあった条幅を広げ墨汁を深皿に注いで、老人に太い筆を渡した。

「よし、これをはずさんと力が出んでな」と言いながら、総入れ歯をはずした。口元を

末永節翁「雄渾」の書

もごもごさせながら、老人とは思えぬ勢いで筆を振るった。

「独座大雄峰」、「神遊八局」、「見義不見刀」、「随処楽」等々、茶碗につがれた酒を時々飲みながら、先輩たちの求めに応じて次々と揮毫した。そして、無庵、末永節、八十八叟とサインした。お前らにもと言われ、私は「独座大雄三峰」の条幅をもらった。維新から明治、大正、戦前の昭和につながる民権、国家主義ロマンの残影を振武館という道場は残していた。後に自民党の副総裁になった山崎拓や、参議院議員になった吉村剛太郎などもここで末永翁の話を聞いた連中だった。》

（鳥山二郎『父のソフト帽』）

ちょうど柔道の練習をしていた中学三年生の箱嶌鑑二と生野孝は、「墨汁」を買ってくるよう頼まれた。「ぼくじゅう」という耳慣れない言葉が理解できなかったが、二人はとりあえず唐人町の文房具店に走った。墨汁が来ると、末永翁は大きな筆を取って、みなの求めに応じて何枚も揮毫した。その並々ならぬ筆力にみな感動したという。そのうちの一枚、一畳紙に「雄渾」

と揮毫されたものが、振武館の床の間に掛けられたのである。

第四節――振武館の隆盛

餅つきによる維持費の確保

振武館の開館後、青少年たちが集い始めた。冨永八郎「寄附金募集雑観」には次のように記されている。

《西鉄社員の練習に来る者多く、秋吉初段より二段に上れり。西先生、田川に行かれ不在、教師なし。田淵氏、時折来館す。修猷館生徒、同行会を作り本館昼間を利用す。修猷さりて後は西南これを使用す。少年能く孤城を興す。

斯くの如くして再建されし道場も館費の収入は備え付け柔道衣購入、畳替え等の支出に到底及ばず。道場は年を重ねるに従いて荒廃し畳の破れ甚しく、道場の経理はまさに破産の前にありき。

此の時に当り、中学三年生たりし井上恒夫、辻博、羽鳥、岩永周三、井上庄次郎君等、修猷館生たりし有田誠君等と協議し、当時、秋吉・関屋君等に依って学生アルバイトとして始められし餅の賃つきを道場経費となすべしとして、毎年十二月二十五日より三十日迄を行事としたり。当時、注文多くして人手は不足たり。朝六時より暮は夜の一時二時に及ぶ。食事する暇すらなし。而して道場の面目をかけての餅つきなれば、「おこわ」一粒も食うべからず。長上の者は年少の者より以前に風呂に入るべからず。振武の館風、実に之より油然として興れり。柔道乱取りによって培いたりし沈着、冷静、的確、敏達の効力を物にぶち当て、日常生活の中に折り込まんとする慮は当を得たり。嗚呼、師走の夜更けて万物皆眠るの時、孤城を背負ってたつ四五少年のつく杵の音、痛々しき姿、誰かよく涙なしに見得るものぞ。其責任、自ら負いて他に求むるなき、若き魂は振武の今日を築き上げぬ。四千の純利益は工夫と努力によって一万となり二万となり、道場の財源とはなりぬ。

西先生、田川より帰福あり。迎えて師範となす。田淵先輩亦来館し、道場は技術の進歩も態勢もよく整うるに至れり。此の間、市役所補助の問題、館費問題、道場所有の問題等々あり。市役所補助問題を述べんとすれば館費問題に及ばざるを得ず。完》（同前）

中学修猷館は、学校教育法に則って、昭和二三年「福岡県立高等学校修猷館」（三年制）となり、昭和二四年八月「福岡県立修猷館高等学校」と改称された。『修猷館七十年史』によれば、昭和二五（一九五〇）年、ＧＨＱは学校柔道の復活を認めたので、修猷館でも昭和二六（一九五一）年一〇月二一日、道場開きがおこなわれた。「本年から終戦後一時廃止されていた柔道が体育科の中に復活して柔道部が設けられ、同部先輩の非常な熱意によって、十月二十一日

講堂の半分を以前のように柔道場にして、道場開きが盛大に行われた。」という。(12)

新制高校の柔道部に属する生徒たちが振武館に通ってきた。修猷館、西南学院高校、大濠高校、福岡工業高校、福岡商業高校などの生徒たちである。また夜、西日本鉄道柔道部が振武館を借りて練習をするようになった。

西文雄は仕事の関係で田川に行き、約一〇年近く不在だったが、帰福したので、再び師範に迎えられた。こうして、柔道の本格的指導が始まった。西師範の記録『青年道場・振武館一覧』には、昭和三〇（一九五五）年初めから昭和三六（一九六一）年一二月末までの行事・入門者等が記録されている。実質的な指導期間はこの七年間であったかと思われる。西師範五八歳から六五歳ごろまでである。

振武館は活発に動き始めた。だが、光熱費、水道代、火災保険料などの諸費用を毎月支払わねばならず、日が経つと畳替えも必要になる。館費だけでは賄えない。なぜならば、戦後不況のなかで一般家庭は貧しく、館費を払えない青少年も少なくなかった。館費は「出世払いの催促なしでよか！」が通例となりかけていた。まずは日本の将来を担う青少年を鍛錬しなければならないという使命感のほうが強かったのである。

こうして維持費確保のために考え出されたのが、年末の「餅の賃つき」である。それは昭和二五（一九五〇）年から昭和三五（一九六〇）年ごろまで約一〇年続く恒例行事となった。口コミで依頼者は増えていった。依頼者が持参した米をつくのである。その米のなかから一握りず

［表6－1］餅つき計画表

料金	1升につき40円。ただし、垣餅45円。その他の特別なことも45円。
道具	臼（神垣宅より）。キネ、オケ、セイロ、蓋（桑野）、釜（道場）、ぼろ布、薪、藁
主力	牧、西本、能登、重松
目標	1日平均1石～1石2斗位。1日平均400円。27～30日の4日間1600円也

つ別に取っておいて、これをついて大きな鏡餅をつくり、神社に奉納していた。年によって異なるが、四〇〇〇円から二万円まで貴重な財源を稼ぎ出した。表6－1は餅つき計画表（年月不詳）である。

昭和二五年から二七年ごろの状況

平成八（一九九六）年に明道館が創立一〇〇周年を迎えたとき、その記念誌に館友・辻博は「振武館」の歴史の概略と自身の想い出を寄稿している。[13]

《道場の窓の外から激しい稽古を眺めていた子供たちは、血湧き肉躍って次々に少年組に入門した。私もその中の一人であった。夕方から一〇時頃まで、とにかく道場は芋の子を洗う状態だった。ある時、冨永が大きな帆布を手に入れてきた。休みの日に、少年たちがこの帆布を車力に積んで、樋井川の石井手に運んで、ブラシやタワシで一心に洗い、干して持ち帰った。早速、畳屋が来て切断し畳に張って刺して出来上がり、大きな布だったが数枚分の畳しか出来なかった。こうして冨永の努力が実り、振武館は　修理改造され、なんとか道場の体をなした。

〔中略〕

振武館は青年の自治修練の道場であることから、館主不在、館の費用は先輩が援助する。選ばれた数人の幹事が取り仕切るという遺風が伝統となっているが、その反面、財産管理、補修維持の点で非常に曖昧なものである。

例えば、入門するとなれば、入門願いと入門料を納め、月々の館費を何度か納めれば、後はそのままで、殆どの門人は館費を納めないのが通例であった。納入される多少の金を電気水道代に当て、不足分は冨永が負担していたのであろう。消耗激しい畳や柔道衣の費用をなんとか捻出しなければならなかったが、世知辛い世の中になって、そう度々、先輩に寄附をもらうわけにもゆかず、思いついたのが餅つきのアルバイトであった。餅つきの勤労奉仕をすると年間の館費免除ということになり、毎年歳末になると町内の各家庭の餅つきと相成った。元気の良い青年の力いっぱいつく餅は縁起が良いと評判になって、毎年二万円位の収益を上げ、補修維持費、一部増築の費用を生み出した。これは昭和二五年から十年間続いた。毎年、念入りに作った鏡餅を鳥飼八幡宮の神前に供えているが、この餅つきアルバイトの頃が戦後の充実した時代で、私たちの良い思い出となっている。》

（辻博「振武館」）

また、館友・神垣一三は「人生間違いだらけ」（『日本ウレタン断熱協会会報』平成九年一二月一日）の一文に、当時の様子を書き残している。

《人間は一生の間に多くの間違いを犯すものである。一番わかりやすいのがゴルフスイングではないか。大体正しいと思ってやっているスイングが意外と間違っている。ではじめから逆をやればあまのじゃくになる。私も今年で満六十歳になる。昭和十三年に広島で生まれ、一歳で中国・上海に親と共に行き八歳に福岡に引き揚げてきた。親は代々左官工業を業とし清水建設、竹中工務店に仕えた家庭に育った。至って順調な成長をしてきたのではと思っている。小学校の運動会でいつも尻から二番目を走る我が子を見かね、「ヨーイドンで真っ先に両手を広げろ、そうしたら後から来る者が先に行けないのでお前が一番なる。」さすが父親はよい助言をするものだと尊敬した。五年生の運動会で早速やってしまった。一番に出るや両手を広げたら、皆ひっかかって転び自分が下敷きになったので、起き上がったときのどん穴になったことを覚えている。親も懲りたか、あきらめたか、走ることは何も言わなくなった。次には「人に負けない強い人間になれと言われた。」これも早合点をし、喧嘩しても負けない強い人間になるため柔道を習いに入門した。

〔中略〕

我々が高校生のころ振武館は鳥飼八幡宮の境内にあった。正月前、先輩後輩と共に、近隣家庭の正月餅を道場で賃つきし、道場の畳替え、羽目板の修理代を捻出していた。食糧難でおかずはタクワンと塩コブである。餅をつく体力も限界である。泊り込みの面々が相談し、お宮のハトを盗って喰おうということになった。連中の中に「ハトは夜、目がきかぬ、夜中に盗ろう。」普段は夜明けの行灯のような男が、立派なことを思いつくものだと感心した。全員で作戦を練りハト小屋の丸窓をそれぞれが棒でたたき、端の窓に網を掛ければ、一網打尽という作戦である。神主が寝静まった頃、作戦決行である。手分け通り丸窓をたたき、網を掛けた。ハトは丸窓から逃げ、網には一羽も掛からなかった。音に神主が驚いて飛び起き怒鳴った。みなハチの巣をつついたように飛び逃げ、神主にみつからぬよう道場に帰ったことを覚えている。餅つきに力が出るはずがない、頭が良いと言われた男が一夜たらずで馬鹿に見え、それに乗った連中が又賢く無い事に落胆したのである。これらが大人になって世の中はどうなるのかと幼心を痛めたのである。

ほんの一生の中の一端であるが、幼い時と同じような間違いを未だに続けており、六〇の虎年を迎えるに至り、成長していないおのれを恥ずかしく感じるのである。日本ウレタン断熱協会の環境委員長として、地球の環境問題を考えるにあたり、貧弱な人生経験の中で学んだ知恵を絞り、少しでも役に立つことを行いたいと思っている。》

（神垣一三「人生間違いだらけ」）

神垣は昭和一三年生まれである。振武館に通ったのは高校生のころ（一五歳）であるとすれば、昭和二七年ごろである。そのころの振武館の少年たちの様子である。

昭和二七年観覧席増築

西師範と相談役・冨永八郎の努力により真の意味での青年道場の環境が整えられていった。このころ、館員による「館内ニュース」(期日不明)がガリ版刷りで発行されている。ただ一枚しか残っておらず、発行年数・発行期間は不明である。その一枚には次のことが書かれている。

《今回、隻流館に於いて市内各道場及び各学校団体による無段者、初弐段による個人選抜試合が挙行されたが、其の出場選手はよくこれ迄練習を積み、第一戦から白熱戦となった。我が道場よりも無段者の部に井上(義、薫)、桑野、牧の四名が出場し、今迄切磋琢磨した技を振って力戦奮闘したが、他道場選手良くこれと戦い、唯井上義明君のみ勝ち進んだ。近頃になき我が道場の良き選手である。又三選手は一回戦で姿を消したと雖も牧・桑野両君は良く先進の敵と組みて五分五分の試合をせり。結局は牧・桑野両君とも延長戦で敗れたが其の試合態度は立派であった。又二回戦に出場した井上君は強硬なる他選手を次々と破り第三位になった。これは日頃の彼の目覚しい努力と闘志によるものである。〔中略〕これら青年組の後に続くは少年組の佐藤、鈴木、吉田、磯田他数名。青年組で現在活躍しているのは西島、高島、重松、生野他数名がある。これに続くは振武館全員である。「力必達」と西先生が言われたように皆の心掛け一つで上達するのだから、諸君の努力を心から願うものである。》

(「館内ニュース」)

昭和27年増築した観覧席。「なにくそ三唱」の貼紙が見える

隻流館において市内各道場・各学校による対抗試合が開かれた。無段者の部に出場したのは、井上義明、井上薫、桑野外吉、牧武の四名であった。青年組で活躍していたのは西島政典、高島季雄、重松正成、生野（名前不明）ほか数名であり、少年組（中学生以下）には、佐藤仁人、鈴木八郎、吉田大作、磯田（名前不明）ほか数名がいたという。

　振武館は柔道場として繁栄し、三六畳でも手狭になった。そこで昭和二七年（月日不明）、寄附を仰ぎ、西側に幅二メートルほどの観覧席（廊下）を増築した。館員はその観覧席に座って休息する間に「見取り稽古」をし、館友・父兄はそこから練習を見守ったのである。ただし、このときの寄附者芳名録は失われている。「振武館外史」は次のように記している。

《五、六年を経過して、道場は次第に軌道にのりはじめ、当時、戦犯追放からようやく解除された緒方竹虎が、政界に出る覚悟をきめて、振武館に対しても昔からの因縁から、援助の手を差し伸べ、樋口喜壮《きそう》が幹事長となり、道場に六尺の廊下を造って拡張がおこなわれると共に「青年道場」の文字を緒方が書き、この額が道場の正面にかけられるようになった。》

(「振武館外史」)

観覧席の増築に対して、再び緒方竹虎が援助し、樋口喜壮が幹事長となって寄附集めをおこなった。緒方は公職追放解除後、昭和二七年一〇月一日、第二五回総選挙で福岡県第一区より衆議院議員に当選し、国務大臣等に就任、昭和二九年一二月八日、自由党総裁となる。このとき、振武館を訪れて「青年道場」と揮毫し、館友・館員を前に講話をした。だが、その内容は伝わっていない。昭和三〇年一一月二一日、自由党を解散して自由民主党が結成されたとき、党総裁代行委員となった。総理大臣を目前にしていたが、翌三一年一月に急逝した。

また樋口喜壮は、もと玄洋社員であり、かつて満洲義軍に参加した樋口満の子息である。昭和一九年㈱三幸建設副社長となり、当時は㈱三陽取締役社長であった。

第五節――ここに真人あり

西文雄師範は、相談役・冨永八郎とともにこの時期の振武館の隆盛を支えた。その西師範が冨永のことを綴った文章を『柔道新聞』（昭和三〇年六月一日）に掲載している。題して「ここに真人在り――福岡振武館の冨永八郎氏」である。以下、全文である。

《今まで本紙にいつも批判的なペンを執ってきたのに較べて、今日は気持ちも軽ろやかに娯しさを覚えずにはいられない。九州は福岡に昔から特殊な柔道道場が三つある。これらは当時の若い人々の発議と協力によって設けられた共営、共有のものであり、その経営は専ら有志間で行われていたので、道場費徴収の如きは本体でもなく本意でもなかった。

その第一に出来たのが、有名な玄洋社を母体とする明道館であって広田弘毅さんや和田三造画伯もここの出身である。後にこれから分離した天真館創設の主唱者が内田良平さんであり、宮川一貫さんの素地はここで培われた。第三に出てきたのが中野正剛さんの育った振武館であり、緒方竹虎さんもここの門をくぐっている。この三館は時代の変遷によって少しずつの変貌はやむを得ないが、それぞれ伝統を重んじてその面影を失っていないのは床《ゆか》しいことである。

今、私がここで語ろうとするのはこの中の振武館に関することであるが、その氏名が活字になることは御当人の渋面察するに余りがある。なぜならば道場そのものはその人によって再興され、然も現在の隆盛を招いているに拘わらず、自分の名札さえ掛けようとしない無類の遠慮屋さんだからである。

世の中には自分の手柄を針小棒大にしたがり、実力もないくせに、あるいは無いが故に段位だけを欲張りたがる者が多いのに、この仁だけは極端にその正反対である。その仁の姓は冨永、名は八郎さんである。

冨永さんの令兄三人共振武館での先輩であったが今は末弟の八郎さんだけが健在であり、段は、四、五段、歳は四十二、三であろうか。この冨永さんの奇人とも異状とも思われるような努力が振武館に注がれたそもそもは、戦後蒙疆から引揚げて来てからであって戦時荒廃に加え、戦災者の合宿所と化した道場の復興に手を染めて以来、よくも十年にわたって同じような挺身的な努力が続けられてきたものである。

道場を世話することによって、衣食の足しになるというならばわけもわかるが、自らは多少の出資がしてある米穀配給所でエンカン服にまみれながら一日中得意回りをしての帰り途に、夜の道場に重労働を切り替えるのだから、ちょっと真似は出来ない。

何でも一度帰宅したが最後、小学校一年を頭とする坊やがすがりついてくるので、子どもも相手は日曜日ということに肚《はら》を定めているらしい。こんな風だから隣近所では「冨永さんはヨカシコ（相当額）道場からもろうトルバイ」と、とんだ噂になるのも無理ではない。

それでいて冨永さんは教師でもなく、幹事長でもなく、勿論館長でもなく、強いて言えば、館風を表象する中心的存在というべきであろう。そうだからといって決して独断専行ではなく、高等学校の生徒を主として、少数の幹事に協力と自治を強調して大概のことはすべて委かせてしまっている。

何処の道場も同じようであるように、ここでも月々遅れがちな道場費だけでは賄いきれないので、数年前から道場の空地に正月用の賃餅搗《つ》きの設備をして、各家庭の持ち込み依頼に応じているが、館員は自発的に休暇を棒に振って清浄な力餅を提供するから、市価よりは低廉でも毎年二、三万の貴い資源となっている。

その他の不足分に対しては誘導尋問？によって冨永さんに訊いてみるのだが、只笑って答えないところから察するとどうも自分の懐中から出しているらしい。

もっとも冨永さんは天性か後天的かは瞭《あきら》かにしないが、非常に宏量で大らかな人徳を具《そな》えた人であるから外地その他では月給袋を皆からタカられて自宅へは余り送金したことも無いという評判さえ聴いていた。

冨永さんは道場の名にふさわしく、即ち柔道場ではなく柔道道場として道を追及する立場から、道場内に昼間を利用する書、茶、花の三部の外に図書部を設けているが、茶器が割れ図書が紛失していても顔色を動かしたことは一度も見たことがない。

そればかりか茶室兼控所の床の間には同じ自己所有の軸物が掛かっているのだが、時にはどこかの悪タレによって墨痕無残になっていてもいささか平常とかわるところがないから偉いものである。

察するにこれらの犯人が自身で反省をし、後悔をもしているという悟りきった大慈大悲の心持であろうか。十二年前から茶室の庭作りにオート三輪や運搬用自転車で郊外から石や苔などを運んできて自ら営々とスコップを揮《ふる》ったのであるから、今や一木一石、冨永さんの丹誠にあらざるはなしである。

試みに道場を訪うならば必ずや紅一点というべき生花を見るであろうが、これまた冨永さんの心尽くしである。

このように自然の美とすっかり融合する程の人だから、定めしみやびやかな優さ男であると思うのは早合点である。一見村夫子然として辺幅を飾らぬところは故事で訓える君子の高風そのままである。それでいて決してお人好しではない。例えば無意識にせよ、一道場を把握している責任感として、如何なる人の膝詰談判でも、道場をあげて選挙運動の渦中に巻き込まれるようなことは絶対に避けている。この他物事の本末とか順逆にはいつも毅然たる態度を失うことがない。夜の稽古を終わった後などで談たまたま道芸に及ぶと、何時の間に勉強したのか靖献遺言、文章軌範など、サワリの段を暗誦して熱誠面に溢れるばかりである。

毎日のように入門する学童の手解きは懇切倦むことを知らぬ冨永さんの受け持ちであるし、大きな者から稽古を申し込まれると膝関節の痼疾《こしつ》を意としないで、一修行者の真摯な態度で応ずる姿は全く頭が下がる思いがする。

さればこそ道場は冨永さんをめぐって一家団欒の雰囲気を醸し出しているのも偶然ではなく、この頃は東都遊学の道場出身者が、恐らくアルバイトで苦労しているのであろう懐中からどう相談し合ったのであろうか、その情誼《じょうぎ》を為替にして送ってきたので、冨永さんも素直にこれを受けて、久方ぶりにお上りさんをしたということである。

ドギツイ現実の諸相の中でもこの振武館には依然として年中伝統の若葉の風が薫りつづけている。この冨永さんこそ、わたくしが敢えて「真人」として紹介する所以のものである。》

（西文雄「ここに真人在り——福岡振武館の冨永八郎氏」）

相談役・冨永八郎は、昼間は米穀配給所の仕事をし、夜は振武館で後進を指導した。道場に附設された部屋の狭い庭に風趣をそえるために、館員たちと油山から石を運搬用自転車やリヤカーで運んで来て庭石とし、池を掘り、樹木を植え、苔を植え付けた。この部屋を昼間は書道、茶道、華道の練習に利用できるようにした。

冨永は、昭和三三（一九五八）年三月一日、新池坊（華道家元）から一級教師の免状を受け、「雅草庵春山」と号したほどの腕前で、大丸デパートなどで開かれる華道展覧会にも出品していた。振武館では、岩田屋のサニー渡辺通り店の女子店員たちに教えていた。もちろん材料費だけで授業料は取らなかった。

また図書室もつくって館員に貸し出しをおこなったという。冨永の振武館に注ぐ愛情が伝わってくる。冨永はかつて義助、弥五郎、頼作の兄弟たちとともに通った振武館を、再び青少年教育の殿堂として蘇らせることに情熱をかたむけたのであった。

【注】

（1）久保義三『対日占領政策と戦後教育改革』三省堂、一九八四年、八八頁
（2）石瀧豊美『玄洋社発掘——もうひとつの自由民権』西日本新聞社、一九八一年、二〇四—二〇六頁、参照
（3）菅原裕『東京裁判の正体』国書刊行会、二〇〇二年復刊（一九六一年初版）。また瀧川政次郎『東京裁判をさばく（上・下）』創拓社、一九七八年。田中正明『パール判事の日本無罪論』慧文社、一九六三年。東京裁判自体に関しては、朝日新聞法廷記者団『東京裁判（上・中・下巻）』東京裁判刊行会、一九六二年、などを参照。
（4）広田弘毅伝記刊行会編『広田弘毅』（復刻版）葦書房、一九九二年、五三五頁
（5）福岡市総務局編『福岡の歴史——市制九十周年記念』一九七九年、二三二・二三三頁、参照
（6）久保義三、前掲書、一三九頁
（7）加藤仁平『嘉納治五郎』逍遥書院、一九六四年、参照
（8）『一億人の昭和史4　空襲・敗戦・引揚』毎日新聞社、一九七五年、参照
（9）相賀徹夫編『教育事典』小学館、一九六六年、二一七頁
（10）緒方竹虎伝記刊行会編『緒方竹虎』朝日新聞社、一九六三年、参照
（11）鳥山二郎『父のソフト帽』学研教育出版、二〇一三年、四九・五〇頁
（12）福岡県立修猷館高等学校編『修猷館七十年史』一九五五年、一六九頁
（13）辻博「振武館」、山田龍蹊・谷健一郎編『創立百周年記念・明道館』一九九六年、五二—五五頁

【第七章】

西文雄師範の柔道論

第一節――振武館師範に西文雄を迎える

戦後、福岡は焼け跡の中にあった。戦前・戦中に振武館で柔道に励んだ青少年の多くが出征し、なかには戦死した者もあったであろう。振武館の先行きは見えなかった。冨永八郎が蒙古より帰国し、振武館再建を志し、その要請を受けて西文雄は振武館師範となり、再び青少年に柔道を教えることにしたのである。西師範は先述したように終戦直前の昭和二〇年三月、四八歳で中学修猷館を辞職した。学徒動員で柔道部は練習どころではなかったのであろう。戦後、西師範は「福博中小企業共同組合」（春吉）に勤務したようである。このころの逸話が伝わっている。

「電車の中で足を伸ばして座っているアンちゃんがいた。下車するために前に行こうとする人々の邪魔になっていた。西先生は唐人町で下りる時、男の足をポンとケタぐった（蹴り上げた）。男が怒ったので、西先生は『ここでは迷惑になるから下りよう』と言った。男は西先生について下りてきて、年寄りと見て摑みかかった。西先生は左手で、男の右襟を摑み、そのままグッと吊り上げて、足が浮いたところを左足払いでポンと投げ捨てた。尻もちをついた男に向かって言った。『相手にとって不足じゃ！』と。」

この時期、西師範は『柔道新聞』に随筆を連載している。戦後柔道界が嘉納治五郎の精神から逸れる傾向を厳しく批判したものが多い。したがって、振武館において西師範は自身の目指す柔道を実現するべく努力されたにちがいない。館員は西師範の柔道に対する考え方を知らず識らず学んでいたのである。晩年、柔道および柔道界と絶縁された。

平成二（一九九〇）年九月三日、福岡市で逝去。享年九三。嘉納治五郎の最後の内弟子であった。『西日本新聞』（平成二年九月三日付）の訃報記事には、「西文雄（にし・ふみお＝元中学修猷館柔道教師、柔道八段）三日午前四時三十七分、呼吸不全のため福岡市城南区の江頭病院で死去。九十三歳。東京・青梅市出身。自宅は福岡市城南区樋井川四の五の二。葬儀は四日午後二時から同市南区桧原七の四三の一八、天国社油山斎場で、喪主は長男大明（たいめい）氏。大正六年、講道館に入門。二年後、二十二歳で中学修猷館（旧制）の柔道教師として赴任。昭和二十年三月まで柔道、書道の教師として指導にあたった。『柔道は武術』と、ポイント柔道に傾斜していく日本柔道界を厳しく批判。九州柔道界の貴重な存在だった。」と記された。

だが、西師範がこの記事のように「柔道は武術」と考えていたというのは誤りである。それは後節で明らかになるであろう。

第二節——振武館における柔道指導

西師範の作成した『青年道場・振武館一覧』には、振武館の歴史、新聞記事、入門者名簿、試合結果、年間行事などが記録されている。振武館の運営に腐心された跡をうかがうことができる。

「柔道解義」の配布

西師範は「柔道解義」として、下記三条を作成し、館員に配布した。

《一、柔道は精力善用を原理とする。柔道とは、これが内容であり、公案であり、行動である。

一、我々は、この原理に基づいて精神を陶冶し、身体を強健にし、技能を錬磨しつつ、これを日常の生活に応用し、自己の完成と世の裨益《ひえき》に努むべきである。

一、道場の隆盛とは修行者の充実を意味する。充実には、常に克己と反省とを要する。》

（西文雄「ある道場の掲示——柔道修行の根本」）

その後、昭和三二年九月、「館員之証」を作成するにあたり、以下のように文章を平易にした。

《一、柔道とは、精神身体の精力を最も有効に善用して、強く正しく生きる道を学び行うことである。

二、自己の安定を得ることが絶対であるように、社会的には融和し、協調し、相譲り、相助けて、自他が共栄することは精力の善用であり柔道である。

三、柔道は、宇宙に実在する萬物の原動力に順応し、真善美の世界を現出する人類最高の大理想と一致する。

四、一般に「柔道」と呼ばれていることは、正しくは、「乱取柔道」である。即ち規定に基づき、一種の攻撃、防御を精力の善用によって試みんとする競技であって、究極のものでないことを認識すべきである。》

（西文雄「柔道解義」）

この「柔道解義」は、西師範が嘉納治五郎より教えられた「柔道」の意味を端的に述べている。後述するが、この「柔道」の視点から、戦後の柔道のあり方を厳しく批判し続けたのである。

「振武館魂」

西師範による「振武館魂」の一文は、「柔道解義」とともに館員に配布された。冨永八郎の「振武館魂」とは若干趣を異にしている。

《我が振武館は「柔道の本義」を、身をもって修練する道場である。之がため先輩が館を創始して七十年になるが、後進も次々と若い情熱を傾けて、その遺志と遺産との有形、無形を自治によって守り続けてきたのである。自治とは他人の保護に頼らないで、処理、経営することである。よくぞ長い春秋の幾山河を踏破したものである。自治こそは館の傳統であり、館員魂の温床でもある。一館を経営することは、すなわち一家の健全に任じ、また展べて民族の将来を開拓する素地を養うものであると信ずる。諸君はこの苦難と責任を栄光として、長幼互に搏擊し、朋友共に叱呼しつつ、先ずその心構を脚下の小事から実行に移すことを怠ってはならない。かくて自己の向上と幾多先輩の情誼に応えることができる。欲窮千里目更上一層楼》

（西文雄「振武館魂」）

「振武館規則」の制定

西師範は「ある道場の掲示――柔道修行の根本」（『柔道新聞』昭和三〇年二月一〇日）という一文のなかで、振武館の規則を紹介している。この規則は戦前から存在したものが原型となっている。以下、全文である。

《出入心得

一、道場の品位とは、我々の集成である。道場の矜持とは、我々の累積である。
二、自他の人格を重んじ、作法を守ること。
三、休憩中或は見学中に雑談せぬこと。
四、他人の稽古衣等を猥《みだ》りに使用せぬこと。

五、規定の帯を着用すること。

稽古心得

一、乱取柔道の正と不正とは、精力善用の理法に順っているか否かで判断すること。
二、乱取柔道の攻防とは、如何にして自己の安定を保ち、如何にして対手の安定を失わせるかということである。即ちこれが解決は、自他の中心と重心の問題に帰することが出来る。
三、自らの工夫を怠らず、不断の稽古を重ねることは進歩の条件であるが、これがため本業を軽んじ、過労にならぬよう注意のこと。
四、基本として、受身を速やかに習熟し、姿勢、組み方、移動法も正しく身につけること。
五、正しい作り方と、掛け方を学び、無理や強引にならぬこと。
六、心身を一如とし、全身を一体として、進退し、動作すること。
七、攻めるには、動作を一点に集注し、その方向が、対手の中心に対して直角になることを理想とする。守るには、対手に対して角度が大なるほど安全である。この場合、体の水平動、アゴ・爪先の力と方向、膝・腰等の高低、屈伸或はその捻転間隔等が大いに関係する。
八、小柄の者は如何にして、大きく強く体を用いるかにつき、大柄の者は如何にして、小さく、速く、低く体を用いるかにつき工夫を要する。
九、気力を充満し油断せぬこと、平時でも逆に手をつかぬこと。
一〇、稽古には試合の如く全力を集中し、試合は稽古の如くに平静なること。
一一、懸引や欺瞞や器用では大成しない。奇蹟を求めぬこと。
一二、努めて左右を試み、一方にかたよらぬこと。
一三、自分の上位の者だけが指導者とは限らぬ。下位の者によっても向上が出来る。
一四、経験は進歩である。特に苦手と稽古のこと。
一五、徒らに長時間の稽古よりも、短時間でも、継続することが自得の鍵となる。
一六、大いに【形】を修練のこと。
一七、休憩（見学）中に、立て膝、投げ足、横臥、裸体等になって心身を虚脱させぬこと。
一八、稽古衣は清潔にし、破れ綻びは速やかに繕うことが礼である。
一九、準備（整理）運動は伸びやかに柔軟性あること。
二〇、稽古の直前、直後に食事をせぬこと。
二一、便通に気をつけ、爪を切り、足の裏をきれいにしておくこと。
二二、正しい稽古は先ず履物の脱ぎ方から始まる。
二三、道場費を遅滞なく納入のこと。》

（西文雄「ある道場の掲示――柔道修行の根本」）

振武館運営規則の制定

西師範と冨永八郎は振武館の運営規則を定めた。とくに、館則の第一に「我館は青年自治の道場なり」と明言している点は注目すべきである。振武館の成り立ちについて熟知し、そのあるべき姿について信念を持っていたのであろう。

《館則

一、我館は柔道に依って心身の練磨をなし、朋友相切磋して徳義の進修を図らんとする青年自治の道場なり。

二、館の役員左の如し

師範・相談役・幹事長・幹事・委員

○師範は柔道の高段者にして人物技術共に師表たるべき人に対して之を依頼す。

○相談役は館の経営につき幹事長の相談に応ずべき人を言う。先輩有志中特に館に関係深き人に依頼す。

○幹事長は幹事中より之を選出す。幹事は青年部委員より之を互選す。

幹事長は館の内外を代表し、幹事は、経費・指導の任に当たるものを云う。

○委員は幹事の推選により任命す。幹事を補佐し、幹事不在の際は幹事の任を代行するものとす。委員の任期は二年とし特に理由ある場合は重任も可とす。

三、館の経営費は館費及び貸間代とす。

会計委員は金銭出納帳及び館費納入簿を備付け、常に金銭の出入を明らかにしおくべし。

毎年一月十五日に予決算の報告をなすものとす。

四、館に世話係をおく。

世話係は朝夕道場内外の掃除・湯茶の準備・火事の注意・特に幹事長より依頼された物品の保管等、道場の維持世話一切に当る。世話係に対しては特に一室を貸与す。

五、館の行事左の如し

一月二日　稽古初め
一月六日～一月十四日　寒稽古
一月十五日　鏡開き・紅白試合
　委員更替
　予決算報告
四月三十日　春季大会
八月一日～十日　暑稽古
十二月二五日　納会

＊

毎月
初日曜　講習会
第二日曜　講演会
第三日曜　月試合
第四日曜　茶話会

館内規約

一、道場の出入にあたりては敬礼すべし。
一、道場内に於て脱帽は勿論、稽古中の喫煙は固く之を禁ず。
一、稽古中道場内に於て立膝・投足・横臥・裸体等は之を禁ず。
一、見学者は稽古中静粛にし、高声の談話笑声を発すべからず。

館員規約

一、自治の精神を振起し、自ら求めて魂の練磨に勤むる事
一、友情を厚くし、悲哀を共にして切磋し然諾を重んずべき事
一、稽古は礼儀正しくして真剣たるべき事
一、館内の諸規約を遵守すべき事

登館者心得

一、道場に登館の際は館友互いに挨拶を交わすべし。
一、登館者は直ちに登館簿に記入の上、稽古を始むべし。

一、脱衣は丁寧にたたみ控所におくべし。
一、稽古前、手足の爪を切り鼻汁をとり大小便を達しおくべし。
一、準備運動及び受身の稽古を充分やるべき事
一、稽古中の礼儀正法は先進者上席、後進者下席、同列の場合は相対して坐礼を行ひ、服装の乱れたる場合は坐して之を直すべき事
一、乱取終了の折は、掛り稽古を忘れざる事
一、稽古終了者は柔道衣をもとの位置に整頓しおくべき事、尚ほころびは直に修理しおくべき事

入館手続

一、入館せんと欲する者は入館願書に入館料を添えて委員の許に提出すべし。
一、委員は直に師範もしくは幹事に本人を紹介し、館員名簿に記入し、館員証を交付すべし。
一、柔道衣借用を欲するものはその旨、委員に申し出ずべし。
一、館費は五十円とし入館料は百円とす。柔道衣貸与料は五十円とす。
一、館費は毎月七日まで納むるものとす。

委員の任務

一、館費の出納
一、日誌の記帳

昭和 29 年、第 6 回奉納柔道大会優勝。前列左より 2 人目・重松正成、井上薫、高島季雄。2 列目左より冨永八郎、西文雄師範

一、館員名簿の整理
一、先輩名簿の整理
一、入館・退館の手続き
一、物品保管庫の整理
一、行事の立案

（冨永八郎『振武館内規及略史（一）』）

こうして西師範と冨永八郎は振武館に規律ある運営をもたらした。とくに興味深いのは、毎週日曜日に、講習会、講演会、月試合、茶話会を実施していることである。青少年たちはおそらく日曜日もここに嬉々として集っていたにちがいない。当時はテレビも普及せず、ゲーム機器もない。彼らにとって振武館は生活の一部であった。講習・講演の記録は残念ながらないが、西師範による柔道論も当然なされたであろう。また集会では先輩たちのさ

昭和30年、第7回奉納柔道大会優勝。前列左より2人目・吉村剛太郎。2列目左より3人目・西文雄師範、冨永八郎。床の間の壁に中野正剛の写真を掲げる

まざまな話を聞くことができたであろう。

記録では、館友・田淵裕三が時折来館して熱心に指導した。先輩による後輩の指導、これも振武館の慣行であった。なお、昭和二九（一九五四）年第六回護国神社奉納柔道大会において優勝、翌三〇年第七回大会も優勝している。また、三一年九月三〇日、田島道場で田島神社奉納青年柔道大会の第二回団体対抗試合があり、振武館は第二位の成績で表彰されている。その賞状が残っている。

振武館の日誌

西師範は『青年道場・振武館一覧』のなかに、昭和三二（一九五七）年から昭和三七（一九六二）年まで行事日誌を綴っている。簡略な記述であるが、この間の振武館の様子がわかる資料である。以下に採録しておきたい。

《**行事の部**

一、昭和三十二年七月二十一日より三十日まで暑稽古開始。最終日納会。先輩各位に案内状用意、発送先・氏名・住所調べを要す。（冨永記）

一、歳末行事の餅搗きの件につき協議すること。（冨永記）

一、振武館魂の文章を少年にも解し易く、然も簡単に纏めるべきである。

一、年間に月日を定めて決算報告を行うほかに度々幹事会を開いて経営その他のことにつき協議すべきである。（冨永記）

一、七月三十日納会。出席館員三十名。幹事斡旋にてぜんざいの振舞あり。先輩の志賀、榊福次郎（中野正剛同期）、中野平八郎、辻博、井上恒夫、岩永氏等、列席。

一、在京の日大医生、生野君休暇にて帰省。八月中、三度来館。

一、明大に進みたる重松君も帰郷。上京前、夜まで来館。

一、十月護国神社秋季大祭に本館無段者選手出場。岩永、日野、河野、吉田紘、本宮の五君健闘したるも、滴水館（当日優勝）と二十対二十八点にて惜敗。

一、十月二十七日（日曜日）昇級試合を行う。その結果〔中略〕

一、十二月二十六日より三十日まで恒例の餅搗き開始。専ら牧武君が世話人となり、正月の帰省者も参加して連日苦闘せしも何分人員不足にて所期の予定額に達することが出来なかった。》

（『青年道場・振武館一覧』）

昭和31年1月3日、稽古初めの日。前列左より佐藤、牧武、箱嶌鑑二、生野孝。後列左より番匠、高島季雄、服部、冨永八郎、6人目･立花俊和、8人目･重松正成。玄関に掛かる表札「振武館」は末永節の書

昭和三二年夏から年末にかけての行事は暑中稽古、護国神社大祭出場、昇級試合、餅の賃つきである。道場の経費はこの餅の賃つきに多くを依存していたのである。

《◎昭和三十三年一月三日午前十時、稽古初めにて左記参集。中野平八郎、冨永八郎、西文雄、吉村剛太郎、重松正成、神垣一三、牧武。稽古初めに先立って道場の大掃除を行う。終わって道場を入って右側廊下に面する第一番目の柱に記念のため身長を測り、線にその名を印しておいた。最高実に六尺一寸なり。

○三十三年度寒稽古は出席者至って少なく、納会も初歩の少年組が主であった。その後は学校の試験、卒業、就職等、青少年の心身に安定がない為か、十五人以

上を数える夜は稀である。のみならず入門者数が三月半に於いても十名に達しないのは冬季であったからという理由ばかりではないようだ。特に最近、道場の世話役たる幹事が種々の原因と理由があるであろうが、皆無に等しい状態であることは何よりも大きな痛手であり、自治が伝統であるとは申せ、このまま推移するならば、道場が不良の巣窟となっても致し方がないであろう。仍《よっ》て老婆心をもって已むを得ず当分の間、道場内、加藤勇氏に一部の監理を依頼することとした。その立場にあらざる者の独断を諒とされたい。（西記）

○本館監理者・加藤勇氏が十月十九日、胃潰瘍のため忽然と御逝去、悼ましき限りであった。同氏は監理者として諸事万端の世話に任ぜられ、殊に最近は幹事手不足のため入門者の受付並びに之が処理に至るまで依託せらるるに及んだ。また近年の本館固定資産税延滞が、神社側より突如として連絡ありしため、進んで之が解決策を講ぜんとせられた心労も蓋し少なくはなかった。斯かる誠心誠意の仁を喪ったことは本館としても痛惜に耐えない。同氏の四十九日の忌に際し、謹而西録す。

○昭和三十三年十一月二十四日、少年組の試合を行い、左の如く告示す。〔中略〕

○昭和三十三年十二月二十六日、午後五時より鶏飯を炊いて納会。少年組の試合を行う。出席者は十数名のほかに、重松、田中両君が帰省早々に参加。》（同前）

昭和三三（一九五八）年は入門者の減少が憂慮された。また「自治の伝統」を支えるべき幹事

（館員のなかから選出）が不足し、監理者として加藤勇を雇用した。加藤は三月から約七ヵ月間、館運営に心血を注いだが、一〇月に突如逝去したので、館の運営事務に支障が出てきた。西師範、相談役・冨永八郎はさぞ苦心したことであろう。この問題はいかに解決されたのか。幹事の成り手はなかったのだろうか。昭和三四（一九五九）年・三五（一九六〇）年の二年間分の日誌はなく、確かなことはわからない。昭和三六（一九六一）年一月になって日誌は再開され、昭和三七（一九六二）年一月で終わっている。

《◎昭和三十六年一月三日、振武館定例会出席者名。
西文雄、西島権次郎、志賀直士、中野泰雄、樋口喜壮、吉田雄助、菊池靖一、冨永八郎、有田誠、辻博、岩永周三、井上恒夫、田中義則、神垣一三、岡崎賢二、柴田徳雄、権藤勝利、鈴木八郎、重松正成、牧武、鍋島健男

○昭和三十六年九月三十日（土曜日）、少年部昇級試合を行い、次の結果になる。
四級　落合敏秀、森山栄二。
五級　児島達揮、妹尾正徳、林聖一、福田学、安藤敏勝。
六級　重留伸治、堤増義、上野雄司、中野真理、中野正道。
級外　林俊次（南当仁小一年）。

○昭和三十六年十二月十六日、昇級試合を行う。

三級　落合敏秀、森山栄二。　　　　　青年組　妹尾信隆（福大生）。
四級　福田学、安藤敏勝、今田求仁生。　青年組　山崎。
五級　重留伸治、堤増義。　　　　　　青年組　野田、中池、石橋。
六級　杉平光生（南当仁小六年）。
○紀元二六二二年、昭和三十七年一月三日、稽古初め登館者。
森山栄二（一四歳）、吉田大作（一七歳）、三苫光利（一七歳）、石橋猛利（一六歳）、
重松正成（二三歳）、牧武（二三歳）、神垣一三（二三歳）、井上薫（二六歳）、
井上恒夫（二六歳）、辻博（二七歳）、井原義晴（二六歳）、岩永周三（二七歳）、
中野泰雄（三九歳）、冨永八郎（四八歳）、西文雄（六五歳）》（同前）

すなわち、昭和三六年は定例会、昇級試合の記録であり、昭和三七年は稽古初めに集まった人々の名前と年齢が記されている。なお、その年の「紀元二六二二年」とは、皇紀二六二二年のことである。明治政府は『古事記』『日本書紀』に基づき、神武天皇即位の日を紀元前六六〇年一月一日（旧暦）とし、明治六（一八七三）年に文部省天文局がこれを新暦に換算して二月一一日と決定した。この日を日本国の始まった「紀元節」として、学校等で祝典を開催するようになった。

昭和二三（一九四八）年、占領軍の指示でいったん廃止されたが、昭和二六（一九五一）年九

月八日、サンフランシスコ講和条約で日本が独立すると、復活運動が起こり、昭和三三（一九五八）年に国会に議案として提出された。西師範はこの復活運動に合わせて、あえてここに「紀元二六二二年」と記したのであろう。その議案は八年後の昭和四一（一九六六）年に国会を通過し、翌四二年から二月一一日は「建国記念の日」とされ、国民の祝日となった。

第三節――「道の柔道」論

西師範は柔道について随筆を発表している。昭和二七年六月二〇日「嘉納精神を再現すべし」（『柔道通信』）から、昭和三四年一月一〇日「祖国と柔道（下）民族本能と正当防衛」（『柔道新聞』）まで、総分量は四〇〇字詰め原稿用紙で二五〇枚に達する。ペンネームは河内次郎、西不停などであった。このなかから、とくに西師範の真意が述べられている箇所を採録することにしたい。

随筆「柔道炉辺談義」

西師範の「柔道炉辺談義」は柔道に対する考え方をわかりやすく説いたものである。問答形式で柔道を解説している。『柔道新聞』に昭和三〇年二月二〇日、三月一〇日、三月二〇日と、三回に分けて掲載された。全文を採録しよう。

《問　私共は、柔道は一つだけのものと思っていましたが、これを幾つかに分けて研究する必要があるのですか。

答　そういうことです。明治十五年に青年嘉納師範が前人未踏の構想によって、素材、衣裳或は息吹きを与えて創造したのが講道館柔道であって、決して講道館流とか嘉納流とかの一流一派を称したものでないことに、師範の見識をよみとらなければならない。そうして今では、柔道とは講道館柔道のことであり、講道館は柔道の家元であるということが世界の常識になっている。それから明治二十一年頃に、この柔道の組み立てや教義が確立し、当初下谷永昌寺の、道場とはいえない十二畳敷から、今や日本はおろか世界中の何十万畳までに拡がったのであるから、大砲ではない柔道が地球上に相当の地域を占めてしまったといえる。そこに柔道を分類して考えなければならない原因がある。

問　そうすると柔道の内容とか教義に変化でも生じたのでしょうか。

答　いや、本質的には少しも変っておらぬし、その教義とか原理は益々私共の手で分析したり開拓を進めていって、嘉納先生の折角の遺産を殖やすとも減らさぬようにしなければならない。ところが柔道が数人の門弟時代から、今では世界の至る所にまで間接の門弟が増えてしまったので、柔道並びに柔道界に対する構想が家族的な考え方では間に合わない。このままでは思い思いの四分五裂になってしまって、柔道の根本義が段々と薄れてゆくことが杞憂される。これを他のことに例を求めるなら始めは社会の構成上、家庭教育で子弟の教養が出来たであろうが、追々寺子屋式から今の学校制度にまで発展して、各科を専門の教師が指導するようになった過程があるように、この辺で柔道も一本であることに変わりがないが、これを三つ位に分類して、夫々の部門を権威の研究に託してはどうであろう。

問　ではその柔道を投《なげ》、固《かため》、形《かた》、三つに分けるのですか。

答　とんでもない愚問だよ、情けなくなるね。だから柔道の前途程遠しだ。

問　それでは形、乱取《らんどり》、試合ですか。

答　まあ待ってくれ、益々愚問だ。どうも君たちは、柔道とさえいえば、すぐドタンバタンを考えてしまうが困った了見だ。わたしの了見では大別して、【道の柔道】と【総合武術を含めた柔道】、それから【スポーツ的乱取柔道】というようなものに分類したらどうかと思う。勝った負けた、強い弱いが最も重視されるのは、スポーツ的乱取柔道の分野に属するわけだ。

問　今柔道が盛んになったのは、そのスポーツ柔道のお蔭ではないですか。

答　まさにそうだといえる。戦後一様に亡びかけた日本的なものを盛んにしたいという気持があったのと、もう一つは幸か不幸か、空虚になった人心にパチンコが歓迎された心理的なものに同調したのでもあるまいが、大切な柔道の根本を説く者がいなかったので、手っとりばやく一途に形《かたち》だけのスポーツ的な方向に一目散に走りだしたというのが現在の柔道界だといえるだろう。

問　そんなら今の柔道界の傾向は正しい成長とはいえないのですか。

答　スポーツ柔道が盛んになることは決して悪いことではない。スポーツは常識としてもフェアプレーが真髄とされ、最も勝敗が重んぜられ、これがために融和、協力、忍耐、勇気、礼儀等の徳目が要求されるわけだ。これはスポーツ柔道にもそのまま要求されるのであるが……ここの所だ、【柔道】には柔道の原理が厳存していて、名の如く柔の道が大きく映し出されてはいるが同時に剛の道でもあり、和の道でもあり、人類の道標でもあり、それは宇宙の真理とも合致するものでなくてはならない。嘉納先生は柔道の教義は実に自己完成の経となり、社会に処しては緯となるものであって、先生は柔術諸流の研鑽からこれらを一貫するものは精力善用の要道に帰するものであることを発見したのである、このことをもってしても「柔道」とはスポーツの謂いでもなく、乱取柔道だけを意味しているものでもないことを銘記しなければならない。

問　その精力善用という言葉は嘉納先生の造語なのですか。そして私共は柔道を私共の好みに応じ、あるいは考えたままに自由に進んでは悪いのですか。

答　精力善用とは、心身の力を最有効に活用するということを略した言葉であって、精力も善用も字引にある熟語だから、もとより嘉納先生の創作であるとはいえないが、すでに柔道用語として、先生の全生命が盛り込まれている点からみれば世界に共通する大きな造語といえるだろう。

そして柔道は昔の諸流から採るべきものを採り、且つ多くの経験と科学の新味を織りまぜて創作された古今独歩のものではあるが、なんといっても先生の一代ではまだ完成の域には達していないのであるから、私共は不肖といえども現状に満足しないでこれが完成に協力すべきであるし、またこの柔道の教える修心的、体育的、武術的、スポーツ的な各分野においては、その何《いず》れを重点におくかは、各々これを愛好する者の自由に任せて差支えないと思う。のみならず、講道館は敢て一流一派を称えておらぬのであるから、爾後もこれに対立する党や派などはできぬにしても、そのうちに誰か偉い者によって講道館柔道○△流とか或は文化柔道を標榜する事業所の看板が掲げられる時代が来たら、これも柔道の一つの進歩であるといえる。かくいう私も柔道の姿は円で実現出来ると考え、従ってその乱取の試合場も円形にするのが合理的であることを主張しているから、西式柔道論といえるかもしれない。

柔道学の確立が急務

問　なるほど、スポーツ一点張りの乱取万能のすぐ隣には、柔道の根底をゆさぶる危険が温存されないとも限りませんね。

答　全くその通りだ。危ないかな柔道だ。柔道に志すほどの者は、最も意気軒昂なエネルギーの旺盛な選ばれた青少年であるといえるのだから、指導者たるものは低俗な柔道から足をあらって自分の置かれた立場を自覚することが先決だ。その次には戦後の混迷は今もって青少年をほんろうするにまかせているから、柔道界はその拠るべき大本を早く明瞭に示してやることが急務だ。いうまでもなく講道館はその権威と能力とにおいてその大本を解明し分析しまたこれを体系的にまとめた「柔道学」を何はおいても内外に発表しなければならないはずだ。

どうせ柔道は乱取若しくは形から入るべきであるから、その基礎となるべき正しい概念を与え、いろはのいから筆順をあやまらぬように教えねばならない。ただ強くすることばかりに専念すると素直さを失って枝ぶりのひねくれた小さな盆栽に育ってしまう。そこに危険な柔道が待っていることになる。

自然本体の真の姿

問　どうやら柔道とは、始めも終りも、心身両面の精力善用にあることが解ってきましたが、これを基本的に根の方から簡単に表現できる方法はありませんか。

答　さあ、基本は枝葉となって種々の面に関連を延ばすものだから、それはあらゆる形《かたち》で見届けることができると思うが、基本の基本ともいうべき大切なものとしては、「自然本体」を挙げることができよう。私は故先生が如何なる意図で「自然本体」を講道館柔道の基本的な姿勢として定めたかをよく知らないが、先生が諸流を学び、且つ将来の発展から割り出されたものであることは間違いないと思う。それにしても柔道確立の基礎はこれによって定められたのであって、先生の智と勇が尋常でなかったことをこの一事でも証明している。この姿勢が攻防何れにも有効で変化に自在であるからという初歩の常識は少年組に適用すべきだ。これを一歩踏みこんで考えて行けば一冊の本が出来るかもしれない。柔道では立った場合を「自然本体」としているが、坐った場合にも坐禅の場合にも或は腰掛けた場合でもこの姿勢はあり得べきだ。この姿勢の格好を真似るだけなら映画俳優でもすぐ出来るが、これではただ血の通った木偶《ぼくぐう》であって活きた行動を起す能力を失っている。その強く正しい行動を内蔵するものが「自然本体」であって、最も平均して安定を得たものでなければならない。

押されても引かれても変通自在で局部的に力をこめたり、肩肱《かたひじ》を張ったり、力んだりしてはいけない、更に「自然本体」は無我無心であっても、虚脱ではない。勝敗、生死、喜怒哀楽もない。天地と呼吸を一つにし、他もなく私もない、悠久無限の大自然と融合するところまでゆきたい。しかし四季の変化があるが如く、季には応じて動かねばならない。そこに生ずる気流に気配を察し、機運に機先を制して自己の保全と安定のために、「自然本体」の心身はやがて、いや電光の迅《はや》さをもって道に順って行動を展開しなければならないと思う。私はこの充ち満ちた力を具現する姿を「自然本体」であると解したい。

どうも思わず力が入ってしまったようだね。

「乱取万能」は危険

問　「自然本体」にはそういう深いものがあるのですか。そうすると静かなること林のごとき謀将の場合も、或は芸道の極致に達した千両役者が無言で舞台に立った時なども、その心境は「自然本体」といえるわけですね。その澄みきった何物の介在する余地もないという境地に立って正しい乱取稽古に励みたいと思います。

答　それにしても、話しは前にもどるが、基本は経験と科学による合理的なものだから、大成は基本の上に積みかさねられる。今乱取の歩み方が健全か不健全かは見方によって違うかもしれぬが、健全な乱取の第一歩は基本によって定まるということには何人も異議がないといえる。ところが此の頃の傾向は、故先生の意図とは大分距りが生じ、目前の腕づくで行く歩合稽古が幅を利かせてきたようだ。これをスポーツ隆盛の近代的傾向だと片づける者もあるだろうが、まだ此の人々は自ら柔道に理想を持って居らぬことを白状しているようなものだ。私の尊敬する哲人が、皮肉とは思われぬ口調で、今は相撲と柔道とが反対になって、柔道的なのは相撲の方だ、三役以上の者に三ヶ月ばかり稽古衣を着せて、乱取の基本やルールを教えて柔道界の一流選手と試合させたらどうだろう、と座興の一言を浴びせられた。さて鸚鵡《おうむ》返しに断然柔道選手が勝ちますよ、と涼しい顔で答えられる者が幾人あるだろうか。

この躊躇はウェイトの優れたこの頃の柔道選手が果して合理的なものを身につけているかどうかの疑問に外ならない。身体に恵まれた関取が案外本当の相撲が取れないのと同じように天は二物を与えずなどと諦めたんでは柔道拋棄《ほうき》になってしまう。中には柔道はレスリングに及ばないと早合点している者があるかもしれないが、元々乱取は故先生が柔道諸流から怪我その他危険をともなうものを出来るだけ避けて、生活に適する体育を重視し、真剣勝負の基礎的錬体を兼ね、且つ美的情操の涵養を考慮し、これに一定の勝負法を考慮して興味を与えつつ修業が出来るようにしたものであるから、一面から見れば武術としても体育としても半端な物足らなさがあるのは已むをえない。こんな訳だから真剣勝負を伝える柔術と優劣を比較したり、他のスポーツと勝敗を争うことは始めから筋が通らないというべきである。華道は華道、書道は書道であって、柔道を学ぶ者はその中に道を求めつつ、しかもなお何を修めようが御意のままというわけだ。

審判の責任と義務

問　その乱取柔道の傾向には審判規定を運用する審判員の態度が関係しませんか。

答　大いにある。規定を活かすも殺すも審判の如何にある。規定を技術的に巧く扱うというのは末の話で、第一義は審判員が責任と義務を果すことにある。問題は規定よりも審判員にあるのだ。責任とは試合者が全力を揮って技を競うことに対する裁定人としての責任であり、義務とは乱取柔道の本質を把握して、規定を活用し得る見識を養うことである。平たく言えば、審判員たる者は、自分自身に深く柔道を勉強しておいて、試合を通じてその信念を発表すればよいのである。如何に規定が丁寧懇切を極めたところで所詮隔靴《かっか》掻痒《そうよう》の感は免れない。かつて現講道館長が、柔道界のレベルを向上したいと述べたことは、或はこのような場合も含めて、切実にその自覚を促したのではなかろうか。

問　乱取柔道の勉強は道場だけでは足りませんか。

答　足りないね。足りたと思う人には足りるし、足りないと思う人には足りない。乱取に強くなりたければ、道場の鍛錬を補う意味で柔軟な体操や跳躍を試みたり、急坂を走ったり鉄棒に下がるなど皆役に立つと思う。同様に、道場で技《わざ》を見たり聴いたりするだけでなく他のスポーツからも採るべきものはあると思う。そのほかに怠ってならぬことは書を読むことだ。先覚の話を聴くことだ。物の道理を学ぶことだ。

如何に皆が不勉強か一例を挙げるならば、悪い姿勢がなぜ悪いか…それは倒れやすいから…なぜ倒れやすいか＝変化移動ができないから…なぜできない…中心が傾くから…なぜ傾くか…このような次々の究理の質問に対して満足を与え得る人は余りないのではないか。ということは乱取第一歩においてさえ科学的の説明ができないほどに不勉強だということである。柔道修行の門は何も道場だけとは限らずに広く理と智を他に求むべきであるということができる。いうべくんば事々物々悉《ことごと》くが修行の糧ということだろう。それも柔道を専門としないものが、スポーツ的に嗜《たしな》むとか娯しむならば、その場のことだけで結構であるが、いやしくも専門家である以上はもう少し高度のことまで勉強してもらわなくてはならない。

玄人怖るに足らず

問　柔道は強くさえあれば先生になれるのも問題だと思いますね。

答　広く天下に士を求めるとか、野に遺賢なからしめる意味とは少し違うかもしれない。専門の者で素人に及ばない者が幾らでもいるのだから現在としては仕方がないということだろう。講道館の手で柔道学でも纏まったら誰でも納得のできる制度も設けられて立派な先生がお目見得するかもしれない。

だが始めは故先生の下に集ったのは皆素人ばかりだった。中でも故先生は素人の玄人であり、玄人の素人であったところに柔道確立の淵源があったと思うのは私だけだろうか。その道の玄人眼からも研究され、素人眼からも構想されたところにこの柔道の特質があるともいえるのではなかろうか。少なくとも玄人だけの個人或はその集りによって考案されたものでないことは断言が出来そうだ。だから玄人豈《あに》怖るるに足らんや、素人何くんぞ侮るを得んやだ。（註、ここでは専門家と玄人を同意義に用いた）。だが柔道の指導を業《なりわい》とする先生と素人との間には少しぐらい違うところがあっても罰は当たるまい。早い話が、素人が好きでする道場通いなら殿様稽古でも文句はない、利き技が一つきりでも已むを得ない。自分の組み方でなければ動かれないでも当りまえである。技の理論がトンチンカンでも笑えない。形《かた》が型であっても御愛嬌である。柔道がスポーツであっても、体育のためであっても自由である。柔道の原理が解析出来ないで独自の見解を持ち合せないでも我慢が出来る。ところが先生となってはそうはいかない。せめてこの程度は身につけ先生の矜《ほこ》りを持ってもらいたい。但し乱取コーチに限られた先生ならば、これ等の中から大割引をするのが当然だろう。

柔道的な行動と円

問　他の文化的なもの或はスポーツ等の如きものも相当進歩の一途を辿っているのに、柔道のみは足踏み状態というよりも寧ろ退歩の面が窺われるのはなぜでしょう。

答　それは日本の政界の現状と似通ったものがあるかも知れない。柔道界も殆んどが利を追うことに懸命で唯々目前の勝負に終始するスポーツで満足していることに大きな原因があるのではないか。柔道の理想は乱取試合で勝つことだけに止まってはならないのだ。勝つことや、段位などは、便宜上の尺度の役割をするものであって絶対のものではない。絶対なものは乱取から入って、道を学び、道を行うことだ。柔道人としての魂はこれより他にない。この意味においてこそ、柔道を学ぶ同志という言葉が使えるのだ。昨年の末、アルゼンチンの拳闘家ペレスが日本の白井に勝った時、周囲からの祝辞に対して「私が勝ったのではありません。母国の大統領が勝たしてくれたんです」と答えたそうだか、青年らしい簡単な言葉の中に彼の魂の全てを語っているといえる。勝負に勝つ道だけなら、碁将棋、マージャン、トランプ等々列挙するだけでも大仕事である。ところが繰り返すようだが、故先生は道に立って、柔道を創見し、哲学を浸透しつつ、存世時までの柔道を組みたてたのであったが、その後は形《かたち》の上から見ることの出来る乱取だけが、スポーツの仲間入りをして、その中の一技として歓迎を受けているというわけである。だから大切な本領を遠くに置き忘れた柔道であり、勝負を争うだけの手段としては、今までの乱取を後生大事に護っていて少しも不自由しないので、故先生没後には何等見るべき進歩がないことになってしまった。例えば私が『柔道新聞』第五十四号で、〃円と柔道〃の一文を書いたが、これについて意を留めた人が幾人あったろうか。その要旨は、力士が円い土俵で活躍する相撲に例を求めるまでもなく、柔道的な行動と円とは切り離せない。乱取技の一つ一つが円を無視しては成り立たない。従ってその試合場も円でなくてはならない。万物は完全な活動をするために円を要求しているとも言い得る。さらに円が広大無辺を象《かたど》るものであるといえるならば、何を好んで、限られた四角形の中で試合をしなければならぬ理由があるであろうか、ということであったと思う。円が合理的で、四角が不合理だとするならば、なぜ一歩を進めて、これが実現に努力しないのであろうか。もちろん実現のためには幾多の困難があるであろうが、さてこの問題と取組んでみようとしたものが一人でもあったであろうか。柔道が少しも進歩しない病根はこのようなところに潜在していることを指摘するに躊躇しない。

それでは、そろそろ彼岸になって炉も不要となってきたようだから総論的な柔道談義は先ずこの辺で終りとしよう。》

（西文雄「柔道炉辺談義」）

ここでは、「柔道」を①「道の柔道」、②「総合武術を含めた柔道」、③「スポーツ的乱取柔道」に大別している。西師範の主張は、「柔道」（あるいは真正柔道）とは「嘉納治五郎の講道館柔道」のことであり、それ以外に「柔道」はない。その認識に立って、戦後の柔道界が「道の柔道」を忘却しており、「道の柔道」の基盤がないために、「総合武術を含めた柔道」も「スポーツ的乱取柔道」も正しい方向に向かっていないというものであった。

「道の柔道」の基盤が失われた原因は必ずしもはっきりしない。だが戦後、全国で町道場が急速に増え、中学校・高校で柔道部が復活し、さらにオリンピックを通じて柔道が世界に普及していく過程で、西師範は「真正柔道」の理念が失われていく事態を心底から憂慮したのである。

「柔道」と「武道」の関係

嘉納治五郎は折に触れて「講道館には一貫した確乎たる教えがある」と言っていた。それを忘れたら、「柔道」ではなくなると西師範は主張する。「柔道熱に対する反省①」(『柔道通信』昭和二七年七月三〇日)において武徳会の柔道観を批判している。

《嘉納先生が在世中、折に触れては、講道館には一貫した確乎たる教えがあるが、武徳会にはそういう教えというものが無いと言われたことを記憶する者は私一人ではないであろう。講道館と武徳会との相違点を最も端的に解明された意味深い言葉であるとおもう。

これを言い換えれば、講道館は講道館不易の真理を追究しつつあるが〔中略〕武徳会は柔道と武道とを混同していた感があったが、嘉納先生としては、柔道とは講道館柔道の謂いであって、柔道は武道そのものに非ずと強調しておられた。だから柔道のことを武道の語を以って代用されたこともなく、例えば、半可通の田舎者が嘉納先生歓迎の席上で柔道を武道々々とお追従まじりに言い出すと、とんでもない分からず屋とばかりに横を向いてしまったものである。嘉納先生の哲学は柔道であり、柔道とは精力善用の道であるから、攻防の柔術面をこの柔道原理に従って解説することは容易であり、同様に剣術も弓術もその他百般のことをこの原理に照らすことも可能で、この意味において柔道の中には剣術も弓術も帰納的に含まれてくるという理論が成り立つのである。

これをもってすれば、弓術・剣術その他とは対蹠的な存在であるといえるので、柔道そのものと剣術乃至《ないし》剣道とは互格《ママ》のものではないのである。宜《う》べなるかな、嘉納先生は謂ゆる剣道なるものを撃剣若しくは剣術と言はれ、決して柔道と同立すると誤解を与えるような剣道なる語は用いられたことはなかったのである。案に用意周到の見識であるとせねばならぬ。》

（西文雄「柔道熱に対する反省①」）

嘉納治五郎の説く「柔道」とは、精力善用の道である。かつて武徳会は剣道も弓道も一括して「武道」であると認識し、柔道も武道のなかに含まれる一科と見なしていた。ここで言われていた「柔道」は、嘉納治五郎の教えの上に立つ「柔道」ではなかったと主張するのである。

柔道者はアマチュアたるべし

戦後、全国に町道場が急増した。それは柔道指導者がプロ化したことを意味する。しかし、真の「柔道のプロ」とは何かを深く探求する姿勢もなく、「柔道のプロ」の名に値しない柔道指導者も増えたという。

「嘉納精神を再現すべし」（『柔道通信』昭和二七年六月二〇日）では、次のように述べている。

《故嘉納師範は柔道に志す者は何処までもアマチュアたるべきもので常にその矜りを失っ

てはならぬと厳しく戒めておられました。そして如何にオリンピックの出場資格が厳正であり、その優勝者に関する賞牌《しょうはい》そのものが金銭的に無価値なものであるかという点についても附言されたものでありました。

之は故師範の世界的な視野から、柔道の進むべき道を宣明せられたのであって、実に将来不変の鉄則でなければなりません。ここに『オールスポーツ新聞』から採って適例を挙げるならば、「一九一二年のストックホルムのオリンピックで五種と十種の両競技に参加したアメリカの万能選手ジム・ソープはスウェーデン皇帝から、世界で最も偉大な競技者として讃えられ、二十年後に同じアメリカのバウシに破られるまで彼の記録は何人も近寄れなかったのであるが、この大会半年後に彼がかつて学生としてアルバイトをした中で一九〇九年から一年間プロ野球に籍を置いたことが報告されたため、オリンピックで一度与えられた金メダルと共にアマチュア資格を剝奪されてしまっている」事実があります。

オリンピックに例をとるまでもなく、近頃の新聞にも、アメリカやオーストラリアでは断固として次々とアマチュアの資格喪失者名が発表せられ、また漸く日本に於いてもこれに関して文部省や体育団体が関心を払って来たようではありますが、嘗《かつ》て福岡の大博劇場で行われた九州柔道大会には臆面もなく、個人と団体の優勝者に対し夫々金一封どころか、一万円也の現ナマを与えている驚くべき事実があるのであります。

当時既に斯くの如き邪道を踏むべからずと、他から強硬な申入れがあったにも拘わらず、敢えてこれを犯しているのでありますから、彼らはこれに関する良心と反省を欠きたるのみならず、故師範の訓えを蹂躙し、後進を謬《あやま》らしめ、柔道の名誉を毀損し、而して自ら好んでアマチュア柔道から離脱したものであると断言出来るのであります。〔中略〕柔道の前途は真に慄然たるものがあると申さねばなりません。》

（西文雄「嘉納精神を再現すべし」）

乱取柔道の心構え

同じ「嘉納精神を再現すべし」のなかに、次のような一節がある。

《柔道屋が狭小な見地から目前のことに執はれて、明けても暮れても唯々試合に勝つことと昇段のことのみに齷齪《あくせく》して、最も大切な柔道の根本に起っての指導理念に欠けているがために、本当の柔道らしい柔道を見失っているのであります。柔道の奨励上、試合を行はしめる事は勝った者にも負けた者にも、それ相当のお薬になるからとて、度を過して試合偏重になると、手のつけられぬような弊害を生ずる惧《おそ》れが多分にあります〔中略〕若し試合の結果だけに重きを置き過ぎて、勝つことだけに有頂天になると遂に「勝ちたさ」から来るいかつい剛道的暴力沙汰……勝たんとする慾念だけに囚われた賤しむべき一種の型を生じます。故師範が「道に順って勝を制する」という事をしばしば言われ、揮毫にも遺しておられますが、これから滲みでるところの素直さ、深さ、品位を失っては柔道にはなりません。此の点からすれば柔道技術も一つの芸術であって、少し位腕っ節が強いからとてムヤミに指導者顔をされたのでは本当の柔道が迷惑致します。〔中略〕

只今柔道熱なるものが勃興しつつあるとは申しましても、その過程を熟視致しますと右様の状態でありますから、健全なる発展を辿りつつあるのではなく、むしろその内容においては退歩しておると見るべきであります。これをなお一歩深く掘り下げて考察を加えますならば、柔道の乱取なるものが勝負に終始する事でありますだけに、この修練に当たっては乱取なるものの理想を克く摑んでいなくては、虎を描いても猫を描いてしまう危険に陥りやすいのであります。

常に無理を避け、自然にして無為の裡に勝を制し得る底の高風を養うべきであります。乱取技術の至善にして至高なるものは、勝ち得べくして勝ち得るところの理詰めでなくてはなりませんが、未だ初歩或は柔道屋の程度においては時々詐術、欺瞞、権謀術数を弄する事も行われ、従ってこの世界ではペテンも落穴も懸引も脅迫も一切お構いなしでありますから、若し柔術屋の所作が習い性ともなって、これを社会生活にそのまま用いる事があるとするならば、暴力的なものは道場内だけに止まりますが、〔中略〕或はこれら柔術の名利に蠢《うごめ》いている憫《あわ》れむべき者が無意識のうちに道義を破壊しつつ自ら柔道家を標榜しつつ跳梁しておらぬとは保証できないのでありまして、これが一片の杞憂に終わるならば誠に

仕合せであると存ずるのであります。》 （同前）

柔道の試合は乱取の試合である。乱取柔道それ自体は「作り」と「掛け」の応酬であり、駆け引きの巧拙で勝負が決まる。したがって、これをそのまま社会生活に応用してはならない。柔道指導者は柔道理念を示すことによって、乱取柔道において勝つための無茶や無理は柔道の本体ではないことを教えなければならない。乱取りの心構えとしては、柔の理に従って無理がないように精力を善用することであり、嘉納治五郎の説いたように「道に順って勝を制する」ことを信条としなければならないのである。

しかるに、戦後、乱取柔道がスポーツの一種目として確立されると、スポーツは勝つことが目標であり、勝ち負けの判定がある以上、自分に有利な判定を得るための試合運びをするようになる。さらに「勝ちたさ」から「時々詐術、欺瞞、権謀術数を弄する事」もある。もしそうであるならば、これはもうまったく社会生活に応用してはならないものである。乱取柔道をしているうちに、道義を破壊する所作を身につけてしまう危険さえ出てきたのである。

柔道に対する指導理念を示す必要性

「柔道の実相に考える⑬」（『柔道新聞』昭和三二年二月一〇日）では、柔道がスポーツとして発展していく傾向が強まることに対して、今こそ講道館は柔道の理念を内外に示すべきであると主張している。

《当時の占領軍のお目こぼしの柔道から、講道館は如何に脱皮したのであろうか。松村文相は、「武道は純粋スポーツとして伸びるべきものである」と声明したが、占領方針に従ったこの声明に対し講道館は如何なる見解を有するのか。また高校柔道は依然として、体育科内のスポーツ一辺倒に甘んじてよいものであろうか。講道館は故師範の遺志と遺教とを護持、継承する意志があるのか無いのか。講道館は内外の柔道界に、十七条憲法の如く簡明なものでもよいから、宗家としての権威に於て、その拠るべき大意を宣明する用意があるかどうか等々、問題は枚挙に遑《いとま》がない。

だがここで、特に皆の衆に注意を喚起したい一大事というのは、柔道に対する指導理念が瞭《は》っきりしないばっかりに、驚くべき愚劣な言論が一部に行われ、ジャーナリストもお役目ご苦労に、これを書きたてるということである。

例えば、ある大新聞に柔道界の雄として知られた連中の座談会の速記が載っていたから、不本意ながらその数行をそのまま披露して耳を穢すとしよう。

「七段氏、得々として曰く……わしは製品を作るが売れ口がほしい。売れ口がなければ柔道の発展はない。高校、大学と柔道の精進をつづけてきても働き口が無ければダメだ。いまのところ順調にハケているが、もう一寸間口を広げてもらいたい。頭を使う仕事は頭で入った人にやってもらって柔道マンは使い走りでよい。……会社の意見だが、スポーツばかりをむちゃくちゃにやると、周囲の雑音が多くなる。要するに頭で入った人とのバランスがむずかしい云々。」

そしてこの時、柔道界に木鐸たるべき同席者はただ黙々と傾聴していたらしい。実に不謹慎、卑屈、下劣さは素町人の商人取引の沙汰ではない。これでは若い柔道マンを低脳也と裏書したばかりでなく、明かにプロ野球選手の如く商品化してしまっている。しかして七段氏、自ら真柔道を解せざる自己の低脳さとプロであることを正直に暴露しているのだ。この暴言を、もし講道館、協会それから若い人達が黙許するなら、それこそ柔道界は低脳と、不感症との集団であることを肯定することになるであろう。その国を亡ぼす者は、昔から外敵よりも内敵であると相場がきまっている。柔道また然りであるといわざるを得ない。こんな低脳な柔道力士が指導者面《づら》して外国行脚《あんぎゃ》に出ることも見逃がせないマイナスだから、柔道界は良心的にも適当に手を打つべきであることを、衷心から勧告しておきたい。》

（西文雄「柔道の実相に考える⑬」）

西師範は怒りを覚えている。高段の柔道指導者が、柔道部の発展には部員の就職先がすぐに見つかることが大切で、柔道の練習を過度にやりすぎると勉学がおろそかになり、会社に入ってから役立たなくなるうんぬんという話をしたことに対して、不謹慎、卑劣、下劣、また「低脳」

とまで辛辣な言葉を浴びせざるをえなかったのである。

大学柔道部は柔道部屋になるな

大学柔道部は何のための柔道部なのか。柔道部として大会に優勝し、大学の名を世間に広報することが目標とされていないか。西師範の批判は鋭い。「柔道の実相に考える⑪」(『柔道新聞』昭和三二年一月一〇日)において、次のように述べている。

《柔道部屋

だが皆の衆、こんな馬鹿らしいことがあるという話しだがどう思う。いつから始まったことかは知らんが、大学と称する学校の柔道部が高等学校の在学生からメボシイ選手を試合用に、競争で引抜き運動をやっているそうだ。大学だから真柔道再興の悲願達成かと思えばさにあらず、単なるスポーツ柔道の奨励ということよりも対抗試合で優勝ということを賭けての猛競争らしいのだ。相撲界でも各部屋が全国に手蔓を求めて有望な新弟子を養っているが、図に当って我が部屋から人気力士や横綱が出たら親方たるもの左団扇の大胡坐ができるだろう。職業野球では周知のように新職業のスカウトがこれまた好条件を餌に草《そう》鞋脚絆《あいきゃはん》で全国を股に探し回っているそうだ。会社などが奨励するのは他に理由があるとしても、諸大学があの手この手を用いて派手な一種のスカウトをやらかすのは、浮薄な柔道熱を煽ることと大学株を高めるに役立つだけで余り好ましいとは思われない。この頃では口さがない者でなくても、相撲部屋をもじって「柔道部屋」が新用語になっているほどだ。

そしてこれ等の選手は、柔道部の伝統を護るとか、新しい歴史は我等の魂でと、青年らしい客気に燃えて、力士が土俵で泥と汗に塗《まみ》れる如くその毎日を繰り返しているのではなかろうか。若い盛りを叱咤激励されて試合稽古をするのだから、いかにも強くはなるであろうが、さて柔道の根本義がこれに併行して研修されているとは思われない。そうだとすれば土俵の上と畳の上との違いだけで、正に「柔道部屋」の嘲笑も甘んじて受けなければならないだろう。いわずもがなだが、相撲部屋から三役級が柔道衣を一着に及んで二三ヶ月も運足を稽古して、帯を取った上手投げや内掛で暴れてきたら、大学の柔道横綱でも選手権大会の王者でも危ういものだろう。いかにスポーツ時代とはいえ、先輩も先輩だが大学に学ぼうとする者が唯絢爛《けんらん》な大会場で花形たらんことを夢みて、柔道教義の真理を探ろうともしないのは、武士道を忘れた軍人であり、法悦を知らぬ僧徒に等しいものだ。大学の柔道部と部員とは、なぜ日本柔道の理想に目覚めて自愛と愛国の柔道維新を絶叫しないのだろうか。》

（西文雄「柔道の実相に考える⑪」）

第四節——「柔道技能」論

随筆「独語漫筆」「柔道寸懐」（昭和二七年九月～昭和二八年五月）のなかで柔道の技能について書かれたものを見ることにしたい。

左右一如

《何故、人間には右利きが多いのか。今も昔もそうらしいから絵画も文字も彫刻も建築もその他あらゆる文化は右利きが造り成したものであると言える。左利きが右利きの何パーセントを占めているか、統計的な詮議立てを必要とせぬ程に右利きが多いことは事実である。猿公には日常お目にかかる機会が少ないので知る由もないが、犬や馬が走るのを見ていると矢張り右の方を前に出すのが多いような気がする。あるいは馬などになると、騎手によって右が前に出たり、左が前に出たりするかもしれぬが、持前としては右利きが多いのではないだろうか。この右と左は特に思想的な傾向を現わす時に多く用いられるが、保守を右とし、急進を左とすることに何時誰が決めたのかしら。フランス議会とかで政党の座席のことから左右の言葉が使われ出したというようなことは、話の泉の先生達に任せておいて、大体運動をする場合には右の得意と左の得意とに分けられることから、等しく運動と名のつく思想運動にも、右とか左とかに区別をしたのかもしれないと解した方が面白い。してみると、さしづめ数の多い自由党や改進党が右で、数の少ない共産党や社会党が左に属することは必然ともいえるが、同じ社会党にも左右があるというのだから事はヤヤコシクなってくる。

極端に右を主とするものに撃剣や弓術なども挙げられるが、野球、テニス、ピンポン等々多くのスポーツと称せられるものは大抵右側が酷使されている。そうしてみると日本体育協会の東俊郎氏の学生スポーツの使命と題した一文に「健全な娯楽としての建前においてであり、心身の健康な発育促進の手段となる体育として価値ありという限度においてである云々」と述べてあるが、厳正な医学の立場から見れば、単に足だけの運動や右手だけの運動の中には随分いかがわしいものがあるのではないだろうか。そして特殊な者には無難だが、一般には不向きであるというのもあろうと思う。少し牽強附会かもしれぬが、両足で立ち、右拇指を主として働かせるパチンコと雖もスポーツであると言って言えないことはないかもしれぬ。素人判断ではあるが、水泳などは体育価値から見ると水陸両棲でないものが水中で激しい運動をするのであるから、不自然である点から言っても甲上の採点は出来かねるのではあるまいか。平泳などは左右均等ではあるが、常に首を上にする関係から、脊椎の何番目かが脱臼するともいわれるし、第一口から汚い水を出したり入れたりするのだからどうかと思う。同じ液体でもアルコール分を口に入れる者のことを左利きというし、此れには昔から献酬といっても汚い作法があるにはあるが、さりとて甘党のことを右利きとは言わぬようだ。人生須《すべか》らく酒の左だけではなく、虎屋の羊羹《ようかん》の美味しさも解し得る方が、つまり左右何れにも偏しないで辛党であり甘党であることに越したことはないと思うのは欲張った考え方であろうか。「人生柔道」然りとするならば、乱取柔道も同様に右だけでなく左だけでもなく左右同じように意のままに使いこなせる方が善いことは当然である。

故師範が柔道の形《かた》を制定するに当って、左右を行わしめることに断を下したことは大見識、大卓見であって、私は諸武術や諸スポーツにこのことあるを未だに知らないのである。若しこれが武術的な面だけから制定されたとしたならば、撃剣や弓術の如く、恐らくは右だけの形が出来上がっていたことであろう。右にもあらず、左にもあらず、時に左であり、時に右であり、右も左も均等に用いるということは、即ち何れにもとらわれないで精力を善用する道であり、孔子のいわゆる「中たるは人の大本也、和たるは人の達道也」と合致するものである。偉なる哉、哲人の柔道。それにしても漸く道場に通い出した中学生位の者が、天賦に恵まれて左右の背負《せおい》や払腰《はらいごし》さては大外《おおそと》などと自由自在に掛けこなしているのを見るが、その多くは俗にいう十で神童、十五で才子、二十過ぎればただの人になってしまうようだ。かの宮本武蔵が伝えられる如くであるならば、異状の天分に恵まれながら、なお鱗骨の修養に一身を投じて、左右一如の二にして一の境遇を拓き、後年遂に身に寸鉄を帯びなかったというから確かに剣聖の名に恥じぬと思う。併し我が帰一斎先生〔故嘉納

師範」に至っては、柔道の教えをこの地上に布いた点において、武蔵より一段と高処に位する偉人であるというべきである。》

（「独語漫筆（一）左右一如」『柔道通信』昭和二七年九月三〇日）

足技

《戦後は多くの面で進歩すべき筈のもので退歩を余儀なくされたものが少なくないが、その中で柔道だけは進歩していると断言出来る者が一人でもあるだろうか。私は已に本紙上で柔道は既に退歩にあることを論断したが、此れに対して未だに誰一人として私の論拠を覆してくれる者がいないのは情けない気がする。故嘉納師範は、柔道は益々進歩するものであると予言しているのに、これが仮に足踏み状態であっても既にマイナスであるといえる。柔道の乱取稽古や試合をみても、依然として幅を利かしているのは、例によって例の如く、背負、釣込、跳腰《はねごし》、払腰、内股、大外、大内《おおうち》、小内《こうち》等であって、善かれ悪しかれ此れが現在に於ける乱取柔道の代表的なものである。

柔道の小家も大家もこの事のために悲喜交々憂身をやつしているのであると思うと、聊《いささ》かウンザリせざるを得ない。とはいいながら、斯くいう私も、これらの中の僅か一割か二割程度を身に付けることができたので、往年選手にもなったし、教師の端くれにも列《つらな》ったし、今ならば興業にも参加ができたというわけであろうか。そこで私共は沢山ある技の中で、何故限られた僅かなものが一般に用いられるのであろうかをトックリ考えてみる必要がある。即ち、それは練習が試合本位を目標としていること、其等の技は性質上無理がきくということにあるのではないだろうか。若しこれが有力な理由であるとするならば、私共はもう少し試合場裏のことばかりでなく、換言すれば目前の乱取勝負から超越した心境に入り込んで柔道を学ぶことも無益ではなかろうと思う。

折角、先人が遺した百に余る技であるから、もっと広く、もっと大きく、目前だけに執われないで修錬が出来る機会を得たいものである。先人の遺物だけに頼るわけでもないが、温故知新はこの場合にも当てはまる言葉のようである。さて、以上挙げた十ばかりの技が何れも無理がきいて、試合に有利であるということで、柔道児憧れの的となった観があるが、これと並行して近来頓《とみ》に大男が増えてきたということが原因して、大勢は真の柔道らしさから遠ざかりつつあるのではないだろうか。否、大男の輩出も結構、更にこの大男征服のために絶妙の名人が出てこないとも限らないから面白い期待が持てるかもしれない。例外はあるが昔からいわれている通り、大男に名人なしということは今でもそのまま頂戴しなければならないようだ。これは大男は体が有効に働かないということと、もう一つには小柄の者が経験する様な苦労をしていないことを風刺したものと解することが出来る。

同じ足技《あしわざ》でも内股や大外は無理がきくが、膝車《ひざぐるま》、小外刈、支釣込足《ささえつりこみあし》（払）、送り足払《あしばらい》（出）などは最も作りと掛けが大切であって、大男の体力だけでは似て非なる足技に終わってしまう。腰から下の脚の力だけに頼っても足技にはならない。如何なる技でも体全体の綜合統一を必要とするが、足技の場合は特に然りであって、大男では此の間のことが容易に体得出来ないらしい。容易に体得できないから愈々《いよいよ》持前の体力に物を言わせようとするが、此の無理が出来る間は案外短期間であって、忽ちのうちに、こんな筈ではなかったという時代に逢着すること請合である。斯くて寂寥を感じた頃には時すでに遅く、永久に足技の真諦に触れることが出来ずに終わってしまわなければならない。よろしく大男たる者は自分の強さから一歩退って、足技の妙手に礼を厚くして教えを乞う態度がなくてはならない。

昔、講道館の草分け時代には、故師範を中心に若い人々が結束して外部に当たったであろうことは想像に難くない。が、この場合、相手の最も驚異となった技は謂ゆる「講道館の足技」であったそうだ。内股や大外を除いた足技は若い人にとって魅力に乏しく、一見小技に見えるかもしれぬが、真の足技は足腰の弾力を利かせて体全体で行うのであって、その実は眼に止まらぬ程の速さで大きな力が働いているのである。ちょっと見た目には地味であるが、その実は派手であり、小さく見えてもその実は大きい。然も小躯以て克く大に対し得る技で、肥満型にも長大型にも有効であり、且つ他の技よりも時間的に速く、その上相手に背後を見せることが少ない点においても有利であるといえる。

極言すれば、この足技を自得せずして柔道を語る勿れと言いたい。然し乍ら、これ等は強引な無理が出来ぬから、捻じ倒したり、コキ倒したりすることが出来ないし、勿論映画の姿三四郎の如く二、三間も遠くのほうへ猫の子を抛り出すような芸当は難しい。但し、無理が利く技を無理せずに、例えば起重機で持ち上げるようなケンケン式の内股や、遠くから引っ掛けて捻じ倒す大外が道場から姿を消しただけでも、乱取柔道は大なる進歩を遂げたといい得るであろう。》

（「独語漫筆（二）足技礼讃」『柔道通信』昭和二七年一〇月二〇日）

釣り技

《「釣る」という字を辞書にはどんな解説がしてあるか知らないが、先ず常識的には、魚を釣ることと思ってもお叱りはないであろう。蚯蚓《みみず》で鮒や鯉が釣れることもあるし、蝦《えび》で鯛を釣ることもある。

僅か一匹の蚯蚓で二〜三匹続けざまに釣れることもあるし、餌ばかり取られて挙句の果てに赤腹の井守を釣ることもある。いずれにしても釣りには餌がつきものであって只では釣れないことになっている。この餌なるものは相手の慾心を利用し、若しくはそれにつけ込むものであって、言い換えれば、相手の弱点とか物慾に乗じて自己の野心を満足させるのに役立つものである。やがて魚の方でも段々餌に慣れてくると、その誘惑に乗らなくなり、動作も巧妙になってくるので、さればと人間の方でも釣り場所を変えたり、アレやコレやと手錬手管を用いざるを得なくなってくるのは当然である。

恰も子供が駄々をコネた時に乳房やキャラメルで釣っておいて騙そうとするのとよく似

ている。さてここまで話が発展してくると、釣りとは魚を釣ることであると前置きしたが、その限界になると何処までが釣りやら甚だ分明を欠いてくる。即ち、釣りとは人間と魚、大人と子供の間に限ったことではなく、例えば男女の関係においても、男が女を、女が男を釣ったり釣られたりする。場合によっては、釣られたオコゼが人を刺すので、釣られた女も男を突き刺すことさえ起ってくる。

或は、釣り上げたつもりでも、そのまま海にはまり込んで心中沙汰になることもありうる。この欲求を伴った相互関係は、立候補者が条件付きで選挙民を釣り、煙草屋の看板娘は店に座って客足を釣り、警察では奥の手で釣っておいて誘導訊問を試みたりする。更に飛躍すれば悠々自適にしていた釣り三昧の大公望は結局文王から釣られるし、三顧の礼で玄徳は美事《みごと》孔明をものにしている。我が国の史実も所詮は釣り上げたり釣り落としたりの反復であり、事業関係、政党問題、国際間の離合集散等、一としてこの「釣」の字から無関係ではあり得ない。

そして、この釣りに属するものには善し悪しは別として、誰でも目に見ることの出来る釣糸と然らざるものとの二種に大別が出来る。

その一つは、後者に属する竹馬の友とか、肝胆相照らすとか、或は管鮑《かんぽう》水魚の交わりとか、主として心志の働きによるものを指し得るであろうが、目に見ることが出来る釣糸に属するものには、直接に物質を取引の対象とするもののほかに、例えば馬ならば手綱《たづな》があり、船ならば櫓綱があり、凧ならば凧糸がある。但し、この場合には糸によってすでに相互の接続が行われているのであるから餌を必要としない。唯々如何にして馬を駆り、船を進め、凧を揚げるかの問題を残すのみである。然り而して乱取柔道の場合には双方組合った時の腕が釣糸の役目を果たすことになるのであるといい得る。

腕と糸、それは二十の扉の動物、植物、尤《もっと》もテグスならば動物かも知れぬが、これが同じような共通の役目を持っているのだから面白い。そこで先ず釣糸の働きから吟味しなければならないが、釣糸の端に魚が掛かると、その大小に応じて牽き方に強弱がある。魚がまだ元気であって暴れ回る最中には糸が切れぬように弛《ゆる》めてやるし、やがて精根が尽きて弱ってきたときには弛まぬように徐々に魚を引き寄せなくてはならない。魚が牽けば糸を出し、静まれば手許に引き、この間に最も適当な糸の伸縮が大事である。若しここで失敗すると、アタラ呑舟の魚を釣り落とさなければならない。この工合はそのまま凧の場合にも当てはまるのであって、風が強ければ糸を繰り出し、無くなれば手繰《たぐ》り、そして常に一定の高さに空中に保っておかなければならない。若し凧糸が一直線に延び過ぎてしまえば、何処かの弱いところでプッツリと切れるであろうし、反対に糸が弧を画いて弛みすぎれば落ちてしまわなければならない。

腕はこの糸の如き役目をしながら、常に体全体で柔軟な進退をするのが乱取柔道の骨合いであって、魚がグングン強く牽くのにお構いなく盲滅法に糸の強さに物を言わせて強引に引き揚げるのは決して合理的であるとはいえない。いかがです、その辺に電線位の糸で雑魚を釣って悦に入ってる大家はおりませんか。と書いてきたら、傍に人ありて曰く、六韜三略で太公望が文王に釣りを語る条《くだ》りにどこか似ているようだと。僕曰く、飛んでもない、太公望は釣りで治国平天下の道を説き、僕は自分の眠気覚ましに柔道の独語漫筆を試みたのみであると。》

（「独語漫筆（三）釣り糸と柔道」『柔道通信』昭和二七年一一月二〇日）

足の運び

《「運足」運歩などという言葉は日常あまり聞く言葉でもないから「足の運び」とした方が通りがよい。四足動物ならば安定がよいので、生れて直ぐに練習もしないで歩き出すのもあるが、桃太郎さんは別として悲しいかな人間になると二本足だからそうはいかない。等しく二本足を交互に運ぶことではあるが、幼児のヨチヨチ歩きも、老衰のヨボヨボも、ザトベックの韋駄天と遅速の差があるというだけに過ぎない。世界はザトベックの出現で眼を廻したようだが、昔日本では一日に三十里乃至四十里位を踏破した者がザラにあったのである。大体足を鍛錬することは、如何なる武術にも大切なことであるが、「千里善走の法」などにはよくその極意が伝えられている。これは要するに身体の一部だけに疲労を来さないように常にその全体を用いて足を運ぶことを教えたものである。

日本の旧軍隊の歩兵などは無暗矢鱈《むやみやたら》にヘタバルまで歩かせられたのだからたまらない。

中里介山の大菩薩峠に出てくる青梅の七兵衛の健脚ぶりは当時からすればあながち架空の駄法螺でもないと思う。豊前の豪雄毛谷村の六助は未だ仕官しない頃には英彦山から小倉まで、薪を背負って往復したということが、今でも土地の語り草になっている。現に私の畏友の曽祖父は、展ろげた扇子を胸に当てがって、それが地上に落ちない程度に柳河から福岡まで歩いたということだから、正に今でいう競歩の記録保持者であろうと思う。それにしても当時の足拵《ごしら》へといえば、地下足袋もなければ運動靴など気の利いたものもない。つい二、三十年も前の学生の遠足でも、脚絆、草鞋で一歩一歩を蟻の如くに歩いたものだ。せめては途中大名行列に逢って土下座をすることがなかっただけがめっけものであったのだ。

足の代りに鉄道が敷かれたのが八十年前だが、それから余り遠くない安政の頃に広重の画いた五十三次の道中姿を見ると更に隔世の感が深い。そして今では地上だけでは満足出来なくなって、西遊記の孫悟空を後り目に月世界まで伸ばそうというのだから驚くべき人智の飛躍である。

さて話を、足を運ぶことに戻さねばならぬが、昔の草鞋とか草履或は木履と称せられるものが、今では地下足袋にあらずんば靴類にお株を奪われてしまっている。従って草鞋を用いる場合と靴を履いた時とでは自然に足の運びにも変化が生ずべきであり、特に女のハイヒールときたら想像するだに並大抵の苦辛ではなかったであろうと察せられる。田舎の凸凹道や砕石のゴロゴロ道を猫も杓子もハイヒールで闊歩しようというのだから御苦労千万である。大体ハイヒールは平なところを闊歩する場合の代物で、少なくとも日本の道路と病人とには不向きである。元来人間の姿勢は健康の目盛があって何か心身に不健康なことが起ると、俯《うつむ》き加減になって背中が円くなるのが普通であるから、こういう時に早速ハイヒールを草履位に履き替える方が無理がない。又女は不健康な場合に限らず、重い荷物を持ったり、幼児をオンブした時などもハイヒールでは歩きにくいにちがいないから、その時は鮮人式に頭上に載せるのも一方法であろう。

さて、人の歩き方は十人十色で皆違っているのであるが、それでは如何なる歩き方が正しいかとなると中々答えが難しい。嘗てヒットラーユーゲント式が颯爽としているからとて、これに「正常歩」という敬称を奉って随喜の涙を流して、その奨励に力瘤をいれた当局があったが、彼等は日本の道路が何処でも平坦であると思っていたのだから御芽出たい。畳の上ならば小笠原流で、アスファルトの上ならば「正常歩」でも結構であるが、日本の道路は御覧の如き始末であるから、日本人は日本人向きの歩き方があって然るべきである。これはわらじ時代の話であるが、東海道は名古屋辺りで二人の武士がすれちがいざまに、その足の運び方が只者にあらずと見てとったので、互いに敬意を表し合ったら、その名は果して柳生兵庫と宮本武蔵であったということを伝えているが、これはあり得べきことでもあり、あらしめたいことでもある。単に足の運び方だけではなく、全身から発する内面的なものを感受したのであろうと想像すればなおさら味のある話である。先年乏しい小遣いを割いて観世のお能を観に行ったことがあるが、その時衣装を着けて面を被って出て来た者の体の裁き、足の運びに驚いたことがあった。舞台の中央に起って時々微かに動くこともあったが、むしろ静の状態でいる間の方が長かったぐらいであった。にも拘らず観衆の眼は一様に釘付けにされていた。正に能における自然本体というのであろう。そして吉田〔茂〕さんの様に白足袋を履いているから足の滑りは工合がよいとはいいながら、その一歩一歩は全身と調和していて、実に気合の充ちたものであった。彼等が柔道の稽古をしたことのある者ならば兎も角であるが、受身一つ心得ぬ者が斯の如き境地に克くぞ達し得たと思ったら、柔道人の端くれである自分が少々辱かしくなったことがある。

そこで私共の場合は全身の一点だけに力を凝集することなく、常に体全体で動作しなければならぬが、その一歩一歩は爪先が習慣的に自然に畳を強く踏みしめていなければならない。これによって膝関節にも腰部にも弾力を生じ、柔軟性を加えてくるということを忘れてはならない。即ち活きた足腰を備えるためには足の爪先が、必要に応じて何時でも踏みつけ得るようになっていなければ駄目なのである。稍々《やや》もすると相撲と柔道とは違うといって一口に片付けたがる半可通がいるが、このことについて、相撲界を風靡《ふうび》した嘗ての栃木山、今の春日野が、スポーツ新聞の座談会で話題にしているから流石である。そして同席した双葉山こと時津風が正直にその話は初耳だといって、先輩に説明を求めているからこれも亦流石である。栃木山はその席上で、相撲では押す時も退く時も、一方の足の踵が、後の足の踵に向かっていなければならぬとも語っているが、これは謂ゆる撞木《しゅもく》の足のことであって、柔道の場合にもそのまま当てはまることではあるが、強引柔道が流行しているので、一般には余り関心が払われていないのは残念なことである。それにしても一代の名力士双葉山が爪先の作用を知っていたならば或は百連勝も不可能ではなかったかもしれぬ。栃錦に至っては師匠によって既にこの爪先のことを体得しているのであろうから、柔道界の双葉山諸君は、聴くは一時の恥と思い定めて、春日野部屋を訪れるべきである

さて、ジグザグの脱線は独語漫筆の已むを得ぬところであるが、之を要するに、正しい足の運び方は、その時々に応じて目的に叶うように有効な方法がなければならないということに尽きると思う。即ち攻防に終始する、乱取柔道、相撲、剣術（竹刀の当てっこ）等はその手段とか間隔によって自ら運足が異なるべきである。又道路の歩行や種々のスポーツに於いても、夫々《それぞれ》の目的に対して最も効果があがるようにするためには如何にすべきかということが重要な課題になるのであるが、私はここでは単に柔道の精力最善活用の原理に基づくならば一番正確な答えが得られるであろうことを答えとしておくに止める。但し、眼にも見えず触れることも出来ない、世渡りに対する運足を如何にすべきかということは、本題の趣意でもなく又到底独語漫筆の及ばざるところであるとご了承が願いたい。》

（「独語漫筆（四）足の運び」『柔道新聞』昭和二七年一二月二〇日）

西師範は柔道の本来の目的は試合に勝つことではないと考えている。しかし、どうしても勝敗にこだわるために、強引で、無理のきく大技を先に身につけようとして練習に励むことになる。「柔道の小家も大家もこの事のために悲憙交々《こもごも》憂身をやつしているのであると思うと、聊《いささ》かウンザリせざるを得ない」という。この試合本位の考え方が、柔道の技に対する視野をみずからせばめていると評するのである。

第五節――柔道指導者の条件

次に、柔道指導者のあるべき姿について、西師範は下記の条件を挙げている。

《どうも一口に柔道とさえ言えば、乱取柔道のことだけを頭に浮かべがちであるから、直ぐに試合のことを連想して、強いとか弱いとか、あるいは何段だということが柔道の話題になってしまう。これが何処かの後進国ならば、譬えそれが許されたとしても、日本伝講道館柔道の本家本元の日本だけにそれは許されない。我々としては全世界に柔道が普及されることは大いに望むところではあるが、その前に柔道の「正しい考え方・在り方」を日本の内に徹底させて、その国民的常識まで持って行かなければならないと思う。近頃、柔道が盛んになりつつあるとは謂っても、その実は特殊の青年男子の極一部に限られているのだから多寡の知れたものである。我々は柔道を老人や女子の間にも普遍しなければならない…野球選手にもラグビー選手にも等々である。この意味で日本における柔道の先生に多くの希望と期待が寄せられても已むを得ないのではなかろうか。

以下、列記した条項を残らず身に附けることは至難であっても、あながち無理な希望でもないと思う。即ち

一、先生の一人一人が故嘉納先生の門弟であるとの自覚と矜持を有すること。
二、柔道の教理に徹し、謂わゆる武道と異なる所以を理解すること。
三、柔道と講道館との歴史に通じ、その使命に対し常に自己が一体に在ること。
四、柔道の本義を口舌だけの受け売りにならぬように自己自身のものを持っていること。
五、自己が開拓した独自の柔道理念（四）を文筆でも発表が出来ること、若し以上が不可能であっても、せめては葉書一枚くらいは満足に書ける程度に文筆あること。
六、柔道の健全な在り方を前方に見つめつつ、自己をその方向に進め得る実践力を有すること。
七、柔道とスポーツとの異なる所以、並に柔道とスポーツとの共通点を明確に弁えていること。
八、柔道が相撲、レスリング、ボクシングと試合が出来ない理由を他に納得が出来るまで説明が出来ること。

九、自己の昇段には齷齪《あくせく》せぬが、修行には克く努力すること、段位には恬淡として意に介せず、従って昇段運動など卑屈なことをせぬこと。

十、躯《からだ》が大きすぎては学校の場合は適当ではない。もっとも体力を細かく使い分けが出来て軽く動くことの出来る人は別である。将来は試合向きあるいはオリンピック向き乱取と、先生向き乱取とに分類されるかも知れぬ。

十一、乱取は左右均等でなくとも、左右の利き技を有すること。先生でありながら自己の組み方でなければ稽古が出来ぬ人が多い。先生たる以上、殿様稽古では情けない。時には相手の最も弱点に組み或は最も得意に組み或は強くも柔らかくも自由自在に組んで、先生一人分の稽古は克く五人分にも十人分にも相当するだけの稽古量を具えること。

十二、手技、腰技、足技、各一つ以上を左右に体得していること。

十三、立技から固技への連絡が出来ること。

十四、自己としては自然本体であるが極端な変体でも稽古が出来ること。

十五、三段若しくは四段に達した時には如何なる所でも先生になれる資格を具える事（十年前までは三段で立派な先生もいた）。

十六、形及形の理合にも通じていること。

十七、なるべく整骨業をしていないこと（故嘉納先生は遂に整骨の依頼に応じなかった）。

十八、審判員としての素質を養うこと。

十九、六と重複するが、力づくで無理を通す下品なものでなく、「道に従って勝を制する」勝負の常道を学ぶ態度であること。
二十、先生は柔道が人生の要道であるとの考え方を持って後進に臨み、専門家を養成する態度を慎むこと。
二十一、最近特に乱取における進退動作の基礎が未熟であるから深く関心を有すること。
二十二、後進の長所とするところを看取りして大成の誘導を期すること。
二十三、審判、出張指導の時、不当に手当てを受けぬこと。
二十四、文部省の学校柔道は、講道館柔道の一部に過ぎないことを了知していること。
二十五、望むらくは、先生が身に附けた技の内、先生自身の説明を俟たなければ、その妙処に触れ得ないというものを具えること。》

（「独語漫筆（五）先生なるが故に」『柔道新聞』昭和二八年三月二〇日）

すなわち、西師範は柔道の本義を心得ない指導者が世の中に増えていくことに心底から危機感を抱いていた。指導者の養成こそ、最大の課題と思っていたのである。

第六節――随筆「祖国と柔道」

西師範の「祖国と柔道――民族本能と正当防衛」は、『柔道新聞』昭和三四年一月一日と一月一〇日に分けて掲載された。これが最後の投稿文となった。やや長文である。日教組批判も含まれているが、もちろん当時の日教組に対する批判であり、今日では当てはまらない部分もあろう。全文を採録する。

《柔道の本質

私共は、たまたま同胞九千万の中にあって、日本で生れ、日本で育った「柔道」に汗を流し合った者同士ですから、当然そこに何か共通するものがあるべきはずです。今でこそ柔道は占領管理下の方針をそのままに、スポーツ一辺倒の姿に変貌されてはいますが、これは私共の本意ではなく、もうそろそろ温故知新の前進を開始すべきであります。

柔道はまぎれもなく、その源を武術に発し、それは民族の歴史的な治乱興亡と繋がるものであることは申すまでもありません。

元来、武術本然の理念とするところは、自己の安全と社会安定の護持にあるのであって、これが発動は常に受動的であることを、たてまえとするのであります。これがため一度、道義と責任の履践《りせん》にあたっては、剛毅果断、不撓《ふとう》不屈の凛然たる気魄《きはく》となり、あるいは気節となり、廉恥となり、反省となり、礼譲となり、成長してこれが武道となる所以もここにあるのであります。

しかして講道館を開設した嘉納師範は不世出の才識をもって諸流を綜合し、新生面の工夫を加え、独創的に「柔道」と称し、さらに最も簡明にして決定的な柔道の理念と教義とは「精力の善用」と「自他の共栄」であるとし、遂に一貫不動の信念によって「道」としての柔道に、新機軸を打ち樹てたのであります。これこそ日本が伝えるべき「日本伝講道館柔道」の性格と方針とを明示したものであり且つ柔道界百年の計であり、公約であります。したがって、この照明灯に照らし合わせて、はじめてスポーツ的な柔道の在り方にも、あるいは武術的体育的な柔道の内容にも、あるいは柔道人としての精神面における真面目にも明確な答えが得られるべきであります。この柔道の全容を認識せずして、単に柔道をスポーツなりとすることは、群盲が象を撫でるに等しい早合点であります。

柔道界の反省期

ところが、今の柔道と柔道界の推移は、お世辞にも褒められないのが真相です。〝努めてやまぬ〟ところに進歩があるのに、理想はもちろん、夢すらもなくて、小さな枠内でのスポーツ一辺倒の試合万能と昇段無上主義で、往ったり来たりしているようです。

道場と名のつく大広間で、法衣の代りに刺子を着ているだけが、柔道と思っているところは、仏法の普及と実現に街頭へ出ようとしない多くの坊さんと酷似しています。理想がありませんから、暗夜の無提灯で、一時は植民地的に卑屈な、阿諛迎合《あゆげいごう》の媚態柔道だ、といわれたことさえあります。

スポーツに修行という言葉はふさわしくないかも知れませんが、その試合は功利的なポイント稼ぎとなり、経費打算とお客様相手の興行化となり、唾棄すべき八百長の醜態となり、相撲に学ばねばならぬ力技となり、あるいは昇段の努力は、進学と就職とが目的となり、その昇段をめぐって、工作組と受入側を生じて、段は商品化し、これと相まってトコロ天式の昇段者を簇生《そうせい》して、インフレを呈し、先生であったのがコーチに下落し、その不勉強は内容の栄養失調を来たし、しかも指導者層はボス化して、保身の謀略に終始しているのですから、柔道の行方が懸念されるのも当然です。

〝本立って道生ず〟で、これというのも柔道に肝腎要のものが、抜けているからであります。忘れているのではなく怠っているのです。或は卑怯な当事者は他を顧みて、これも時代の影響だと自己弁護するかも知れませんが、やはり保身のための逃避にほかなりません。

また諸機能の運営に、民主主義もなるほど結構ですが、ややもすると類をもって集るボスの巣窟となり、或は責任の転嫁となって、その中心の捕捉に困難があるのは否み得ません。ともあれ長期にわたるこの情勢から脱して、日本柔道の危機を救うものは、ほかならぬ柔道人自身が斯心奮発して嘉納師範の教義に復することとの一途にあるのみと思います。

同志の総決起

いやしくも柔道の真正を索め、かつそれを次代に伝えようとする者ならば、あるいはまた立派な柔道が、東京に育つことを願う者ならば、静かに首をめぐらして、思いを祖国の上に馳せることも、必然の感情というべきであります。

私共はほんとうの柔道が育つか否かによって、将来の日本の運命を占うこともできると信じています。柔道界が危機であることは、前述の通りでありますが、今や祖国の危機を、私共は皮膚に痛いほど感ずるのであります。

嘉納師範の柔道が、第一課として教えるものは、完全にして基本的な体容である「自然本体」であり、さすがは師範の大見識であると存じます。私共は不断の努力も、はたまた人生も、この安心と安定の姿勢を得んがための追求であります。然るに、今まさに祖国の「自然本体」は根底から揺らぎはじめました。九千万から選ばれた私共柔道人の心身が健全であるかぎり、空しく手をこまねいて「何とかなるだろう。仕様がない」と傍観することが、すでに明瞭な罪悪なのであります。

維新の先覚・真木和泉《まきいずみ》は「暗き夜やよし迷うとも行きなれし道はかへじと思うなりけり」と、正直に迷うことを歌い上げていますが、その数、蒙古襲来の五倍に及ぶ教職にある者が、連日常軌を逸して狂態を演ずるにいたっては、もはや迷うことの何物もありません。ただ烈々剛毅の気魄に起ちあがって、祖国の黄昏《たそがれ》に高らかな暁鐘《ぎょうしょう》を撞《つ》かねばなりません。

〝先生〟の大義

私共は家の宝であり、国の力となるべき子弟の教育に任ずる先生が日本の歴史に汚点を残すような階級闘争に憂身《うきみ》をやつす労働者でないことを念じ、かつ信じようとしています。思想の混迷と精神の墜落を堰《せ》き止め得る者は、単なる良識や文化人のよくするところではなく、困難に処して「正しさと強さを具えたる者」すなわち〝知〟と〝行〟との一体が、灯下の如くに随時随所にくまなく反映できる先生を措いて他にないのであります。

昔の武士ならぬ今の先生こそ、世道人心の木鐸《ぼくたく》であると思います。もし不幸にして、社会的なこの信頼を裏切るならば、国家がその身分を保障して、次代の子弟を託することは、いたずらに逆効果となるばかりであって、国家の危険これより大なるものはありません。もっと露骨に偽らざる父兄の感情を伝えるならば、共産党の別動隊たる日教組に、物心両面を入れ上げる先生に、豊かならぬ国費を投じてまで、学校という大建築の中に洋服を着用したシベリアの熊を飼育することは、不合理きわまるということであります。

これでは父兄と先生との信頼感は破壊せられ、いきおい現行の学校区制度を廃止して、社会的な判断に基づく「勤評」に、最も優秀を示している学校に任意入学させるとか、或はブラックリスト上の先生は全員放逐して、野に在る多くの遺賢をもって、これに充てることも手間ひまかからぬと思います。かつて嘉納師範は、単的に「善とは人類の幸福と社会の存続発展に益することである」と述べられましたが、これは柔道の教義と一致する平和であり、人間道徳の大本を道破したものであって、日教組の共産主義的社会主義の革命とは決して相容れぬものであります。私共は、天行の悠久に健なることを信ずるものではありません。世の風潮に巻きこまれず、居然として天下の重きをもって任じ、大義名分を明らかにして、出処進退を誤らぬことをもって、男児たるの本懐といたしたいものです。

言うは易く、行うは難くとも、断じて行なうべきです。実行なくして柔道はあり得ません。躊躇《ちゅうちょ》は及び腰の後退を意味します。

放射能的〝日教組〟

今まで私共は、国内を極端に二分する政争的なものの遠く圏外にあって、時折相寄って自由な批判を加えたに過ぎませんが、目前に高まる極左的な日教組の動きはその範囲と毒素とが、放射能的に深刻であり、問題はいよいよ身辺に迫ってきた感があります。

結局、彼等が狙いとするところは日本の政治も、経済も、社会も、文化も、醇風美俗も根こそぎ抹殺せんとする戦慄すべき無謀にあるのですから、唖然、呆然のほかありません。危局ここに及んでは、民族としての血潮は、空しく黙止していることを許されなくなりました。

よって柔道の本領に生きんとする私共は、彼等の真っ向に立ちはだかって、民族本能の正当防衛に東西呼応すべきであると存じます。

決然袂を別かて！

顧みれば、祖国の敗戦には幾多の原因が挙げられますが、すでに国内的に自らの手で遠因、近因の墓穴を掘っていたことを、第一に指摘しなければなりません。

これは日本のみならず、古今東西の戦史が証明するところでありまして、今さらアメリカの非道やその科学と物量などを云々しても愚痴の繰り言になってしまいます。外部からの敵には、日本の敗戦によって涙の中に幕が下りてしまいましたが、なお怖そるべき国内の敵たる獅子身中の虫が、猖獗《しょうけつ》を極めんとしております。敗戦の苦杯に性懲りもなく、自ら好んで国難につぐ国難をまねきつつあるのですから、狂気の沙汰であります。

散々に外国から叩きのめされて、文字通りに身も心も伸びきってしまったにもかかわらず、恰かも自由と民主の戦士なるかの如く、理由なき理由を正義化して、共産党の尻馬に乗って、傍若無人の振舞を敢てする日教組の恰好は狐狸の魔術に魅せられた妄執の俘虜《とりこ》というべきであります。

私共は大多数の先生が、日教組幹部の言論と行動に対して今もなお批判的であり、消極的であることを熟知しておりますが、半夜夢醒めて手を胸に当てたとき、豁然《かつぜん》と日本人的な潔癖症が甦って、志を同じうせざる者と席を共にせず、という自覚を喚起し、必ずや日教組と袂を別かつに至るであろうと信ずるものであります。

日教組の正体

右まで述べ来ったところは、主として柔道人を対照に微衷を披瀝したのでありますが、以下少しく日教組の正体を事実のまま、概念的に触れてみなければなりません。その正体の分析、解剖はすでにそれぞれの機関によって明かな通りでありますが、狐狸の魔術の本丸には、組織の幹部にレッキとした共産党員と準党員とが多数を占め、教壇とは無関係に、また無経験な者までがボスとなって組合を牛耳っているのであります。

これらのボスが指令一下すれば、その多数の力と金力とを賭けて、最も急進的な行動を展開し、今や政治的に革新党と総評内に、押しも押されもせぬ存在であることは周知するところであります。

彼等がいう民主主義と自由主義とは、似ても似つかぬ中央集権的であり、いきおい彼等が蛇蝎《だかつ》の如く忌み嫌う官僚的統制が露骨に行われていることは否定することが出来ません。

彼等は教育から子供を守るのだといいながら、笑止にも二十七年の倫理綱領の中では「団結こそ教師最高の倫理である」と不逞の言辞を弄し、しかもこれこそが民主教育確立の信条であると、宣言しているのですから二の句がつげません。

また彼等は学校を職場とする労働者をもって任じ、政府の施策には無条件の絶対反対を唱え、意にそわぬ一切の法律には鉄壁の強心臓で、見えも外聞もあらばこそ日本人ばなれした羞恥を知らぬ暴力的行動で、反対のための反対を繰り返しています。全く教育の場を悪用して階級闘争に血眼になっているのですから箸にも棒にもかかりません。

彼等の眼中には文部省も教育委員会もなく、冷静に見送っている国民の思わくや多数父兄の批判にも耳を掩い、一途に教育の政争化に猪突しているのであります。思えば大切な子供を、津々浦々にまで預るその数五十万人の日教組を、わが陣営に籠絡《ろうらく》したる革新党の怪手腕と、重大なる国民の付託を弊履《へいり》の如く抛棄して、政治運動に突進した無責任な「先生組合」の大錯誤に浩《こう》嘆を禁じ得ません。

〝殷鑑は遠からず〟、かつての軍部の政権掌握がいかに危険なものであったかさえも、歴史を教える先生達は省みようとしないのです。

学者の作文

彼等は日本の最愛の子供を育成するのだと広言しながら、抹殺したり歪曲して、ソ連色と中共色とに塗り変えたものを御用学者に著述せしめ、これを国民学校の教科書として、不敵にも社会改革の意図を強行しようとしているのでありまして、純真愛すべき子供こそ迷惑千万なはなしです。

その革命の温床教科書ともいうべき『時代と生活』（元の一高校長であり、文部大臣と学習院長の経歴を有する安倍能成氏等の共著）を繙くならば、建武中興の一項に「幕府が亡びると天皇の政治がまたはじまった。しかしその政治は武士や農民の利益を考えないで貴族を優遇した。足利尊氏は天皇に反対する武士をひきつれて戦をおこした。正成は貴族の側について戦い、湊川の戦いでまけて戦死した。天皇は吉野の山おくへにげこまなければならなかった」と、いともすげなくあっさりと捌《さば》いています。

幕末のことについては「農民や町人の力は封建制度の基礎をゆるがしはじめた。けれども幕府をたおす運動をすすめる役割をはたしたのはおもに下級の武士であった。この人々は身分制度のために自分の才能をふるうことができないのを不満におもっていた……この形勢をみた将軍慶喜は一八六七年全国の政治をおこなう地位を天皇にわたした」と片付けています。また『歴史の流れ』（川崎庸之氏等著）の一節には「占領軍はポツダム宣言と極東委員会の決定に基き、日本の武装解除……などを行った。これらの措置によって日本国民は長い間のファシズムの圧制と封建的な束縛から解放され、いまだかつて受けたことのない自由をえて、旧日本はすっかり近代化するようにみえた。……まず第一は連合軍の管理方針と国民の中からもりあがった要求にもとづいて民主主義の線にそって大改革が行われた」とまことしやかであり、他もまた推して識るべしであります。

『近代社会の動き』（坂本太郎氏著）の如きは「教職員は占領政策に忠実を誓った、教職適格審査証を必要とした」とか「今まで不当にとらえられていた人々が解放された」にいたっては、当時の国民感情をことさらに曲筆し、ただに敗戦の屈辱感を喪失させるばかりか、占領軍を解放軍とし、その政策を国を挙げて歓迎したとしか思えないのであります。

若しも敗戦と被占領とに躍り上がって万歳を唱えた者があったとしたら、それは徳田、野坂等の一統と、スパイの尾崎一味であったろうとしか思えません。

これでは開戦前における非人道的なアメリカの日本に対する封鎖政策も、原爆投下も或は敗戦直前におけるソ連の裏切行為も、或はまた極東裁判における勝手放題な一方的判決さえもが、容共的精神分裂症の日教組講師団のお筆先によって正統化されてしまうのであります。彼等がいうところの独立自主の精神何処にありやであります。今日の売文学者はわが国土に赤旗を菊躬如《きくきゅうじょ》として迎えるの徒であり、彼等が頭から否定する封建時代の学者山崎闇斎は、孔孟の軍といえども来り攻めたら敢然と邀《むか》え撃つのみだといって一世を警《いまし》めております。

国亡びて山河のみ

閑話休題、さる大手の炭鉱での争議に組合側の闘士が「たとえ今の資本家が倒産しても、この炭鉱《ヤマ》が存在する限りは、誰かが事業を継承するであろう。我々の要求貫徹があるのみだ」と拳を揮って叫んだことがありますが、この怖るべき無分別は一国の場合にも想像されるのでありまして、正邪曲直を蹂躙《じゅうりん》して憚らぬ狂言的な日教組は、階級闘争にふみ切った労働者として「わが国土が存する限りは、誰かが政治を担当するであろう。我々は思想上の国境を認めない」と嘯《うそぶ》いているのにちがいありません。

斯くて同胞の九千万は、元の土の上に止まることは出来ても、愛すべき祖国とその一切を喪って、寄るべきなき孤児にならざるを得ません。もしこれを余りに飛躍した夢想に過ぎないとするならば、前のドイツ、朝鮮の惨苦も、近くはハンガリーでの生々しい悲劇も、この世の現実ではなかったことになってしまいます。

どれほど祖国というものが、民族の感激であり、情熱の源泉であるかは、ギリシャの捕虜が帰還して上陸するや、大地に歓喜のキッスを与え、沖縄の高校生が甲子園からひと握りの土を持ち帰った事実によっても、これを明かにしております。

思想に国境がないなどと放心状態でいたのでは、〝落花は再び枝に帰らず〟という言葉そのままの亡国になってしまいます。狂瀾怒濤に翻弄されて、まさに日本号の傾斜が甚だ急を告げているとき、私共の帰趨《きすう》はその傾斜の反対側に立って、沈没を未然に防ぐことでなければなりません。(終)》

(西文雄「祖国と柔道」)

すなわち、西師範は「祖国と柔道」において、まず日本柔道の危機を訴える。戦後、柔道は

「スポーツ一辺倒の試合万能主義と昇段無上主義」に変貌し、柔道本来の理念と教義をないがしろにしているために、柔道界にはさまざまな破廉恥な事態が生じていると批判する。そして、柔道人に嘉納師範の教義に立ち返って柔道の堕落を救えと呼びかけるのである。

また日本教育界においても、これまでの日本人の人生観、歴史観を一切否定し去ろうとする勢力が台頭してきたことに警鐘を鳴らしている。その勢力に対して、毅然として立ち向かう時であるという。「祖国は民族の感激」であり、「思想に国境がないなどと放心状態」でいては、「亡国」を招くというのである。

「祖国と柔道」は四二年前に書かれた。今日（平成二九年）、柔道はスポーツとして国際的に繁栄していると言えよう。また日本の教育界は偏差値によって学校を序列化し、学習内容を平準化することによって、子どもたちにテストで一点を競わせるような制度をつくり上げた。この受験競争的モデルは総体として高質で均質な労働者を育成するのに成功し、経済的繁栄をもたらしたのである、西師範の危惧した「亡国」の状態にはならずに済んだように見える。しかし、その経済上の成功の裏で、精神文化の上で堕落はなかったのだろうか。

思うに、敗戦後のこの時期、日本人はそれまで存在した思想上の「何か」を喪失し、新しい「何か」を受け入れたのである。その時点で日本人は過去の柔道観、ひいては人生観、歴史観を変貌させたと思われるが、その変貌が「賢明な判断」に基づいておこなわれたと言えるだろうか。あるいは「より良い方向」に向かったと確信をもって言えるであろうか。敗戦後の「放心状態」のなかで選択した方向だったかもしれないのである。

戦後の復興と繁栄は、長期的に見れば、歴史のある時期のひとつの現象にすぎない。この現象は再び変化するときがやがて来るであろう。そのときには、日本の柔道あるいは日本人の精神生活はいつの時点から、どの方向に進み始めたのか、そして今どの地点に立っているのかを必ず反省しなければならない。日本の柔道はいかにあるべきか、日本人の教育はいかにあるべきかを、再び思索し哲学するには、過去に否定したものがいったい何であったのかをもう一度はっきりと知る必要がある。西師範の論考はそのための貴重な反省材料のひとつであると思われる。

【第八章】

高度経済成長期の振武館

第一節——第六次振武館再興

昭和三六年中野泰雄の奮闘

昭和二五（一九五〇）年、朝鮮戦争が勃発した。米軍の軍需品調達、基地建設、朝鮮救済物資の調達等々によって、日本経済は一気に拡大し、経済復興の道を歩み始めた。昭和二九（一九五四）年に不況を脱して、昭和三〇（一九五五）年から昭和四五（一九七〇）年まで年平均名目経済成長率一五パーセント以上という驚異的な高度経済成長を達成した。昭和四四（一九六九）年には国民総生産が米国に次ぐ世界第二位を占める「経済大国」となった。振武館はちょうどこの高度経済成長期のまっただなかで再建されることになった。

さて、昭和二二（一九四七）年に修築された振武館は、一四年後の昭和三六（一九六一）年ごろには再び修築せざるをえない状態になった。「振武館外史」は記している。

《緒方竹虎は、自民党総裁、総理大臣の地位を目前にしながら突然物故され、明治時代の振武館出身者はその後も次第に欠け、冨永八郎、西文雄の努力にもかかわらず、道場の維持経営はふたたび困難を経験するにいたったのである。また、戦後の振武館の館員たちは、あるいは東京の大学に学び、あるいは社会の門を出て、それぞれその翼をのばしはじめたが、道場はようやく、また荒廃しはじめるにいたった。

昭和三五年、上野恒夫が振武館の前途を思いながら物故し、その病床に、「中野泰雄が再建に当たったらよかろうに」と再建を思われていたと聞いて、その年の暮、中野泰雄は再建のために努力する決意を固め、冨永八郎、吉田雄助など先輩と相談し、さらに前任の諸幹事長の了解をもとめ、昭和三六年を期し、出発することとしたのである。

偶然にも、本年は明治一四年以来八十周年に当ったので、建物・畳の補修のため、広く寄附金を募り、道場再建の道を歩むこととなった。一月三日の新年顔合せ以来、中野泰雄は道場修築の案を心に描きながら、四月一日、ついに家族とともに、道場の管理に従事することとなった。

当初、最低四十万円の目標で、道場修築の為の寄附を集めはじめたが、今日まで三十四万円の額に達しており、もうあと一息のところまできている。修築に当たり、予想外に木材の値上りが建築費を高めており、いささか、最低必要に留めることとなっている。

しかし、講道館指定のプラスマットは一畳分一二〇〇円で、やや高値につくが、堅牢でモチがよいことは、なかば永久的といわれ、振武館としても、市内の各道場に互して畳の点では、恥ずかしくないものとなった。伝統に対して恥ずる必要のない道場とすることができるかどうかは、今後の重大な課題と言える。》

（「振武館外史」）

中野泰雄は大正一一（一九二二）年に中野正剛の四男として東京に生まれた。戦後、昭和二二年に出版社「真善美社」取締役、昭和二四年に新光印刷株式会社取締役、同三〇年に代表取締役となるも同三二年に辞任し、翌三三年「東方時報」主幹に就任。三六（一九六〇）年四月一日、振武館幹事長となり、家族とともに振武館附属の家屋に起居しながら、道場の管理と再建に従事したのである。五年後、三八（一九六三）年より亜細亜大学講師（のち教授）となり、福岡を離れることになった。著書に『父・中野正剛伝』（新光閣書店、一九五八年）、『政治家中野正剛』（上下巻、新光閣書店、一九七一年）、『アジア主義者中野正剛』（亜紀書房、一九八八年）等々がある。

　中野泰雄は振武館改築に際して、「振武館再建と私の抱負」と題する一文を草した。冒頭に表8－1のように、寄附した人々や会社を掲げている。

　ここには著名人・有力企業が挙がっている。だが、いわゆる無名の先輩有志の寄附も多数あったのである。

《上記の方々、ならびに諸会社の御厚意ある御援助によって、寄附総額は五十一万円を突破することができました。当初は、三十万円を目標にしていましたのが、諸物価の値上がりもあり、また計画も少しずつ拡大されてゆき四十万円を目標とするようになりましたが、始めは、私自身、目標額を達成することができるかどうか、多くの懸念をもって、寄附募金を始めたのですが、私の期待以上に、多大の御厚情を頂くこととなり、ほとんど当方の

［表8-1］ 振武館寄附芳名録(昭和36年当時)

寄附者氏名	職業	備考
安川第五郎	日本原子力発電会社社長・会長	玄南会会員
真藤慎太郎	日露漁業副社長	満洲義軍に参加
藤田正実	元東方時論社・社員	東亜同文書院出身
笠原播次		
吉田裕彦		
吉次鹿蔵		
奥村茂敏	福岡市長	
阿部源蔵	福岡市長	
渡辺福雄	渡辺鉄工所社長	
辻長次郎	辻組社長	
早麻清蔵	福岡市議会議員	
森口巌		中野正剛の甥
井上政雄	元東方会の代議士	
石橋正作	元東方会員	
石村貞雄	福岡市議会議員	
小森俊雄		
妹尾憲介	福岡市議会議員	
西島権次郎		
浜口誠昭	浜口水産社長	
倉田主税		
西村三郎		
当山清		
鈴木尚虎	元東方会員	
山北守男	有限会社新光閣書店	猷興居
西日本鉄道株式会社		
九州電力株式会社		
西部瓦斯株式会社		
ブリジストンタイヤ株式会社		
西日本相互銀行		
福岡相互銀行		

中野泰雄「振武館再建と私の抱負」より筆者作成。「職業」「備考」欄は筆者加筆

御願い通り、またはそれ以上の御寄附を頂戴することになりました。目標を達成できましたことに、ここに紙面を借りて、心から御礼申し上げます。なお、今後とも、みなさまの御鞭撻、御援助のほどを御願い申し上げます。

四月一日、私が幹事長として、本来適任であるとは思ったことはありませんが、亡父よりの由来もあり、上野恒夫さんの御希望もあり、それに加えて、昨年暮以来、吉田裕彦さんの御支援、吉田雄助さんからの御賛同を得たので、あえて、修築再建に乗りだしてみた次第です。

私の柔道歴は、小学校三、四年の折に、父に連れられて、永岡秀一九段の道場に毎土曜日に、時には兄とともにエスケープをしたりしながらも、行かされたことにはじまりますが、東京市第一中学校の柔道部で、二年の時から選手となり、五年終了まで選手となっていましたが、それ以来、二十年以上、稽古らしい稽古をしたことがなかったので、まづは現在では中学三年生程度の実力というところでしょう。五月一日から、青少年を相手に、四十の手習いを始めたのも、健康のためにはためになりましょうが、はじめは、なかなか疲れが翌日に残って困ったものです。

しかし、中学二年の時から、毎年東京都の中学校の学年別大会に、五人のチームの一員として参加し、二、三年の時は連続優勝をとげ、四、五年の時もたしか準決勝まで進出した経験は、今もって、時に、人生の困難に当面した時に、一つの支えにもなっているように思えますので、指導とまではゆきませんが振武館の伝統の維持のために、青少年の時代に帰って、相手をすることはできます。

稽古はあまり強くなく、試合になると、いつのまにか、相手が仆《たお》れていることが多いという勝負の記憶があります。中学三年の時に初段となり、中学四年の時、講道館の昇段試合では、大学生と会い、二人を返しわざで投げて点を稼ぐことができました。

現在、一週間の内、四回、稽古日には、柔道着を着て、相手をすることにしています。しかし、緒方竹虎さんの筆になる「青年道場」という看板をかかげているからには、ただ柔道だけをやることが振武館の面目ではないので、来館する少年たちの利用できるような図書も備え付け、精神面、教養面でも、進歩向上を計ることができるような運営をしてゆきたいと念願しています。みなさまのその面での御協力を御願い致します。なお、私自身、柔道の指導は、適任者でもなく、本業でもありませんので、振武館の出身者にとどまらず、斯道の発展のために、振武館に御協力願える方々がおありでしたら、なにとぞ、よろしく御指導のほどを御願い申し上げます。

なお今月から、電話が架設されるようになりましたので、御用の方々は御利用下さい。東方時報社と同じく（七五）五六五四番です。

戦後、振武館で練習した少年たちの中には、大学に進学して優秀な選手たちもでていますが、明治時代の振武館のように、柔道のみならず、各界で活躍する人々として成長してゆかなければなりませんし、また、かならずそのような役割を果すようになることを確信致しております。それだけが、今回の多くの方々の御厚情にお応えする唯一の方法であると存じます。私が適任であるか否かは別として、そのために、全力をあげて責任を果して参りたいと存じます。》

（中野泰雄「振武館再建と私の抱負」）

中野泰雄は、振武館は単に柔道の練習場ではなく、青少年がみずから精神修養をはかる「青年道場」でなければならないと述べる。もし青少年が向上心を失えば、振武館は集会所となり、悪くすれば溜まり場となってしまう。それでは先輩有志の期待に背くことになる。そこで振武館員の一人ひとりのあり方を問いかけ、自治の伝統は連綿と伝えていかなければならないと述べたのである。

第二節——吉田雄助師範の逝去

吉田雄助師範は振武館相談役を長く務めた吉田虎太郎の子息である。「振武館外史」は最後に、その逝去を伝えている。

《ただし、再建が緒につきはじめた五月二十二日、吉田雄助師範が福岡産業運輸株式会

社の取締役部長として職務中、脳出血のため急逝されたのは、振武館道場の前途に大きな損失であった。完》

（「振武館外史」）

吉田雄助の柔道歴は長い。大正八（一九一九）年四月六日、福岡柔道会主催の九州柔道大会が洲崎浜でおこなわれた。嘉納治五郎率いる東京学生軍一三人と九州軍が対戦した。九州軍先鋒は中学修猷館五年生の吉田雄助であった。彼は白帯ながら、早稲田大学・慶應義塾大学・高等師範学校等の選手四人（二段）を跳腰、内股で次々と投げて、人々を驚かせた。最後には、柔道教師・西文雄が五将として相手方大将と引き分けて、九州軍は勝利した。

内藤用一郎は、「この試合終了後、嘉納師範はじめ講道館の高段者および東京学生軍の選手が態々《わざわざ》修猷館に来られて柔道部の練習を視察して『柔道に修猷館あり』の印象を深くせられたのである。六月、当時中学生としては異例の講道館初段に、五年生吉田雄助、澤井鐵馬、村井崇の諸兄と四年生の私が初めて昇段したのである。」と述べている。村井は振武館、澤井と内藤は明道館に通っていた。(1)

その夏、七月二〇日、第四回福日大会でも、吉田は中学修猷館の大将として出場し、決勝戦で久留米商業の大将・深谷甚八（初段）を破って優勝をもたらしたのであった。なお、福日大会は福岡日日新聞主催の大会で、大正五（一九一六）年から昭和一七（一九四二）年まで毎年おこなわれ、太平洋戦争が激化するなかで実施されなくなった。

その後、吉田は満鉄（南満洲鉄道株式会社）に入社、戦後は福岡産業運輸株式会社に勤務して、取締役部長になっていた。昭和三六（一九六一）年の振武館修築にあたっては、寄附集めを支援していたが、同年五月二二日、突然逝去したのだった。[2]

第三節――市役所への免税願書

期日は不明だが（昭和三八年前後か）、冨永八郎が福岡市役所に固定資産税の免除願と一緒に提出した文章「振武館略史」がある。

《振武館略史

明治十四年山座圓次郎、吉岡友愛氏等の地行西町の青年子弟等集まりて、達聴舎と言える青年集合の会を作り、木山氏の離家を借りて漢籍の輪読・柔剣道に依る心身の錬磨を図れり、後これを地行青年会と呼べり。明治二十八年先輩諸氏郷党の有志を訪ね寄附を集め、後輩子弟の為、青年会兼道場を地行六番丁に設立し振武館と称す。

大正拾年創立当時の先輩或は死し、或は年老たるを以て、其将来を考え、氏子子弟の青年参籠堂として鳥飼八幡宮境内に移し、青年会場兼道場として今日に及べり。館員の殆どは学生にして昔日は中学五年生、現在は高校・大学生中より選出されし幹事、道場の責任を背負ってたてり。実に青年自治の殿堂にして朋友切磋の風は若き魂の温床たり。畳の破損すれば、先輩を訪れて畳替をしてい、屋根破損し雨滴場内に落つるに至れば、即ち有志に依って寄附を仰ぎ以て七十余年の星霜を閲みせり。館員の数も亦時によって盛衰甚し。時に参四拾名を算すると思へば、時には僅か二~三名の集い来て夜の更くるを忘る。実に氏子子弟の参籠堂にして青年の道場也、而して郷党有志の後進子弟に残せる遺産とも言ふ可きか。

昭和三十七年中野泰雄氏、東京より福岡に在住せらる。家なきを以て道場の控室に居住せらる。三十八年離福せらる。先輩相謀り深沢治氏を幹事長として控室の一部を貸与し、道場の清掃と指導を依頼せり。蓋し館員の父兄適切にして信頼の於ける指導者を欲すればなり。世の状勢また止むを得ざる也と云ふべし。　振武館幹事》　（冨永八郎「振武館略史」）

中野泰雄は昭和三七（一九六二）年から振武館附属の家屋に家族で居住し、昭和三八（一九六三）年四月に亜細亜大学講師に就任するため福岡を去った。深沢治が新幹事長として振武館の管理を託された。

第四節——中野平八郎の鎮魂歌

和紙の巻紙に筆書きの手紙が残されている。それには自作の和歌が列記してある。太平洋戦争の鎮魂歌と思われる。中野平八郎が昭和四六（一九七一）年二月一五日（「昭和辛亥二月十五日」）に西文雄元師範に贈ったものである。西元師範は七四歳、すでに振武館を辞していた。

中野平八郎については詳しくわからない。ただ大正一一（一九二二）年七月二二日開催の第七回福日大会（西日本中等学校柔道大会）の決勝戦で、中学修猷館副将として出場し、相手方の小倉師範学校副将・原田実と引き分けた。試合は大将同士の勝負となり、大将・佐藤太左衛門が相手方大将・為成操一を破って、中学修猷館は優勝した。福日大会五連覇を達成した瞬間であった。(3)

中野平八郎は大正一二（一九二三）年に中学修猷館を一八歳で卒業した。そこから計算すると、明治三八（一九〇五）年生まれである。和歌を贈った昭和四六年は六六歳であった。

彼は、昭和三三（一九五八）年一月の振武館稽古初めに参加したことが記録に見える。少年期から振武館に通い、戦後も時折、行事に参加し、西元師範とはずっと親交が続いていたのである。(4)

さて、和歌の全文を掲載することにしたい。

《憶廣田、中野、緒方先輩、

敗戦の遺恨、重責骨にしみ　巣鴨の露と君は消え征く
國破れ語ることなし元老の　散りて悲しや武蔵野の里
惜しみなば生き永らへしこの生命　國破れては生甲斐もなし
今しばし咲き匂ふ可し桜花　夜半の嵐に散るぞ淋しき
敷島の大和心の桜花　散りて香し人の生命は
殉国の赤誠一途に散り果てし　桜の花よ富士の高嶺よ
救國の弓は折れけり矢はつきぬ　君の苦悩よ兄が足跡
人生を唯一すじに愛國の　わが来し方に悔ぞ露なし
秋雲の東の空に走り行く　代々木の里のあの日しのびて
安政の暗き世をこそ思ふかな　代々木の里の今日の訪れ
東風吹けど寒梅開かじ爛頭の　急務叫びて君は去り逝く
憂國の清き流れに棹さして　雄志空しく君は散り逝く
春霞四方の山辺に棚引けり　大和島根の穢れ拂いつ

護国神社

國のため護國の神に鎮まりし　いとしのわが児わが胸に抱く

腰折れて杖を頼りに筑紫路の　わが児慕ひて神にぬかづく
五月雨に心筑紫も濡れにけり　瞼《まぶた》の夫に妻はささやく
わが父の姿何処とたづぬれど　しこのみたてに神となりぬる
國のためみづく屍と散り果てし　護国の光よわれが戦友よ

戦場

骨にしむ　恩賜の酒や　初日之出
敵味方せめて今宵の月のみは　亜細亜の月と心して見よ
朔風《さくふう》に身を臂《ひ》いて立つ歩哨　夜寒の思ひは故里の為
子等は皆戦の庭に出でにけり　翁の焚くや磯辺漁火
故里を指さす如く流れ行く　星の彼方を懐しく見る
わが部下の大和心に鞭打たれ　涙流して今日も暮しつ
國のため唐土に漂す白骨の　響とぞ聴け萬歳の声
同胞の血肉塗られし大陸の　黄河揚子江いでせきとめむ
可に可くに北京は恋し兵站の　泊りの庭に桐の葉の落つ
華北なる白河の流れ濁るとも　日華の契《ちぎり》は清くあれ可し
君が住む青島の街よ天津よ　呼べば答えん一衣帯水

駒とめてアカシヤの花にささやきし　青島の山里今も恋しき
桔梗《ききょう》の花の色香に夏告げし　思ひはるけり連雲の山
大陸の夜空破りて鳴り響く　胡弓の調べ哀愁を呼ぶ
武夫の心寒いや支那の夜　しじま破りて胡弓の聴ゆる
宵闇に匂い香ぐわし清純の　支那の名花よ夜来香
わが胸の孤独掃いて馥郁《ふくいく》と　薫妙なり晩香玉

沖縄

國のため玉と砕けし姫百合の　若き蕾は永久に開かじ
殉國の健児の精魂つきはてぬ　悲愴の涙頬《ほほ》に浮かべつ
南溟《なんめい》の星は輝き若人は　愛國の悲歌高く奏でつ
わが部下と共に散らばや桜花　霊峰富士を東にぞ仰ぐ
國敗れ闘魂つきぬ両将の　散りて淋しや沖縄の里
北風や離ればなれに光る星　寂然と星に物言ふ寒さかな
國破れうつし世の波荒ぶとも　君が勲は永久に朽せじ

故里

暁闇の墨絵に浮ぶ日蓮に　國安かれとわれは祈りぬ
東雲の千代の松原空高く　日蓮叫ぶや立正安國
蒙古来九州男子に強敵も　海の藻屑と消えしぞ快
亀山の大和心を悩ませし　元軍撃滅敵國降伏
那の津海元軍撃ちて波静か　千代の松原緑てりはゆ
都鳥中洲に群れて春浅し
春雨に桜の花は散りぬれど　木々の若葉の清く萌え出づ
風荒び潮騒狂ふ荒津山　梅雨雲眺めひとりたたづむ
慈雨来り爽涼身にぞしみわたり　夏雲淡く西に流るる
玄海は紅燃えて浮び出で　漁火あまた夕闇に飛ぶ
那の津海朝霧に濡れて朧《おぼろ》なり　夢跡たどるか静心して
宵闇に秋風頬によりそいて　背振の嶺に灯の美ゆ
白縫の筑紫の山里さまよいて　ひとり静けし虫の音をきく
朝霧に湖水眠りて静かなり　白鳥の白き姿の二ッ三ッ
冬迫り木々の紅葉の色映えて　錦飾れり故里の山
油山嶺の紅葉の色妙に　錦綾なし遣水の落つ

白雪に筑紫の山河清けれど　濁りよどめりうつし世の波
君が住む能古の山波おぼろなり　吹雪降り散る荒津山里
東風吹きて梅花薫りぬ筑紫路に　紀元の佳き日日の丸の映ゆ
室見川川瀬のせせらぎ静かなり　雲雀さえずり春猶浅し
白魚の幟の風にはためきて　室見の川に春しのびきぬ

抱懐
わが抱く思想はすべて金なきに　困する如し木枯の吹く
わが苦悩の終らざる如く　人類の貧・悪又絶えざるべし
貧富の差はげしうして　仏道修行の灯に縋るほかなし
名門名利の風はげしうして　仏道修行の灯は消えやすし
人類の十字架背負ひて神去りし　キリストの愛われらの愛に

飛龍在天
徒守困幾年　空対旧山河　龍豈池中者　乗雷欲在天
昭和辛亥弐月拾五日
中野平八郎

（中野平八郎の和歌）

謹贈

西文雄先生　机下》

最後の「飛龍在天」の五言絶句を書き下すと、「徒に困を守りて幾年、空は旧山河に対し、龍は豈に池中の者ならんや、雷に乗りて天に在るを欲す」である。つまり、何年も困窮のなかで苦しんでいるが、空は昔のままの山河の上に広がっているではないか、龍はいつまでも池の中にいるものではなく、雷雲に乗って天に昇ることを欲するものだ、という意味である。この龍は、日本あるいは日本人を指していると解釈してよいかもしれない。日本の復興を願った詩ではないだろうか。

中野平八郎は廣田弘毅、中野正剛、緒方竹虎の中学修猷館柔道部の後輩である。和歌の内容から推測するに、中国の青島、天津など華北に従軍した経験があるのかもしれない。いずれにしろ、西元師範に戦後の感慨を詠じて贈ったのである。

【注】

（1）修猷館柔道部百年史編集委員会編、前掲書、四八頁

（2）平田才蔵、前掲書、二〇・二一頁

（3）修猷館柔道部百年史編集委員会編、前掲書、五〇頁

（4）『青年道場・振武館一覧』の行事記録、参照

【第九章】

低調なる振武館

第一節——孤塁を守る

昭和三六（一九六一）年末をもって西文雄師範が辞した。同年に振武館の改築が済み、一時的に館員は増えたが、幹事長・中野泰雄、相談役・深沢治と冨永八郎の努力にもかかわらず、徐々に衰退していった。そして中野泰雄、深沢治が辞した後、冨永がひとり孤塁を守ることになった。

冨永は自宅のある藤崎から振武館まで自転車で、得意の詩吟を詠じながら通い続けた。風雨の激しい日もあり、星の輝く夜もあった。月・火・水・木・金曜の週四日、午後六時に開館し九時に閉館していた。誰も通ってこない日も少なくなかった。それでも冨永は振武館の灯を消さなかったのである。「先輩・有志に建ててもらったけん、途中で辞めるわけにもいかんもんな。」と語ったこともあった。

昭和45年ごろ、冨永八郎・君代夫妻

振武館には「入館願書」が残っている。それによれば、昭和三七（一九六二）年九月に花岡英幸（一七歳）が入門しているが、彼一人のものしかない。昭和三八（一九六三）年から昭和四一（一九六六）年の四年間は失われたのであろうか、残っていない。次は、昭和四二（一九六七）年四月の上田武志（一六歳）の「入館願書」である。そしてまた昭和四三年から昭和四五年の三年間の分はない。すなわち、昭和三七年から昭和四五年までの九年間の入門者は名簿上二人だけである。活動記録も何も残っていない。

しかしながら、昭和四六（一九七一）年になって、当仁中学校等の生徒たち一五人が入門した。木下隆、白土修司、兵藤義高、不破国彦、古川末広、前田条策、北村博司、原裕二、前田一男、佐藤賢治、川原伸二、吉村毅、川島久男、滝津伸、保家徹哉である。

また翌年の昭和四七（一九七二）年にも一月から一二月までに一三人が入門している。吉田慶蔵、牧野久雄（一五歳）、坂井国利（一二歳）、江川裕樹（八歳）、小川活喜、原健治、渋谷隆司（七歳）、関義人（一一歳）、矢下善生、榎田雅彦、宮崎健一、東條誠治、中村浩司である。

昭和46年、前列左は冨永八郎、後列右より木下隆、白土修司、川原伸二、不破国彦

昭和四六年・四七年の入門者は総勢二八人だった。振武館は再びにぎわいを取り戻したにちがいない。だが、残念ながら、昭和四八年から昭和五三年までの六年間の「入館願書」は残っていない。名簿上から見れば、振武館

は衰退に向かっていたように見える。「入館願書」を書かないまま、入門している者もあったと思われるが、それはそれで振武館が規則を厳格に実行していなかったことを意味しており、衰退の証左でもあろう。

　このころ、冨永は道場を覗き見しているいささか不良気味の少年たちを道場に呼びこんで、熱心に教えていた。「いや、うまかねぇ。天才じゃなかと。」少年たちを褒めながら、徐々に柔道に熱意を持たせて、心の安定を得させようとしていたと思われる。自宅の庭に、稲荷神社が設けてあり、そこに彼らの名前を書いて納め、毎日祈っていたという。

　昭和五三（一九七八）年ごろ、西南学院大学や九州大学の学生たちが柔道に通い始めた。山田俊雄（のち同志社大学教授）、松村多洋（のち門司高校教諭）、大西浩明（のち福岡市教育委員会理事）、木村秀人（のち博多高校教諭）、久田泰史や私（白土悟）などである。彼らは来る曜日も時間もまちまちであり、一定していない。冨永は毎日、振武館の電灯を点けて、彼らがいつ来てもいいように、玄関口でじっと一人で待つ日が多かった。

　ある秋の夜、練習を終えた青年たちが振武館の電灯を消して出てくると、玄関先で、冨永はふと満月を見上げてつぶやいた。「うつくしかのう。」青年たちはみな月を見上げた。「人のエネルギーは限りがあるけんな。うまく使わんといかん。」「気持ちさえしっかりしておれば、人は何をしても良《よ》か。」職業に貴賤はなく、人間を磨くことが人にとってもっとも重大な課題であることを教えたのである。人は「何をするか、何になるか」だけでなく、「いかに生きるか」

昭和54年ごろ、振武館少年部（柔道教室）。前列左より3人目・田中光徳師範、後列左より1人目・松村多洋、3人目・堤増義、山崎佳有起

も問われる存在である。振武館には青年たちが生き方を見出すための時間がゆっくりと流れていたように思われる。

第二節——田中光徳師範の柔道教室の発足

田中光徳（旧姓・三輪）は昭和一七（一九四二）年一月一二日生まれ。古い名簿によれば、昭和三六（一九六一）年六月二五日、一九歳で振武館に入門している。西文雄師範の指導を受け、福岡大学では柔道部主将であった。経緯は定かではないが、昭和四七（一九七二）年ごろ、師範として水曜日と土曜日の週二日、振武館で柔道教室（少年部）を始めた。館友・堤増義、山崎佳有起などもときどき来て小・中学生を指導した。

入門者は少しずつ増えていった。館員は入れ替わり、立ち替わりして一定ではない。小学生で入門した者が中学校では他のスポーツを始める場合もあれば、中学校に入ってから入門し、大学生になっても通い続ける者もいる。

田中師範（四段）の柔道教室に関しては、名簿は一部しか残っていない。すなわち、昭和五四（一九七九）年に柳義和、東輝彦、東洋一、鮫島国士、中園博文、中島正二、田中直輝の七人が入門した。昭和五五（一九八〇）年に中園浩規、原正充、繁田大彦、箱嶌大昭、麻生伸司の五人、昭和五六（一九八一）年に平野健の一人、昭和五七（一九八二）年に久保田昌明、窪山誠蔵、久木崎司、宇野広辰、梅田大樹、藤巻順一、最所邦之の七人、昭和五八（一九八三）年に小嶋平次、武田利治、田中大祐、半田博幸、半田真吾、平野誠、平野武、平野健、草野慎太郎、後藤洋一の一〇人である。みな近隣の小・中学生である。この五年間の入門者は二九人にのぼった。ただし、昭和五九年から昭和六一年までの名簿はない。

かくして、田中光徳師範と相談役・冨永八郎の努力で、青少年たちが大勢通うようになり、振武館は少しずつ活気を取り戻したのである。ちなみに、練習では、まず道場内を十数回駆け足で回り、柔軟体操をして始まる。ダン、ドンと畳がはずみ、受身、打込み、約束乱取り、そして上級者との乱取りと、練習は続く。終わりには整理体操をしたあと、神棚に向かって横一列に座り、「黙想！」の声とともに数分の黙想に入る。道場にしばし静寂がおとずれる。「止め。神前に礼。先生に礼。互に礼。」の号令によってお辞儀する。冨永は言う。「年は季に勝たず、季は月に勝たず、月は日に勝たず。」大切なのは、毎日少しずつでも練習することであると。

［表9－1］ 振武館の活動（富永八郎案）

毎月1回	討論会、試膽会、遊戯（名サシヘボぬけ）、うどん・ぜんざい会
名士講演会	
柔道	稽古初め、寒稽古、鏡開き、夏祭大会（7/18）、先輩追悼大会（9/27）
月並試合	紅白試合（抜勝負、個人勝負）、掛試合
年2回	新年宴会、夏季大会（先輩来賓の話、会員の演説と先輩の批評）
年2回	春夏の旅行（無銭旅行、キャンプ：英彦山、古處山、七ツ釜）
年2回	文章発行：出題して各人感想文を書き、回読して批評を加える
忘年会	会計報告、来年度の予算案・活動計画

柔道の練習が終わると、青年たちは道場の隣にあった「焼とり富士」に、よく立ち寄った。就職の不安、恋愛の悩みなどを忘れて、柔道を論じ、時勢を論じて気炎をあげていたのである。

第二節――振武館青年会の設立

昭和五六（一九八一）年春、富永八郎の勧めで、私は青年会（一五歳以上）をつくることにした。富永は青年会の活動案を数枚のメモにして手渡した。表9－1のとおりである。すなわち、毎月一回の討論会等、名士講演会、年二回春夏の旅行、柔道大会（稽古初め等々で賞として手ぬぐいを授与する）、月並試合、館員の文章回読、忘年会などである。これは富永のこれまでの活動そのものであり、西新町同心会を手本としたと思われる。

青年会活動について、私は学友・青木英実、立花均両君に相談することにした。振武館を運営することの大変さを感じ始めていたからである。青木は初めて振武館を訪れ、その青年道場の歴史を知り、昭和五六（一九八一）年七月三〇日『西日本新聞』朝刊「こだま」欄に「若

昭和 56 年 8 月 22 日、第 1 回振武館談話会。前列左より大西浩明、白土悟、田中光徳師範、三好勝。2 列目左より 4 人目・冨永八郎、神垣一三。3 列目左より山田俊雄、柴戸芳美、吉本聖一、松村多洋、青木英実、立花均、園田和男。

者の奮起で真の地方の時代を」と題する感想を投稿した。

《「地方の時代」といわれ、福岡でも郷土史に関する書物が多く出版されるようになった。しかし注意しなければならないのは、せっかくの郷土史見直しが、単なるお国自慢に終わってしまうことだ。それでは東京の人間から珍しがられるだけで、たいした脅威にはならない。「福岡にも面白い人たちがいたのですね。」で話はおしまいである。しょうちゅうや博多人形と変わるところはない。歴史的な回顧にとどまることなく、「玄洋社」や「福岡民権運動」のもっていたセンスと心意気を受け継ぐ者がいなければ世の中を動かすことはできないだろう。

最近、大学の友人に連れられて「振武館」という柔道道場を訪ねる機会があった。そこはかつて中野正剛、緒方竹虎らが修業した場所である。ただの柔道道場ではなく、天下国家を論じ、人生の大目標について語り合った場所でもあった。今では一回のけいこにせいぜい二、三人、会員合わせても二十人に足らないという。だれもかれもが学校のクラブ・サークルに入り、中央の私立大学に通ってナウでクリスタルな生活をめざす時代に、振武館がさびれるのも無理はないかもしれない。しかし、みずから進んで地方に残り、振武館道場のようなところで天下を論じ、大ボラの吹きくらべをする若者がいなければ「地方の時代」も看板倒れに終わりはすまいか？振武館道場をなんとかこの時代によみがえらせる方法はないものか？ 思案中のわれわれである。》

（青木英実「若者の奮起で真の地方の時代を」）

なお、青木は当時、九州大学教育学部助手であった。その後、民社党政策審議会に勤務したのち、中村学園大学にて教鞭を取った。その間、「北朝鮮の拉致被害者を救う会」福岡支部をつくり、会長・顧問となってこの運動を続けている。

さて、振武館青年会の発足の主旨を私はこう記した。「振武館は柔道場であると同時に、青年道場である。すなわち、青年が天下の重きを以て自ら任じる精神を培う場所であるという高尚な目途を保持しています。従って、柔道をする人も、柔道をせぬ人も、この道場に参加できる組織、それが青年会です。」と。

［表9－2］ 振武館談話会の記録

回	年月日	発表者・題目
第1回	昭和56年8月22日（土）	青木英実「夢野久作を語る――『近世快人伝』を中心にして」
第2回	昭和56年9月26日（土）	青木英実「郷土・日本そして青年――『夢野久作著『近世快人伝』をめぐって」
第3回	昭和56年10月24日（土）	立花均「武士の教育について」
第4回	昭和56年11月28日（土）	松村多洋「萩原朔太郎の詩と人生」

こうして青年会では館員だけを対象としない談話会を開いて、広く公開することにした。青年会代表は私が務め、談話会世話人は青木が務めた。昔の青年たちが国際情勢や社会問題について互いに意見を述べあったことにならったのである。

当時の青年会員は、前記の青木英実、立花均（のち久留米工業大学副学長）、木村秀人、松村多洋、大西浩明のほかに、西田栄毅（のち日本経済大学教授）、吉本聖一、柴戸芳美、藤勝宣、中園博文、中園浩規、園田和男、三好勝、木下隆、大園弘、小柳和久、今井洋之、久田泰史、小田部英雄、柳田哲宏、庄司洋一郎、許斐英明、田江安廣（のち鹿児島大学教授）、藤山正二郎（のち福岡県立大学教授）などであった。

談話会の記録は表9－2のとおりである。第一回談話会は昭和五六年八月二二日に開いた。先輩諸氏、柔道教室（幼年部・少年部）に通う子どもとその父母、近隣の店舗にも案内チラシを配布した。当日は約三〇人近くの参加があった。

冨永八郎は第一回目の談話会に参加したあと、入院した。やがて訃報が入った。談話会は中断し、再開されなかった。振武館の新築が課題となり、新築落成するころには青年会員それぞれが学校を卒業し、あるいは就職して、福岡を離れていたからである。

第四節――振武館創立一〇〇周年

冨永八郎の遺志

昭和五六(一九八一)年一二月一三日、冨永八郎が逝去した。享年六八。一二月一五日、千眼禅寺において葬儀がおこなわれた。西文雄元師範はじめ少年時代に振武館で指導を受けた人々が大勢参列した。数えれば、戦後の混乱のなか、昭和二二(一九四七)年の振武館復興からこの日まで、三四年間、相談役を務めた。戦前の昭和八(一九三三)年に振武館改築に奔走した福岡商業学校生のときから数えれば四八年間、振武館に直接・間接に寄与してきたのである。まさに功労者であった。

昭和55年ごろ、自宅にて冨永八郎

少し前、私は浜の町病院に見舞った。奥様が「やぁ白土さん、あんたば、首ば長ごうして待っとりんしゃったとよ。」と言われた。私は入院直後に見舞ってから、大学院博士課程修了論文を仕上げることに精いっぱいで、すでに数ヵ月間、見舞っていなかったことに気づいた。「先生、申し訳ありません。お体の具合はいかがですか。」冨永はベッドで静かに笑っていた。

病状のことなど少し話したあと、「振武館のあとのことはツネしゃんと相談して、よろしく頼むね。」と言われた。「ツネしゃん」とは誰なのか、そのときはわからなかったが、館友・林恒生氏のことであった。それまでも振武館の修繕などをいつも手伝ってきたのである。

冨永が筆書きで半紙に、達磨の絵と言葉を描いたものがある。葬儀のあと、そのコピーが形見として、関係者に配布された。達磨は大きく口を開けて叫んでいる。「人生亦終フ。単ニ望ム七転八倒、当不屈《マサニ》」と。人生はいつか終わる。七転八倒するような苦しい境遇に陥ることがあっても、ただ望むことはその苦しみに屈しないことであると。

柔道では投げられないと上達せず、投げられてこそ強くなると言われている。投げられることをプラスに考えて、立ち上がらなければならない。人生が終わるまでは、苦しい境遇こそ自己を本当に成長させてくれるものであるとプラスに考えていくべきではないか。冨永の言葉は不屈の精神を持てと教えていた。

「冨永八郎先生追悼会」と「創立一〇〇周年記念座談会」

相談役・冨永八郎が亡くなったので、振武館員たちは振武館を今後どのように運営していけばよいのか、振武館はもともと誰の所有なのか、誰が保管してゆくのかもわからなかった。そういう振武館の保管の歴史を聞いていなかったからである。その保管が館員たち自身に任されてきたことも知らなかった。それで大いに悩んだのである。しかも、現青年会員たちはもうすぐ学校を卒業し、あるいは進学や就職して、福岡を離れるという時期であった。振武館は雨漏りによって廊下の一部が腐朽し、至急修理を必要としていた。

そんな折、私は委託された段ボール箱の中から、古い館員名簿を見つけた。そこで私と立花均、木村秀人、松村多洋、大西浩明で話し合いの結果、改築できなくとも、故冨永八郎先生の追悼会と振武館創立一〇〇周年を記念して、諸先輩・郷党有志と現館員の座談会を開き、振武館の現状を見てもらうことに決した。田中光徳師範に相談すると、賛成であった。

案内状の往復葉書は立花均が印字し、過去の名簿にあった住所に七〇通余を発送した。当日、座談会では、青年会を代表して青木英実が「明日の日本と青年」と題して講演することにした。会費は二〇〇〇円（ただし、学生は無料）とした。

やがて葉書は「住所不明」で戻り始めた。故人もあった。当日は所用のため欠席という返事もあった。それでも徐々に出席の返事が届き始めたので、青年会は急いで準備に取りかかった。道場の清掃、講演資料の印刷、寿司とビールの手配などである。こうして当日の朝を迎えた。園田和男、藤勝宣が受付を担当した。

昭和五七（一九八二）年五月二三日、午後二時に座談会は開始した。私が進行役を務め、はじめに田中光徳師範が挨拶、次に館友・林恒生が振武館改築の必要性について説明し、続いて青木英実が講演をおこなった。館友および館員の父兄が参集した。

西文雄（元師範）、山崎拓（衆議院議員・代理出席）、吉村剛太郎（福岡県議会議員）、菰田正郎（元九州農士学校校長）、岡崎賢二（岡崎石油ガス株式会社）、有田誠（行政・司法書士）、上村喜正、落合敏秀、井上薫、井上敏之、神垣一三、木村正治、河野清敏、重松孝行、冨永隆美、冨永雅幸、箱嶌鑑二、浜田博己、浜口誠昭、林恒生、辻博、深沢治、渡辺渡、山田俊雄、吉田紘、山崎佳有起、平野忍夫などの諸氏であった。

少年期に振武館に通った人々は五〇代から六〇代になっていた。みな、久々に昔を懐かしんで、道場には笑い声が絶えなかった。青年会・少年部の館員たちも話の輪に加わった。

館員は道場を改築する力のない学生・子どもばかりである。座談会に参集した先輩館友に修繕の必要を説き、今後の運営について率直に尋ねてみると、この状態で放っておくのは忍びないという意見がほとんどであった。館友の林恒生、辻博は冨永八郎の遺志を継ぐべく、振武館改築の件を先輩諸友にさっそく相談し始めていた。

この日は盛会のうちに午後五時に散会した。青年会員たちは後片付けをしながら、今後のことに思案をめぐらしていた。

有田誠のコラム記事「振武館」

創立一〇〇周年記念座談会に出席した有田誠は、昭和五七年六月一一日の『フクニチ新聞』

振武館床の間。末永節翁書「雄渾」、緒方竹虎書「青年道場」の扁額がある

朝刊のコラム「さざなみ」欄に、次のような文章を載せた。

《福岡市中央区今川の鳥飼八幡宮の境内に、振武館《しんぶかん》という柔道の道場がある。創立百年ということで、このあいだOBが集まった。旧帝国海軍で連合艦隊随一といわれた岡崎先輩もみえていたが、元来、振武館からは、柔道で天下に名をとどろかすような人物は、あまり出ていない。

不思議な道場で、館主つまり経営者はいない。このあいだなくなられた冨永八郎氏の遺文には、読みやすく書くと次のようにある。「わが振武館は青年の修練の道場なり、先輩諸氏館を創始してより六十年、先達の士は身をもって後進を指導し、後進またよく若き日の情熱を傾けてこれが経営に

改築前の振武館全景

当たり、あい受けあい伝えてもって今日に及べり」と。

道場にかかっている名札には、山座圓次郎、緒方竹虎、中野正剛といった先輩の名前がある。いってみれば振武館は、柔道のわざをみがくというより、人間の魂をみがく道場である。

戦後、私は家が近所にあったものだからよく振武館に通った。前記冨永氏らの指導を受けて若き血をたぎらせたものである。楽しみは柔道よりもむしろ、終わった後の氏の「御話」である。「正剛さんがコゲン言わっしゃった」といったぐあいの話で、古今東西の英雄豪傑の話である。道場には「豪傑の士は文王なしといえどもなおおこる」という書がかかっている。これは中野さんの座右の銘といわれているが、この言

改築前の振武館柔道場の内部

葉の意味を氏から聞いているうちに、いつの間にか自分が豪傑の士になったような気になるのである。

「居然《きょぜん》として天下の重きをもって自ら任ず」という額がかかっている。どんなふんいきで私たちが学んだかおわかりでしょう。ある意味での松下村塾である。私たちの青春イコール振武館といっても過言ではない。氏の遺文には「昭和二十二年九月一日振武館再興にあたりて」という題がついているが、その中に「今や祖国は苦難に際会し、その興亡は一に青年の双肩にかかれり」とある。戦後の青年がこの気概でこんにちの日本を築いてきた。現代の青年はどう考えているかと思っていると、こんにち振武館を背負っている青年たちが、なんと往時の私たちと同じような考えをもっているではないか。伝統というもののおそろしさをつくづく感じさせられる。そして今、彼等はいたんだ道場の修理を決意し、その費用の調達のため、先輩をたずねて走り回っている。これも伝統である。》

（有田誠「振武館」）

有田誠のこの文章は連絡の取れない館友にも広く呼びかけるものであった。寄附集めの嚆矢であったと言ってもよいだろう。

【第一〇章】

振武館の安定的発展と衰微

第一節——第七次振武館再興　昭和六一年

昭和四五（一九七〇）年まで高度経済成長を続けた日本は、昭和四八（一九七三）年の石油危機によって物価の高騰を招き、高度経済成長は挫折した。経済成長率が四パーセント程度の安定的成長期に入った。ともあれ経済的な繁栄は青少年の社会意識に対して大きな影響を与える。すでに戦前のものとは比較にならぬほどの変貌をもたらしていた。振武館の「青年自治」の伝統は時世に受け入れられるのだろうか。疑問が脳裏をかすめた。だが、館友・館員たちは再建に向かって動きだしたのである。

昭和六一年九月「改築趣意書」

昭和三六（一九六一）年の幹事長・中野泰雄による改築から昭和六一（一九八六）年まで、すでに二四年の歳月が流れた。老朽化した振武館をここで改築するのか、あるいはここで廃止するのか。創立一〇〇周年記念の座談会が終わってしばらくして、館友・林恒生を中心に改築の件を関係者で相談することになった。

林恒生、辻博、野村周三、吉田大作、神垣一三、箱嶌鑑二、田中光徳、堤増義、冨永雅幸、白土悟らが、道場内で車座になって話し合った。高額な改築費のことを考えれば、ここで廃止してはどうかという意見もあった。寄附のみでは新築費用は到底足りない。不足分をどのように調達するのかが問題であった。だが、数回の会合ののち、昭和六一（一九八六）年六月二〇日、振武館を建て直すことを多数決で決定した。

彼らは「振武館再建実行委員会」を発足させ、毎週金曜日、午後六時半に集合して、年齢層別に館友名簿を作成して持ち寄った。ともかく、多額の寄附金を集めなければならない。林恒生と辻博が総まとめ役となって、各方面に働きかけた。「寄附願」「趣意書」を作成し、関係各所に配布、また奉賀帳を持って郷党有志、先輩諸氏を回ったのである。「寄附願」には次のように記している。

《拝啓　ご清栄の段お慶び申し上げます。同封の趣意書にあるとおり、我らが青年道場振武館はまさに崩壊の危機に瀕しております。皆さまにおかれましては、出費多端の折りとは存じますが是非ご賛同とご援助のほどお願い申し上げます。　敬具

昭和六一年九月吉日

振武館改築発起人

大塚覚　岡崎賢二　菊池靖一　赤司新作

有田誠　辻博　林恒生（旧姓名・井上恒夫）

野村周三（旧姓岩永）　吉村剛太郎　神垣一三

昭和57年夏、振武館の再建会議
左より林恒生、井上薫、溝部輝久、辻博

昭和57年夏、振武館再建のための車座会議

吉田紘　箱嶌鑑二（旧姓名・鈴木八郎）
三輪光徳　冨永雅幸　白土悟
連絡先　〒八一〇　福岡市中央区大手門一丁目一番一号
☎（〇九二）七一五―一九一九　有田誠事務所》

右記の発起人は二〇代から六〇代までの館友・館員である。振武館の歴史を明確に知っていたわけではないが、昔聞いた話やわずかに残る文献を見ながら、左記「趣意書」の文面を練り、近所に住まう書道家・坂口雅風氏に依頼して毛筆でしたためてもらった。

《趣意書
「風霜九十年、玄南健児の夢と思い出の跡を偲ぶ振武館は過ぐる昭和二十三年に修理せしより既に二十余年、白蟻の侵蝕するところとなり将に崩壊の危機に頻せり」――これは昭和四十八年道場の修復に際しての趣意書の冒頭の言葉です。それから十三年、道場は今日修理ではどうにもならないほどに痛み、全面改築のやむなきにいたりました。

ご承知のように振武館に館主はありません。青少年の自治運営により、歴代先輩の賛助を得て一世紀を超える歴史を歩んできました。西南戦争、佐賀の乱の戦塵さめやらぬ明治十三年頃、福岡地行の地に、後に外交官として活躍した山座圓次郎少年ら数人が集まり、勤王の志士平野國臣を崇敬し、仲間の家の離れ家を借り「達聰舎」という集会場を設け講書練武に励んだ、と史書にあります。これが振武館の前身です。その後、同三十五年頃（一説では三十二年）地行六番丁（今川一丁目）の平野國臣屋敷跡に青年会場兼柔道場を建て振武館と称したと云われています。この頃の中野正剛青年の奮迅の努力は今も語り草になっています。大正十年青年参籠堂《おこもりどう》を兼ね鳥飼八幡宮境内、現在地に移転、ついで昭和十年中野正剛代議士の援助のもとに先輩有志の寄附で改築、福岡空襲後、緒方竹虎、原田平五郎氏らの賛助で同二十三年修築、そして前記のとおり、昭和四十八年修復して現在に至っています。

今、私達の心のふるさと振武館は、物理的に建物としての生命を終ろうとしています。しかし、どんなことがあっても振武館魂をここで後輩達に受け継がせねばなりません。そのためには新しい道場が必要であることはいうまでもありません。なにとぞ先輩有志の皆様のご賛同とご援助をお願いする次第です。

昭和六十一年　振武館改築発起人》

「改築」とはいっても「新築」である。「新築」が当初からの目標であった。このとき、振武館の玄関の扉はゆがんで閉まらず、鍵をかけることもできなかった。夜は無人であり、冬には浮浪者が宿泊していたという目撃もあった。畳の破れはガムテープで補修できるが、雨漏りで腐蝕した廊下の床は貼りかえるしかない。「私達の心のふるさと振武館は、物理的に建物としての生命を終ろう」としていた。「しかし、どんなことがあっても振武館魂をここで後輩達に受け継がせねばなりません」と決意したのである。なお、文中の昭和四八年道場修復の趣意書は残っていない。

九重部屋との契約

振武館は寄附を集め始めた。寄附者芳名録によれば、一〇〇万円から一万円まで額に差はあるが、多くの寄附が寄せられた。ちょうどそのころ、大相撲の九重部屋（九重勝昭親方、元横綱・北の富士）から九州場所の間、宿舎として振武館を借りたいという申し出があり、林恒生、辻博がその交渉を進めた。最終的に振武館と九重部屋で共同出資して新築することになった。その「契約覚書」が表10－1である。

これによれば、振武館が八〇〇万円、九重部屋が一三〇〇万円を出資し、計二一〇〇万円の工事費を賄うという契約である。九重部屋は九月末から一一月末までの九州場所中、今後二〇年間、振武館を全館使用することになった。かくして新築費用の目途がついたのである。

［表10-1］ 契約覚書

契約覚書

振武館と九重部屋とは,後記第三条記載の金員をそれぞれ鳥飼八幡宮に奉納し,振武館(鳥飼八幡宮参籠堂)改築工事に寄与することを合意した。

第一条、　振武館改築工事は左記のとおり施工するものとし、工事代金の負担及び完成後の維持管理並びに使用について覚書を認めるものとする。

記

工事名称　鳥飼八幡宮参籠堂新築工事
工　　期　着工　昭和六一年　八月二〇日
　　　　　竣功　昭和六一年一〇月三〇日
工事費　一金弐千壱百万円也

第二条、　参籠堂の維持管理については,鳥飼八幡宮宮司,振武館世話役及び九重部屋九重勝昭が協議の上,別に覚書を取り交わすものとする。

第三条、　工事代金の負担割合については,左記のとおりとする。
振武館　一金八百萬圓也
九重部屋　一金壱阡参百萬圓也

第四条、　参籠堂の使用については、大相撲九州場所開催中は九重部屋において昭和六一年度より二〇ヵ年間は無償使用するものとし、その後の期間は振武館世話役と、九重部屋九重勝昭の間において改めて協議するものとする。

この契約の成立を証するため本書三通を作成し、振武館世話役及び九重部屋九重勝昭が署名捺印し各一通を保有するとともに、一通を鳥飼八幡宮に差し入れるものとする。

昭和六十一年九月十三日
福岡市城南区城西団地参番弐弐号
振武館世話役　有田　誠　印
福岡市中央区西公園五番壱〇号
振武館世話役　林　恒生　印
福岡市中央区笹丘一丁目弐番参〇号
振武館世話役　辻　博　印
東京都墨田区亀沢一の十六の一
九重勝昭　印

振武館はそれまで平屋だったが、初めて二階建てとなり、一階には四〇畳の柔道場と六畳の更衣室、相撲部屋のための十五畳の台所、六畳の風呂場とトイレを設置、また二階に力士用の寝室を六室備えることになった。

第二節――田中光徳師範の柔道教室一九年

昭和六二（一九八七）年一月一一日、再建した振武館の稽古初めがおこなわれた。再建に尽力した先輩諸氏が参集した。四月二九日、新振武館の落成式が館友・館員、隻流館、明道館、天真館、大和塾、平野神社、市議会議員、建築関係者ら、約七〇人が集まって盛大に挙行された。

この折、「振武館後援会」をつくって先輩・有志に加入してもらい、毎年寄附を集めて維持費を補填することになった。また「振武館世話人会」をつくり、林恒生、辻博、渡辺渡、神垣一三、冨永雅幸、吉田紘、野村周三、箱嶌鑑二、田中光徳、白土悟などが相談しながら、運営していくことになった。

柔道指導のほうは、田中光徳師範（当時、平野病院事務長）が週二日、子どもの柔道教室（幼年・少年部）を再開した。入門者からは月八〇〇円の館費を集め、維持費に当て、残りを貯金して修理に当てることにした。私は大学院修了後、地元の大学に奉職することになり、夜間、週一～二回振武館に通うことができた。だが、青年会員のほとんどはすでに就職のため、他市・

昭和62年1月11日、新築後の稽古初め。前列左より野村周三、辻博、岡崎賢二、林恒生。
後列左より箱嶌鑑二、高嶋活、神垣一三、堤増義、田中光徳、木村秀人、冨永雅幸、白土悟

他県に移り住み、あるいは市内に居住しても毎週通うことは難しくなっていた。

田中師範の努力で、子どもの柔道教室には入門者が絶えず、順調に維持された。このころの入門者は、昭和六二年に帯田仁文・慶文、畑中賢吾、中村純治・秀和、谷村良太、入江政樹、薄太郎、森俊雄・茂雄、岩坪良征、昭和六三年に下川史哲、生田幸久、平成元年に巻礼史、山野井崇、守永善哉、手島俊文、平成二年に永田修一、松本純一(中二)、松元隆治(中三)、松本隆志、原康男であった。館友・堤増義、山崎佳有起、冨永雅幸、岩坪直巳、木村秀人なども時折来館して柔道を指導した。

私は九州大学の学生たちを誘い、青年会員を増やすことにした。九州大学の影山護、中国人留学生の汪陽《おうよう》、呉鵬《ごほう》、オランダ人留学生アンドリュー(Andrew Bruin)などが来館し、

昭和62年4月29日、新築落成式・祝賀会

昭和62年4月29日、新築落成式の式典。
壁面に平野國臣の油彩画を掲げる

館友・有田誠が彼らを居酒屋でごちそうすることも数回あった。だが、寂しいことに、かつての談話会などの青年会活動が復活することはなかった。

ところで、運営上、乗り越えなければならない問題がいくつか出てきた。

第一に、毎年九月末から一一月末までの二ヵ月は、幼年・少年部・青年部とも練習ができず、明道館や西市民センターを借りておこなわなければならなかった。このため少年少女の館員のなかには距離的に通うことができずに辞める者が毎年続出した。一二月初めに教室を再開すると、館員は約半数に減っているのが通例であった。

もちろん館員の減少はそれだけが原因ではない。明治・大正・昭和初期とは異なり、青少年は野球・サッカー・ゴルフ・テニス等々のさまざまなスポーツに熱中し、また学習塾に通う者も増えた。夜間に柔道を習う子どもは自然に減少したのである。時勢の変化であろう。それでも小・中学生の館員は一〇人から一五人前後で推移し、それに青年館員・館友が一〇人前後いた

昭和62年4月29日、新築落成式・玄関前。前列左より林恒生、有田誠、辻博。後列右より白土悟、内田壮平、神垣一三。左端は田中光徳

のである。

第二に、午後六時半に子どもたちが集まってくるので、それまでに振武館の玄関の鍵を開けなければならない。仕事を持っていれば、それができない日もある。それで、九州大学柔道部員をアルバイトとして雇うことにした。幸い、彼ら柔道部員は先輩から後輩へ間断なくこのアルバイトを継続していった。

第三に、館費の月八〇〇〇円は光熱水料（年間約一〇万円）に当てるが、火災保険料（年間約七万円）、電話代（年間約四万円）、それに畳替えなどの補修費用、アルバイト雇用代などが必要である。月謝だけでは足りないので、合気道教室、空手教室、㈳倫理研究所などに貸与し、その収入でこれを賄った。加えて、毎年正月に鏡開きをおこない、「振武館後援会」の先輩・有志を招待して、一万円の寄附を募

ることで維持したのである。

以上のような問題はあったが、振武館は順調に運営された。しかしながら、平成二（一九九〇）年七月末をもって、田中師範が久留米市の職場に転職するために辞任せざるをえなくなった。思えば、田中師範は振武館において昭和四七（一九七二）年ごろから平成二年七月まで約一九年の長きにわたって、幼年・少年部の柔道教室を運営し、後進の育成に努めた功労者であった。毎週二回、無給で、柔道教室を時間通りに開いた。心底柔道が好きで、真面目でなければできないことである。

田中師範の辞任後、「世話人会」は九州大学柔道部員二人（井村、永田修一）をアルバイトで雇用して柔道教室を継続していたが、平成三（一九九一）年一〇月から堺収司（天理大卒・四段）が師範格で柔道教室の指導を担当した。私も毎週練習に加わっていた。

入門者は平成三年に弦間信（高一）、平成四年に堀江大吾、本田公人、平成五年に関大理・千晶、黒澤真也、田口吾郎、三笘雅史などであった。

平成四（一九九二）年から平成一一（一九九九）年にかけて、九州大学柔道部員の藤野剛聡、片岡聖二朗、利光貴文、堀川俊夫、早野正洋、安藤靖などがアルバイトで来館し、九州大学生の原田英二、松田優治、中武哲彦や増本光央、また吉富優子、大森久里子、山崎安澄など女子館員（中・高生）も通ってきた。「世話人会」の林恒生、辻博、箱嶌鑑二も時折、様子を見に来館した。

こうして常時一〇人前後が練習に励み、振武館の灯を消すことなく過ぎていった。

第二節——平成の振武館

九重部屋との再契約

昭和六一（一九八六）年九月から二〇年間、九重部屋（九重勝昭親方）が九州場所の間、振武館を無償使用することになっていたが、九重勝昭親方が九重貢（元横綱・千代の富士）に九重部屋を譲ったことによって、九重部屋との再契約が必要となった。九重貢親方は、振武館と九重部屋との契約は自動的に継続されるものと思っていたが、林恒生はその契約は先代親方との契約であって、二代目の九重貢親方との契約ではない旨を電話で伝え、「すぐに契約しないなら、他の相撲部屋と契約しますよ」と言ったそうである。こうして東京から駆けつけた九重貢親方との間で、平成八（一九九六）年一一月に一〇年間の賃貸契約を結ぶことになった。表10－2のとおりである。

那川郁夫館長と福岡四館リーグ戦の復活

振武館世話人会は、堺収司が就職のため辞任したあと、後継者を探したが、なかなか見つからなかった。代表・林恒生は小早川明德（当時、福岡中小企業経営者協会会長）に相談した。小早川は隻流館で柔道をしていたつながりで、隻流館館長・舌間萬三に相談。すでに柔道教室を開

［表10-2］ 九重部屋（九重貢親方）との振武館賃貸契約

宿舎賃貸借契約書

今般貸主振武館代表林恒夫（以下、甲という。）と借主九重部屋代表九重貢（以下、乙という。）との間に左記条項により賃貸借契約を締結した。

記

第一条　物件の表示

福岡市中央区今川二丁目一番鳥飼八幡宮内　青年道場振武館

第二条　使用目的

前条道場を大相撲九州場所興業中の九重部屋の宿舎として毎年十月中旬より十二月初旬迄使用するものとする。

第三条　賃貸料

壱場所中の賃貸料は金四拾万円也とする。

第四条　契約の期間

契約の期間は平成八年九州場所の時より十年間とする。

第五条　賃貸料の支払

賃貸料の支払は契約時に十ヶ年分を乙は甲に一括して支払う。

第六条　転貸及び譲渡の禁止

乙は本賃貸物件を他に転貸及び譲渡してはならない。

第七条　注意義務等

賃貸物件の使用については乙は善良なる管理者の注意をもって使用し、もし常識以上の毀損したる場合はその賠償の責に応ずること。又使用期間中の光熱・用水等は乙の負担としてその場所退去時に清算するものとする。

この契約を証するために本書三通を作成し振武館代表林恒生、九重部屋九重貢、立会人小森重行が署名捺印し各壱通を保有するものとする。

平成八年十一月十五日

住所　福岡市中央区西公園五番一〇号

振武館代表　　林　恒生　印

住所　東京都墨田区石原四・二二・四

九重部屋　　九重　貢　印

住所　福岡市中央区福浜一丁目十一・十

立会人　　小林重行　印

平成10年正月、振武館での世話人会の会合。前列左より辻博、林恒生、島村彬、渡辺渡、冨永雅幸。後列左より白土悟、上村喜正、野村周三、神垣一三

いていた那川郁夫を振武館館長として推薦した。

平成一二（二〇〇〇）年二月一一日、振武館道場で、那川館長就任祝いがおこなわれた。振武館、隻流館、明道館の関係者五〇人余が集まって祝宴をはった。最後は、みなで「祝いめでた」を合唱し、博多手一本で散会となった。

当時の「青年道場振武館運営委員」は、林恒生、辻博、箱嶌鑑二、白土悟および那川郁夫、荒川銀蔵、吉丸美喜男、藤丸隆、坂田立興の九人であった。

こうして那川館長による柔道教室が開かれた。毎週火曜日と木曜日午後七時から九時までである。のちには土曜日午後一杯開館した。九州大学柔道部員に継続してアルバイトを依頼し、開館時間を守ることができた。小・中学生の館員が徐々に増えていった。また小早川明徳、白土悟、木村秀人なども時折来館して、一緒

［表10−3］平成17(2005)年の青年道場振武館幹事会名簿

役職	氏名	備考
幹事長	林恒生	
副幹事長	辻博	後援会会計担当
幹事	箱嶌鑑二	
	田中光徳	
	白土悟	月々の会計担当
	木村秀人	高校教諭
	大西浩明	中学校教諭
	那川郁夫	
	山内勝二郎	鳥飼八幡宮宮司
	山内圭司	鳥飼八幡宮権禰宜
館長	那川郁夫	柔道教室運営

に汗を流していた。

五年後、平成一七（二〇〇五）年二月、明道館、天真館、隻流館、振武館による福岡四館リーグ戦が復活した。翌年も実施。また翌々年の平成一九（二〇〇七）年二月一七日、第三回目が実施された。『毎日新聞』（二月一九日付）は「昭和塾が優勝」という見出しで記事を掲載した。

《昭和塾が優勝　福岡四館対抗柔道　二〇〇人が熱戦

第三回福岡四館道場対抗少年柔道大会（福岡市柔道連盟主催）が一七日、中央区大濠一の福岡武道館であった。個人戦の総合得点で決まる優勝道場は昭和塾に決まった。

大会は、市内の道場の中でも歴史が古い、明道館、隻流館、振武館、天真館の四館の発展を目的に創設され、〇五年に始まった。今回は四館とその流れをくむ七館の計一一館の計約二〇〇人が参加。幼稚園児、小学一～六年の各学年別、中学男子、同女子——の九部に分かれて個人戦のトーナメントを行った。

各部門の三位以上の選手には得点が与えられ、最多総合得点を記録した昭和塾が優勝した。〔後略〕》

振武館からも選手が出場し、館友・館員の父兄は声援に出かけたが、三位以上に入る成績を上げる者はいなかった。なお、「その流れをくむ七館」とは、筑紫道場、昭和塾、柔極館、正心館、大野城南、大和塾（内田壮平塾長）などである。子どもの間で柔道の人気は依然として根強いことを確認する日となった。

「青年道場振武館幹事会」の発足

平成一七年、先の「振武館世話人会」を改組して、「青年道場振武館幹事会」を発足させることになった。名簿は表10－3のとおりである。このとき、鳥飼八幡宮宮司と権禰宜《ごんねぎ》が幹事に加わった。「青年自治の気風」を伝統とする振武館は、それまで神社側とは疎遠になりがちであったが、神社が建物の管理、相撲部屋の世話をしてきた経緯もあり、また苦心もあったと思われる。幹事に加わることで、実質的な運営体制をつくることにしたのである。

那川館長の柔道教室の収入はすべて柔道教室関連に使用することにしたので、振武館の建物の維持には、賃貸契約（九重部屋、合気道教室、空手教室など）から入る収入を充当した。「青年道場振武館幹事会」がその会計管理を担当した。

第四節——振武館再興を期して

平成二〇（二〇〇八）年一二月末、那川館長による柔道教室は九年間で終了した。その後、六年間、次の柔道指導者を見つけることができなかった。柔道指導者は有段者で、かつ仕事が終わって週二回夜に柔道の指導をするという規則的生活ができなければならない。そのうえ、子どもに教えるとなれば、危険な事態が起こらないように、つねに見守る数人の協力者がいなければならない。柔道指導者一人では一度に二～三人の子どもを教えるのが精いっぱいであるからである。私設の町道場と異なり、館主のいない振武館で、無給で柔道教室を継続することは実に難しい。

柔道教室がなくなった間も、振武館道場は合気道教室、空手教室、㈳倫理研究所などに貸与し、また二ヵ月間は九重部屋の宿舎として使用され、建物自体は地域に貢献していた。だが、振武館の「青年自治の気風」と柔道の伝統は途切れてしまった。「青年道場振武館幹事会」も高齢化し、このままでは将来の管理がおぼつかないという判断のもと、神社に管理を一任することになった。

そんな折、平成二六（二〇一四）年四月に柔道練習のため、たまたま道場を訪れた野崎裕介が、振武館の伝統が途切れている状態を知って、みずから柔道教室を開始した。館友・箱嶌鑑二とその孫三人――今村真子（中一）、箱嶌花帆（小五）、箱嶌大誠（小三）――ともに練習に励んだ。約三年間であった。なぜなら、平成二八（二〇一六）年一二月に振武館を取り壊して、その土地に保育園を開園することが決まったからである。内閣府交付金の申請が通り、「医療法人ひまわり会」が建設し運営することになった。

平成二九（二〇一七）年一月七日、神社本殿に野崎裕介、箱嶌鑑二とその孫たち、辻博、白土悟が集まり、振武館備品の納式を山内圭司権禰宜により執りおこなった。備品は、扁額「豪傑之士、雖無文王、猶興」（柴田文城書）、扁額「日夕相磨琢、情誼如弟兄」、表札「振武館」（西文雄書）、館友の名札その他である。その後、参集殿にて鍋を囲んで納会がおこなわれた。こうして同四月から取り壊し工事が始まり、一〇月末、保育園がオープンした。[1]

今、振武館の再興を期して、関係者の話し合いが始まったところである。

【注】

（1）納会の席上、神社側の説明では、跡地に保育園を建設するが、二階部分を「振武館」として柔道場にするという説明であった。しかしその後、保育園が下にあっては、二階で柔道の音が騒々しくてはいけないので、昼間は柔道ができないという意見があり、この話は立ち消えとなった。今（二〇一七年）、振武館は別のところに新築することが計画されている。

おわりに――われ犬馬の労を取るべし

振武館の資料を調べ始めるや、すぐに私の念頭に浮かんだのは、「犬馬の労を取る」という言葉であった。『広辞苑』によれば、主人または他人のために力を尽くすのだけれども、自分には犬や馬程度のわずかなことしかできないという意味の謙遜語である。

思うに、郷党有志の人々は青少年には自主的に切磋琢磨し、自己修養する場が必要であるという教育的信念を受け継いできた。そのために、振武館の建物が腐朽するのを見るに忍びず、「犬馬の労を取る」ことを辞さなかったのである。また館友・館員は先輩諸氏の足跡を想い、その期待を感じながら、振武館に通った。自分の内面と向き合う緊張した青春の日々は得がたいものである。人々は自然に振武館に愛着を持つようになったと思われる。

振武館を維持するには実は大変な苦労があった。だが、ほとんど何も語らず、何も誇らなかった。謙遜であるがゆえに、かえって他人のために力を出せる場合がある。これを誇れば、連綿と続く先輩・館友の苦労に対して、また寄附を惜しまなかった郷党有志の人々に対して、恥ずかしさを覚えるにちがいない。「犬馬の労を取る」という謙遜の精神が、振武館を維持してきたと言えるのではないだろうか。

人は青少年期に自分をいかなる人物につくりあげるかという「我づくり」の課題に遅かれ早

かれ直面する。歴史上の優れた人物に私淑することもあるが、身近な人物を参考にすることもある。振武館の青少年たちはみずからが通う道場の先輩諸氏から、知らず識らずのうちにその生き方を学び取り、自分の内なる課題を見つめる参考としてきたのである。青少年期に同じ経験をしたからこそ、人々は次世代の青少年に自己修練の場として振武館を残しておきたいと考えたのである。明治以来、その思いが積み重ねられ、形となって振武館は存続してきた。

館員に求められるのは「自己修養の精神」と「青年自治の気風」である。その精神と気風を失えば、振武館という建物への愛着も薄まるにちがいない。振武館の運営責任者はその精神と気風を伝えなければならない。それを次世代に伝えることができるか否か、これまでも運営責任者はつねにその課題を認識してきたし、今後もそうしなければならないであろう。それが失われず、建物が継承される限り、振武館の歴史は今後もつながっていくにちがいない。ともかくも、ここ振武館には学校教育とは異なる形式の、青年教育の日本的伝統が息づいてきたように思われる。

＊

本書は、明治初期から今日まで一三五年の風雪を経てきた小さな青年道場の歴史である。青年たちの集会所兼柔道場として、振武館は福岡の青年教育の伝統を継承してきた。筆者は学生のころ、冨永八郎先生から段ボール一箱に詰められた諸資料を預かったが、今日までまとめることができなかった。今、書き終えて、少し安堵しているところである。

振武館の資料ははなはだ少なかったが、幸いにして、財部一雄編『創立八十八周年記念　明道館史』（昭和五九年）、また山田龍蹊・谷健太郎編『創立百周年記念　明道館』（平成八年）など、明治以来、振武館とともに歩んできた明道館の歴史がすでにまとめられていた。この貴重な福岡柔道史を参照し、振武館史の全体をようやくイメージできたのである。

振武館の館友・辻博氏、箱嶌鑑二氏、冨永雅幸氏、また明道館理事・波多江健一氏、山田龍蹊氏、元玄洋社記念館館長・浅野秀夫氏とその学習会「ふくろう文庫」の方々、また鳥飼八幡宮神職の山内圭司氏、山内宣大氏には草稿をお読みいただき貴重な資料とご助言をいただいた。熊本大学五高記念館には恵利武関連資料をご提供いただいた。ここにあらためて皆様に厚く御礼申し上げたい。

本書の出版に際しては、集広舎の川端幸夫氏と編集部の方々に大変お世話になった。心より感謝申し上げたい。

平成三〇年三月五日

白土　悟

【主要参考文献】（五十音順）

青木秀編『修猷山脈』西日本新聞社、一九七一年
浅野秀夫編『末永節遺稿集　無庵放談』海鳥社、二〇一六年
石瀧豊美『玄洋社発掘――もうひとつの自由民権』西日本新聞社、一九八一年
一又正雄『山座円次郎――明治時代における大陸政策の実行者』原書房、一九七四年
江藤淳『南洲残影』文藝春秋、一九九八年
岡保三郎編・的野半介監修『来島恒喜』精美社、大正二（一九一三）年
大西斎『朝日常識講座　支那の現状（第三巻）』朝日新聞社、一九二八年
緒方竹虎『朝日常識講座　議会の話（第四巻）』朝日新聞社、一九二九年
緒方竹虎伝記刊行会編『緒方竹虎』朝日新聞社、一九六三年
小谷澄之・大滝忠夫『柔道の形（全）』不昧堂出版、一九七一年
加藤仁平『嘉納治五郎――世界体育史上に輝く』逍遥書院、一九六四年
『嘉納治五郎大系』第二巻、講道館、一九八七年
川添昭二ほか『福岡県の歴史』山川出版社、一九九七年
久保義三『対日占領政策と戦後教育改革』三省堂、一九八四年
小堀桂一郎『宰相鈴木貫太郎』文藝春秋、一九八二年
繁内友一編『青少年教育行政史（社会教育）年表』近代文藝社、一九九一年
修猷館柔道部百年史編集委員会編『修猷館柔道部百年史』一九九五年
『修猷館二百年史』西日本新聞社開発局出版部、一九八五年
蕭致治『黄興研究著作述要』湖南大学出版社、二〇一〇年
菅原裕『東京裁判の正体』国書刊行会、二〇〇二年復刊（一九六一年初版）
瀧川政次郎『東京裁判をさばく（上・下）』創拓社、一九七八年
田中正明『パール判事の日本無罪論』慧文社、一九六三年

【主要参考文献】

田中正明『雷帝東方より来たる』自由国民社、一九七九年
財部一雄編『明道館史』明道館、一九八四年
手島毅編『写真でみる原爆の記録』原水爆資料保存会、一九五六年
頭山満翁正伝編纂委員会編『頭山満翁正伝（未定稿）』葦書房、一九八一年
鳥山二郎『父のソフト帽――ある婚外子の自叙伝』学研教育出版、二〇一三年
鳥飼八幡宮『鳥飼もうで――むすびの神・鳥飼八幡宮由緒記』二〇一六年
中野達彦・中野泰雄編『玄南文集』清耕社、一九七五年
中野正剛『明治民権史論』復刻版葦書房、一九九四年（大正二年初版）
中野泰雄『政治家中野正剛』上巻、新光閣書店、一九七一年
西川虎次郎『忠孝義烈 吉岡大佐』大道学館出版部、大正一四（一九二五）年
長谷川峻『山座圓次郎――大陸外交の先駆』時事通信社、一九六七年
服部喜久雄編『寮歌は生きている』旧制高校寮歌保存会、一九六六年
濱地政右衛門『憂国の士 中野正剛』海鳥社、二〇一〇年
平野邦雄・飯田久雄『福岡県の歴史』山川出版社、一九七四年
平野國臣顕彰会編『平野國臣伝記及遺稿』象山社、昭和五五年復刻版（初版大正五年）
平田才蔵「町道場に見る福岡柔道小史」『福岡大学体育学研究』第四巻一号、一九七四年
広田弘毅伝記刊行会編『広田弘毅』（復刻版）葦書房、一九九二年
福岡市総務局編『福岡の歴史――市制九十周年記念』福岡市、一九七九年
福岡県立修猷館高等学校編『修猷館七十年史』一九五五年
毛注青編『黄興年譜長編』中華書局、一九九一年
柳田国男編『明治文化史13 風俗』原書房、一九七九年
山田龍蹊・谷健太郎編『創立百周年記念 明道館』一九九六年
吉田正明『王国の系譜――九州柔道の流れ』西日本新聞社、一九六九年

振武館名簿

先輩・館友名簿(明治14年～昭和50年まで) (1)

氏名	備考
山座 圓次郎	支那公使・客死
吉岡 友愛	日露戦役・戦死
稲石 秀雄	
柴田 麟次郎	満洲義軍
小西 春雄	明治鉱業重役・福岡市長
富田 勇太郎	大蔵省理財局長
津田(松下)次郎	長崎三菱造船所・所長
中野 正剛	大正・昭和政界の異彩
上野 恒夫	五高・東大。炭坑炭長
本田 護	武徳会。鹿児島商業教師
緒方 竹虎	自民党副総裁在任中急死
上原 忠次郎	
府内 義郎	桃中軒雲右衛門の弟子。炭鉱坑長
天田 助三郎	
藤井 貫一郎	明治期の外交官
速水 樟	相互銀行
八島 正治	
佐藤 敏夫	園芸
吉積 勝人	
小河 虎之助	
西川 正之助	炭坑
西原 連三	
高村 好雄	
安永 徳	
安永 悟	
河原田 平八郎	
高瀬 伍助	
山田 直臣	東邦電力
山田 盛雄	田島製氷会社、直臣の弟
太田 好江	

氏名	備考
平野 秀麿	平野國臣の孫
大庭 辰三	鞍手郡
稲石 洋八郎	
大内 義映	
吉田 虎太郎	振武館設立功労者
柴田 繁太郎	
石原 才助	貝島商事重役
藤原 耕三	吉田虎太郎令弟
恵利 武	大蔵省、五高寮歌作詞
松尾 忠次郎	播磨造船所・所長
榊 福次郎	中野正剛の同期
平川 芳夫	日本足袋重役
入江 與壮	背負投げを得意とする
麻生 重直	地行郵便局長
牛方 芳輔	
平岡 常次郎	振武館設立功労者。平岡浩太郎の甥
篠原 虎吉	
田淵 盛太郎	建築業
天野 弥三郎	炭坑
執行 作弥	大阪執行病院長
徳永 貞砥	
中尾 小六	
竹田 六吉	海軍大佐
田中 健介	
吉田 光必	
中野 泰介	中野正剛令弟、市会議員
片岡 憲輔	美術教師
島田 徳門	九電
西島 静也	
筒井 圓	

【振武館名簿】

(2)

氏名	備考
堺　千七	
待井　信次郎	
渡邊　泰	
大西　辰	
森田　淩山	
城　隆輔	
林　秀観	
吉村　徳太郎	西新の文房具店
冨永　義助	大阪車輌重役
冨永　頼作	
冨永　弥五郎	
冨永　八郎	終戦後、廃墟より道場再興
平川　勝	大同青果会社常務
小野　道三郎	
永沼　留雄	
轟　尹	地行の傳照寺
轟　至誠	地行の傳照寺
中野　平八郎	
大塚　覚	浄慶寺住職
西川　幡之助	
金替　伊幸	西銀重役
合屋　友五郎	福岡県議
大穂　憲章	
吉田　研太郎	
豊福　弥栄	
西川　政之助	
泊　義人	
小石原　辰次郎	
岩隈　久四郎	
村上　義臣	修猷館・五高・京大卒。昭和5年全日本柔道選手権優勝。柔道九段
檍　正一	九州日報
山内　重義	
島田　修美	
豊島　與志雄	文士
坂井　藤吉	
梶原　寛	
吉田　孝一	
小野　重四郎	
渡　廣吉	
相生　由太郎	大連福昌公司社長
山内　勝太郎	鳥飼八幡宮宮司
平山　道隆	紅葉八幡宮宮司の令弟
森　六郎	
山田　勝美	
山田　實	
石田　耕古	
藤林　良助	
秋山　大輔	
田淵　祐三	国士館卒。柔道六段
藤崎　信男	西新郵便局
吉鹿　善郎	
奥山　礼人	
貝島　栄一	
三木　経信	
西　哲弼	
志賀　直士	
吉田　雄助	吉田虎太郎令息
大森　國吉	
亀崎　清三	
横田　記彦	
吉岡　嘉雄	

(3)

氏名	備考
村井 崇	
萱島 弥平	大正鉱業重役
松尾 弥栄	唐人町の質屋
的野 周造	
廣羽 元春	
鴨川 光義	
早船 正一	大牟田
島井 勝利	西新活パン屋
松尾 経臣	久世市長の秘書
三苫 幹之助	西日本新聞
深澤 充	
樋口 廣	警察署長、市会議員
亀井 保	福岡米穀副社長
大西 斎	朝日新聞社
祝原 新太郎	
竹田 真吾	
廣辻 信吉	
西島 俊雄	田島設計事務所
山ノ井 勝太郎	
石橋 利三郎	
中尾 貞介	
山内 栄一	鳥飼八幡宮宮司
尾形 舜	
谷川 吉人	ゆには百貨店
谷川 吉雄	
吉田 正明	振武館相談役
尾形 栄一	飲食店
上田 憲太郎	
西島 国雄	
金子 重春	
池田 浩	

氏名	備考
赤司 新作	
畑島 守知香	
平川 漸	福岡学芸大学附属小・教師
窪 廣太	
牧 武	柔道5段
重松 正成	柔道5段
吉村 剛太郎	参議院議員。柔道5段
竹村 茂孝	福岡県柔道協会、九州柔道協会設立。昭和44年1月講道館で客死
大和 春雄	質店
山中 靖彦	九州学生柔道連盟理事
平山 道雄	
柴田 達	
濱田 博已	振武館相談役。柔道5段
池田 武夫	
田北 陽一	東大。昭和15年全日本学生選手権準優勝
滝川 恭	
西島 茂	炭坑
中村 利喜	
山下 直幸	
山崎 千里	
武田 弘	
後藤 寛	
木村 佐四郎	福岡刑務所看守
池辺 義人	
菊池 靖一	終戦後、道場復興
明石 辰雄	
山崎 拓	衆議院議員
木村 正治	

以上、『青年道場・振武館一覧』(昭和36年)および平田才蔵「町道場に見る福岡柔道史」(『福岡大学体育学研究』第4巻、1974年)参照

【振武館名簿】

昭和27年～36年の振武館入門者名簿 (1)

入門日	氏 名	職業・学校
昭27年	山本　高司	西南学院大学3年
昭28年	三宅　功	東京聖望学園(修猷)
昭30年		
9月4日	城本庄一郎	福岡農高一年
昭31年		
5月2日	安武　真明	—
5月4日	菰田　正男	—
5月8日	松本　勉	—
5月14日	妹尾　信義	—
5月17日	羽立　洋	—
5月16日	久恒　烈雄	—
5月19日	佐々木幹雄	—
5月23日	林田　重厚	—
	緒方　剛介	—
	井手　隆義	—
5月25日	横倉　稔明	—
	井藤　雅	—
6月1日	岩本　昭弘	—
6月2日	田中　攻	—
	立山　学	—
7月3日	大楠　洋明	—
7月10日	西本　宣紀	—
	伊藤　正廣	—
7月11日	松本　茂春	—
7月16日	富安　常夫	—
	葉室　明	—
7月21日	森下　格市	—
7月24日	公文　寛明	—
8月4日	伊藤　忠弘	—
8月8日	久保田龍登	—
8月13日	石橋　俊彦	—
	松尾　廣行	—
9月3日	若狭　善一	—

入門日	氏 名	職業・学校
9月8日	野中　正吉	—
	大川　邦彦	—
9月	岩佐　長輝	—
	庄島　武彦	—
	山田　宏治	当仁中学1年
	吉田　大作	赤坂小6年
	平野　利雄	南当仁小6年
昭32年		
1月11日	船津　政隆	—
	溝口　藤利	—
	水上　満夫	—
	柴戸　洋逸	—
	柴田　洋	—
	本田　政勝	—
2月15日	田中　俊男	歯科医(初段)
	田中　就介	—
	小塩　敦洋	—
3月23日	上原　武雄	—
3月30日	山本　正人	—
4月8日	加来　良克	—
4月15日	白髭　浩	—
4月16日	小田　智克	—
4月19日	古川　一仁	—
4月20日	有松　重之	—
4月22日	山本　肇	—
4月28日	塚本　隆士	—
	肥塚　喜幸	—
	野上　末雄	—
5月1日	庄野　壽彦	—
	小石原　巌	—
5月5日	横尾　輝義	—
	河野　四郎	—
	森本　茂盛	—

入門日	氏 名	職業・学校
5月6日	仁木益次郎	—
5月8日	桑野　辰彦	—
	坂口　　機	—
	田中　秋廣	—
	石橋　頌治	—
5月10日	宇都宮三郎	—
	田中　守夫	福岡経理専門学校
	溝口　　知	福岡経理専門学校
	田中　利行	福岡経理専門学校
	斎藤　光明	福岡経理専門学校
	盧恒　二郎	福岡経理専門学校
	島田　　剛	福岡経理専門学校
	瀬々　　烈	福岡経理専門学校
	入江　健治	福岡経理専門学校
	西口　八郎	福岡経理専門学校
	久羽　光雄	福岡経理専門学校
	富田　要一	福岡経理専門学校
	神宮　勝洋	福岡経理専門学校
5月14日	熊谷　　仁	
5月15日	吉岡　健一	
5月16日	梅崎　武徳	
5月21日	吉川　正徳	
5月22日	木村　　功	
6月1日	前山　　修	
6月3日	西本　憲治	
6月20日	川口　信也	
6月24日	西島　政典	
7月2日	西　島　襄	
	中牟田憲司	
9月5日	能登　　勝	大濠高校1年
9月8日	富岡美志男	—
9月10日	戸次　幹嘉	—
	二川　辰五	当仁小学校5年

入門日	氏 名	職業・学校
9月16日	西島　　勲	西南学院中学校3年
	津上　公志	—
10月2日	絵島　了一	—
10月10日	中島　太郎	中央高校1年
10月20日	村瀬　西吉	当仁中学
	田中　義矩	福岡大学
	南里　主清	大濠高校
10月31日	田島　久義	西南学院中学校2年
11月4日	衛藤　龍彦	—
昭33年		
1月14日	本山　和秀	鳥飼小学校3年
	野畑　幹男	—
1月19日	影山　　洵	西南学院高校2年
2月1日	金田　　守	—
	稲葉　頌一	鳥飼小学校4年
	宗　　哲三	西部ガス
2月4日	迫田　　清	—
2月6日	神垣　英三	南当仁小学校5年
3月1日	吉川　久司	東洋計量機器K.K
3月18日	吉浦　正気	修猷館高校1年
4月11日	坂本　　武	九州大学学生
4月13日	南　　好男	—
	南　　暢明	大濠高校3年
4月14日	森川　悦二	西南学院中学校
	小山　貞夫	三菱電機(株)
4月19日	白土　　光	西南学院高校2年
	山本　純史	当仁中学校
5月1日	平田　　淳	福岡大学
5月6日	原田　和慶	福岡学芸大学附属小
5月13日	松尾　正慶	福岡大学
5月16日	山縣　博司	百道小学校5年
5月31日	有吉　　徳	西福岡高校2年
6月3日	柴田　博孝	西福岡高校1年

【振武館名簿】

(3)

入門日	氏 名	職業・学校
6月7日	下平　昭男	東福岡高校1年
6月10日	高津　征郎	東福岡高校1年
7月6日	井手　廣司	当仁中学校3年
8月1日	田中　克喜	清水電業
	関野　啓一	西南学院中学校1年
8月9日	堀内　昇	鳥飼小学校6年
8月16日	石橋徳次郎	高取中学校1年
8月17日	村山　修一	当仁小学校5年
8月18日	重松　隆敏	当仁小学校5年
8月19日	山内　義満	当仁小学校5年
8月20日	石橋　宣昭	高取中学校3年
8月23日	吉永　利春	福岡学芸大学附属小5年
	辻野　一生	西新小学校6年
9月1日	瀬戸　明	島田電気商会
	波多江慎吉	奈良屋小学校6年
	大原　毅	西南学院高校1年
9月3日	小野　伸一	西南学院高校2年
9月6日	児島　峻司	当仁小学校5年
10月3日	西岡　正夫	西南学院大学1年
10月10日	小桐　庸靖	会社員
10月15日	山下　浩人	南当仁小学校5年
10月28日	讃井　洋介	青年
	馬場　治行	青年
11月12日	島田　隆	青年
	赤星　捷太	青年
11月22日	上野　雄司	当仁小学校3年
11月23日	中川　康	青年
11月24日	藤井　正一	青年
昭和34年		
1月7日	城本　武幸	小学生
1月27日	小笠原　浩	大学生
	河野　一郎	大学生
2月20日	児島　達揮	小学生
	安藤　敏勝	小学生5年生
	外園　義信	大学生
	中村　隆夫	大学生
3月29日	江藤　清志	当仁中学校
	白土　勇蔵	当仁中学校
8月1日	市丸　博	—
昭和35年	記録なし	—
昭和36年		
5月1日	林　聖一	南当仁小学校5年
	落合　敏秀	当仁中学校1年
	中野　真理	南当仁小学校6年
	中野　正造	南当仁小学校3年
5月12日	重留　伸治	当仁中学校1年
6月8日	堤　増義	当仁中学校1年
6月29日	田中光徳(三輪)	—
8月14日	森下規矩二	—
9月2日	林　俊次	南当仁小学校1年
9月4日	森山　栄二	当仁中学校2年
9月5日	妹尾　信隆	福岡大学学生
	妹尾　正徳	当仁中学校1年
9月9日	福田　学	西南学院中学校2年
9月19日(再入門)	安藤　敏勝	当仁中学校1年
10月16日	佐藤　仁人	当仁中学校1年
10月24日	今田求仁生	当仁中学校2年
11月1日	池本　健一	—
	瀬内　孝紀	—
	杉平　光生	南当仁小学校6年
11月6日	西政　代志	—
—	石橋　哲雄	—

以上、『青年道場・振武館一覧』(昭和36年)

振武館年表

年	福岡・振武館の沿革	日本・アジアの動向
元治元(1864)	平野國臣、生野の変に敗れ、のち殺さる	
慶応3(1867)		10月14日、大政奉還 12月9日、王政復古の大号令を発す
慶応4(1868)	1月1日、鳥羽伏見の戦い、起こる 福岡藩兵、戊辰戦争で奥羽に出兵する	4月11日、江戸城、無血開城する
明治元(1868)		明治維新、東京遷都
明治2(1869)		6月17日「版籍奉還」
明治3(1870)		
明治4(1871)		7月14日「廃藩置県の詔」発布
明治6(1873)	6月16日、筑前竹槍一揆、起こる	1月10日「徴兵令」発布
明治7(1874)	2月1日、佐賀の乱、起こる	
明治8(1875)		2月22日、板垣退助ら「愛国社」結成大会
明治9(1876)	10月24日、神風連の乱(熊本) 10月27日、秋月の乱	3月28日「廃刀令」発布
明治10(1877)	西郷挙兵に呼応して福岡の変、起こる	2月15日、西南の役、起こる 9月24日、西郷隆盛、自決
明治11(1878)	10月、政治結社「向陽社」結成	
明治12(1879)	1月「向陽義塾」開校する	
明治13(1880)	8月21日「向陽社」改め「玄洋社」発足	
明治14(1881)	1月「向陽義塾」を閉じ、「藤雲館」開校。このころ、山座圓次郎、木山遷、吉岡友愛ら士族子弟、木山宅の離れ家を借りて「達聡舎」結成。また少年の集会も起こり、「不二会」と称す	10月12日「国会開設の詔」発布
明治15(1882)	5月、嘉納治五郎、下谷北稲荷町の永昌寺に「講道館」を創立する 5月30日「藤雲館」を閉じ、「英語専修修猷館」開校	
明治18(1885)		12月22日、内閣制度発足 (太政官制廃止)
明治22(1889)	3月13日「英語専修修猷館」を「福岡県立尋常中学修猷館」と改称 3月、内田良平、「天真館」を創立する	2月11日「大日本帝国憲法」発布
明治27(1894)	平岡浩太郎、衆議院議員となる	8月1日、日清戦争開戦
明治28(1895)	4月17日「大日本武徳会」創設される 「達聡舎」は「地行青年会」に発展	4月17日、下関条約調印
明治29(1896)	5月、千葉兵蔵、「天真館」師範・中学修猷館柔道部初代師範となる 9月1日「明道館」新築落成	
明治32(1899)	3月、飯塚国三郎、「天真館」師範・中学修猷館柔道部の第二代師範となる 秋、「地行青年会」と「不二会」が合併し、会員・吉田虎太郎、柴田繁太郎、稲石秀雄、平岡常次郎ら、平岡浩太郎の援助を得て、平野國臣生家跡に青年道場「振武館」を新築	6月～8月、山東省に義和団が蜂起する

【振武館年表】

明治33(1900)		10月8日、孫文、惠州起義失敗
明治35(1902)	振武館が担保に入るという不祥事起こる 第一次振武館再興：館員・中野正剛ら、頭山満、平岡浩太郎、吉田虎太郎、柴田繁太郎、平岡常次郎等の寄附を得て、借金返済し改築工事をおこなう	
明治36(1903)	中学修猷館五年生の中野正剛は緒方竹虎、上野恒夫、安川第五郎らを集めて「玄南会」を結成し、振武館を集会に使用する	
明治37(1904)		2月10日、日露戦争開戦
明治38 (1905)	3月10日、奉天会戦にて吉岡友愛大佐率いる連隊、全滅する 9月5日、山座圓次郎(外務省政務局長)、ポーツマス講和会議の全権委員随員となる	8月20日「中国革命同盟会」結成 9月5日、ポーツマス条約締結
明治39(1906)	8月15日、振武館落成式をおこなう 10月14日、平岡浩太郎、逝去。享年55	文部省・内務省が全国青年会の育成指導を開始する
明治43(1910)		8月22日「日韓併合条約」調印
明治44(1911)	5月から中野正剛「朝野の政治家」連載	10月10日、辛亥革命起こる。末永節、革命軍に参加
明治45(1912)	10月から中野正剛「明治民権史論」連載	1月1日、中華民国臨時政府成立 孫文、初代臨時大総統に就任 2月12日、清朝滅亡 7月30日、明治天皇、崩御
大正元(1912)	10月～11月、山座圓次郎(参事官)、中華民国において、袁世凱、黎元洪、黄興、程徳全と会見する	7月、第一次世界大戦始まる (1918年11月ドイツ、休戦条約調印まで)
大正2(1913)	6月22日、山座圓次郎、駐支特命全権公使に任命される	7月、孫文・黄興ら第二革命に敗れ、日本に亡命する
大正3(1914)	5月28日、山座圓次郎、北京にて急逝	
大正4(1915)		1月18日、日本は「対華21か条要求」を袁世凱政府に提出 12月、蔡鍔ら第三革命を起こす
大正6(1917)		3月、ロシアに三月革命起こり、ロマノフ朝、滅亡する 11月、ロシアに11月革命起こる
大正7(1918)		11月11日、第一次世界大戦　終結
大正8(1919)	2月、西文雄、中学修猷館に柔道教師として赴任	
大正9(1920)	5月10日、中野正剛、衆議院議員に初当選	1月10日、国際連盟成立
大正10(1921)	第二次振武館再興 相談役・吉田虎太郎、鳥飼八幡宮の山内勝太郎宮司の了承を得て、振武館を境内に新築移転する。附属家屋を造り、家賃その他の収入による維持管理をめざす	

大正11(1922)		12月30日、ソビエト連邦設立
大正12(1923)		9月1日、関東大震災により東京壊滅
大正13(1924)		1月20日、中国国民党第1回全国代表大会
大正14(1925)		3月12日、孫文、病没。享年59
大正15(1926)	振武館、廃屋と化す	12月25日、大正天皇、崩御
昭和初期	第三次振武館再興 田淵盛太郎、西文雄、振武館復興のため石橋利三郎、梶原寛を幹事とする その後、木村佐四郎を管理者として附属家屋に居住せしめる	
昭和4(1929)		10月24日、世界恐慌始まる (1933年まで世界で大不況が続く)
昭和5(1930)	9月7日、振武館は明道館、天真館、隻流館の第3回リーグ戦に初出場。ここに四館リーグ戦が開始された	
昭和6(1931)		9月18日、満洲事変
昭和7(1932)		3月1日「満洲国」建国宣言 5月15日、五・一五事件
昭和8(1933)	第四次振武館再興 2月、上野恒夫、中野泰介、冨永八郎、平塚晋、菊池靖一らが、中野正剛・小西春雄・石原才助ら先輩の援助を得て振武館新築のため寄附を集める	3月27日、日本は国際連盟脱退を表明する
昭和9(1934)		10月15日、中国紅軍の大長征開始
昭和11(1936)		2月26日、二・二六事件
昭和12(1937)	振武館の新築落成式 振武館員の多くが出征、軍需産業に動員	7月7日、蘆溝橋事件(支那事変)
昭和13(1938)	5月4日、嘉納治五郎、逝去。享年78	4月「国家総動員法」公布 10月30日「大日本連合青年団」成立
昭和14(1939)		4月「大日本連合青年団」を「大日本青年団」と改称 7月7日「国民徴用令」公布 8月「学校報国隊」結成 9月3日、第二次世界大戦始まる
昭和15(1940)		3月30日、汪兆銘による南京国民政府成立
昭和16(1941)		1月1日、全国統一組織「大日本青少年団」成立 12月8日、太平洋戦争開戦
昭和18(1943)	10月27日、中野正剛、自刃。享年57 第16回四館リーグ戦を最後に中断	10月21日、学徒出陣壮行会(明治神宮外苑)
昭和19(1944)	10月5日、頭山満翁、逝去。享年90	
昭和20(1945)	6月19日、福岡大空襲 被災者ら振武館に仮住まいする	8月15日、太平洋戦争終戦

【振武館年表】

	8月21日、米軍の福岡進駐 11月、GHQは学校での柔剣道教育を禁止	10月24日、国際連合成立
昭和21（1946）	1月4日、GHQは公職追放および「超国家主義」的団体（玄洋社等）の解散命令を発す 10月、GHQは「大日本武徳会」に解散命令を発す	
昭和22（1947）	第五次振武館再興 9月1日、冨永八郎、菊池靖一ら、寄附を集め振武館を修築し再開する	
昭和23（1948）		8月、大韓民国樹立 9月、朝鮮民主主義人民共和国樹立
昭和24（1949）		10月1日、中華人民共和国成立
昭和25（1950）	年末の「餅の賃つき」を開始する。約10年間続く	6月、朝鮮戦争勃発（1953年停戦）
昭和26（1951）		9月、サンフランシスコ平和条約および日米安全保障条約調印
昭和27（1952）	緒方竹虎、樋口喜壮の援助により、振武館に観覧席を増築する。「青年道場」を揮毫する 10月1日、緒方竹虎、衆議院議員に当選	
昭和29（1954）	2月8日、緒方竹虎、自由党総裁となる	
昭和30（1955）	末永節翁、「雄渾」を揮毫する	11月21日、自由党を解散して、自由民主党が結成される
昭和31（1956）	1月、緒方竹虎（自由民主党総裁代行委員）、急逝。享年67	高度経済成長（昭和30～45年）
昭和33（1958）	7月25日、飯塚国三郎、逝去。享年83	
昭和35（1960）	8月18日、末永節翁、逝去。享年92	
昭和36（1961）	第六次振武館再興 4月1日、中野泰雄、幹事長となって寄附を集め振武館を修築する 5月22日、吉田雄助師範、逝去	
昭和39（1964）		10月、東京オリンピック大会開催
昭和40（1965） 昭和41（1966） 昭和42（1967） 昭和43（1968） 昭和44（1969） 昭和45（1970） 昭和46（1971）	振武館、徐々に衰退する 相談役・冨永八郎、孤塁を守る	
昭和47（1972）		5月15日、沖縄返還 9月29日、日中国交正常化
昭和48（1973）		10月23日、第1次石油危機始まる
昭和49（1974）	田中光徳師範、柔道教室（少年部）を開く	経済は安定的成長期に入る
昭和50（1975） 昭和51（1976） 昭和52（1977）	振武館、やや隆盛となる	

昭和53(1978)		8月12日「日中平和友好条約」締結
昭和54(1979)		1月17日、イラン革命による、第2次石油危機始まる
昭和56(1981)	春、振武館青年会結成 12月13日、冨永八郎、逝去。享年68	
昭和57(1982)	5月23日、冨永八郎先生追悼会および振武館創立100周年記念座談会を開催する	
昭和61 (1986)	第七次振武館再興 有田誠、林恒生、辻博、野村周三、神垣一三、吉田紘、箱嶌鑑二ら寄附を集め振武館を新築する。田中光徳(師範)、柔道場運営に任ず。9月12日、九重部屋(九重勝昭親方)と20年間の賃貸契約を結ぶ	
平成2(1990)	9月3日、西文雄(元師範)逝去。享年93	10月13日、東西ドイツ統一
平成3(1991)	8月、田中光徳師範、辞任する 10月、堺収司、師範格で指導に任ず	バブル経済の破綻と景気後退始まる 12月8日、ソ連崩壊と独立国家共同体の創立
平成4(1992) 平成5(1993) 平成6(1994) 平成7(1995)	九州大学柔道部員をアルバイト雇用し、柔道教室を維持する。時折、振武館幹事・先輩などが来館して指導する	
平成8(1996)	11月15日、九重部屋(九重貢親方)と10年間の賃貸契約を結ぶ	
平成12(2000)	2月11日、那川郁夫、館長として柔道場運営に任ず(平成20年12月末まで9年間)	
平成17(2005)	2月、福岡四館リーグ戦(第1回福岡四館道場対抗少年柔道大会)が復活する	
平成18(2006)	2月、第2回 福岡四館リーグ戦	
平成19(2007)	2月17日、第3回 福岡四館リーグ戦	
平成20(2008)	12月末、那川館長、辞任する	
平成21(2009) 平成22(2010)	振武館は合気道、空手等の教室に貸すも、柔道は休止状態となる	
平成25(2013)	9月8日、田中光徳(元師範)逝去。享年71	
平成26(2014)	4月、野崎裕介、館長として柔道教室を再開する(平成28年12月まで3年間)	
平成28(2016)	7月31日、九重貢親方、逝去 10月22日、「中野正剛先生顕彰祭」 生誕130年 振武館創立135周年を迎える	

著者作成

白土　悟（しらつち・さとみ）
1982年九州大学大学院教育学研究科博士後期課程修了。九州大学留学生センターおよび大学院人間環境学府に勤務。振武館で約35年間、柔道を習い、また子どもたちを指導する。
専門分野：現代中国教育研究、留学生教育研究。異文化間教育学会理事、日本比較教育学会理事、九州・シルクロード協会理事、福岡国際育英会理事などを歴任。教育学博士。
主要著作：『現代中国の留学政策――国家発展戦略モデルの分析』（九州大学出版会、2011年）、『留学生アドバイジング――学習・生活・心理をいかに支援するか』（共著、ナカニシヤ出版、2004年）ほか。

振武館物語――青年教育の日本的伝統
2018年3月30日　第1刷発行

著者――白土　悟
発行者――川端幸夫
発行――集広舎
〒812-0035 福岡市博多区中呉服町5番23号
電話 092(271)3767　FAX 092(272)2946
装丁・組版――design POOL
印刷・製本――モリモト印刷株式会社

落丁本・乱丁本はお取り替えいたします。
ISBN978-4-904213-57-5 C0075